함께 부른 희망 노래
'오, 우간다!'

꿈꾸는 교사들의 글로벌 교육 나눔 이야기

함께 부른 희망 노래
'오, 우간다!'

우간다 교육 나눔 프로젝트팀 지음

에듀니티

차례

Story 2: 우간다 학교에서

Open Nursery and Primary School

Amen Christian Nursery and Primary School

Story 3: 학교 밖의 우간다

우리가 만난 사람들

우리가 느낀 우간다

에필로그: 함께 가자, 우리 이 길을!

선생님, 우간다는 왜 갔어요?

우간다에 간 사람들

‘참교육과 아이들의 희망(T.E.A.C.H)’과 ‘전국초등음악수업연구회 온음’을 중심으로 소외 없는 교육과 더불어 사는 세상을 꿈꾸는 교육자들이 모였습니다.

정붕진 (우간다 내 남수단 난민촌 선교사)
#프로젝트 자문
#우간다 여정에서의 든든한 캡틴
#왠지 모르게 후광이 비치는

김성한 (전주교대 윤리교육과 교수)
#프로젝트 총괄
#우간다 교육 나눔의 시초
#왠지 모르게 자꾸 챙겨주고픈

최은아 (전주교대 음악교육과 교수)
#프로젝트 총괄
#함께 잘 사는 세상을 꿈꾸는
#‘은’은하게 ‘아’름다운

소병철 (순천대 철학과 교수)
#프로젝트 협력
#알고 보면 유머 담당
#a.k.a. 언어의 마술사

양미정 (서울 전동초 수석교사)
#외부후원 담당
#우간다판 강강술래 인간문화재
#a.k.a. 미미

한승모 (홍천 남산초 교사)
#외부기획 팀장
#동에 번쩍 서에 번쩍 만능 해결사
#알고 보면 여린 피터팬

송정주 (대구 동성초 교사)
#외부후원 담당
#우간다 뭇 남성들을 홀린
#냉철미 속의 따뜻함(feat. 따뜻한 아이스 아메리카노)

김유리 (양평 개군중 교사)
#음악공연기획 및 통역
#중기만의 '그녀'
#센스 만점 명MC

옥중기 (천안 업성초 교사)
#음악공연기획 및 현지 총무
#유리만의 '그'
#얼핏 보면 예수님(feat. 장발 미남)

이혜영 (전주 양현초 교사)

#콘텐츠 편집팀
#자유로운 영혼의 예술가(feat. 공연 음악감독)
#우간다 사람들과의 소통창구(feat. 왓츠앱)

황지아 (서울 문래초 교사)

#콘텐츠 편집팀장
#사진 잘 찍는 멋진 언니
#흡사 우간다 수석교사

최미설 (서울 영도초 교사)

#콘텐츠 편집팀
#우간다를 울린 해금 플레이어
#아이들이 졸졸졸 피리 부는 선생님

양병훈 (하남 나불초 교사)

#내부기획 팀장
#네가 울면 나도 운다(feat. 눈물주머니)
#a.k.a. 궁중 악사

이현재 (시원한 프로덕션 소속 영상감독)

#영상 촬영 및 편집
#우간다에서 혹독히 치른(?) 감독 신고식
#우간다 팀 막내

서혜령 (화성 상봉초 교사)

#총무 및 인스타그램 관리
#우간다 프로젝트 한국지부(feat. 새댁)
#센스만점 발 빠른 홍보

일러두기

우리가 방문한 우간다 학교들

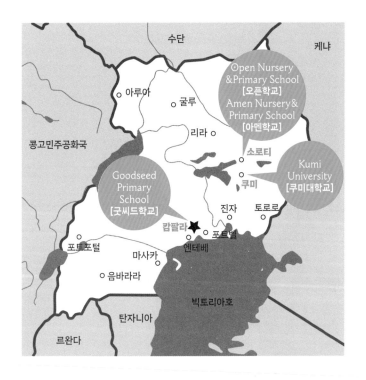

우간다 아이들, 어떻게 교육받고 있나?

김성한

    우간다는 매우 가난한 나라다. 하지만 가난한 나라라고 해서 교육에 대한 열정마저 없는 것은 아니다. 우간다 정부는 1997년부터 전 국민에게 교육의 기회를 제공하기 위해 초등학교 7년 동안 무상교육을 실시하고 있으며, 학부모들도 자녀들이 학교에서 교육받는 것이 가난을 극복하는 첩경이라 생각하고 아이들을 열심히 가르치려 노력하고 있다. 이는 우간다의 초등학교 졸업인증시험인 PLE(Primary Leaving Examinations)에 대한 온 국민의 관심에서도 잘 드러나는데, 우리나라에서 대학수학능력시험이 범국민적인 관심사이듯이 우간다에서는 PLE 시험이 전 국민의 관심사인 것이다. 연말에 치러지는 PLE 성적의 전국 등위는 신문에 공지되며, 여기에서 등위가 높은 학교는 해당 지역의 학부모들이 너 나 할 것 없이 자식들을 입학시키고자 하는 학교로 자리매김하게 된다. 이러한 현상이 하나도 이상할 것 없는 이유는 우간다에서는 PLE 성적이 한 사람의 평생을 좌

우한다고 할 정도로 중요하기 때문이다. 그런데 PLE 성적이 이처럼 중요하다면 우간다의 초등학교에서 이른바 참교육이 이루어지길 기대하기란 쉽지 않을 것이다. 우간다에서도 교육이 지향해야 할 다른 목표의 발목을 입시가 붙잡을 것이기 때문이다.

안타까운 것은 참교육을 외면하고 오직 PLE에만 신경을 쓰는 학교에 다니는 학생은 그나마 운이 좋은 아이들이라는 것이다. 형편없는 경제적 여건 속에 놓인 학생들은 교육기관이라기보다는 탁아소에 가까운 학교를 다닌다. 특히 지방의 공립 초등학교에 다니는 아이들이 그럴 가능성이 매우 높은데, 이는 우간다 정부가 경제적인 측면을 충분히 고려하지 않은 채 의무 교육을 실시하고 있는 것과 관련이 있다. 다시 말해, 보편 교육을 실시하려다 보니 크게 늘어난 학교의 수만큼 내실을 도모할 수 없게 되어 교육의 질적 수준이 현저히 떨어지게 된 것이다. 한 예로 학교의 수가 늘어나면 그만큼 교사가 확보되어야 하는데, 이것이 불가능해지자 수준 미달의 교사가 아이들을 가르칠 수밖에 없게 되었다. 2016년 9월 21일 자 우간다 일간지 데일리 모니터(Daily Monitor)는 "2015년 정교사 자격을 얻은 초등학교 교사 10명 중 8명이 정부 평가에서 영어 지문 읽기가 불가능했고 기초 수학 문제를 제대로 풀 수 없었다."고 보도했는데, 이는 결코 과장이 아니었던 것으로 보인다. 내가 우간다에 있으면서 확인할 수 있었던 한 교사 지원자의 시험 점수는 60점을 겨우 넘었다. 지원자는 초등학교 수준의 수학 문제가 출제 되었음에도 이를 제대로 풀지 못했던 것이다.

이런 상황에서 교사의 낮은 수준을 보완할 수 있는 교보 재가 있다면 교사의 부족함을 어느 정도 메울 수 있을 텐 데, 이는 우간다 시골 공립학교에서는 꿈도 꿀 수 없는 일 이다. 교사들 중에는 컴퓨터를 직접 다루어 보지 못한 교사 들이 적지 않으며 교과서를 가지고 있지 않은 경우도 허다 하다. 많은 경우 교과서는 그저 교사들이 수업 준비를 위해 잠시 빌려 볼 수 있는 학교의 비품일 따름이다.

교사들의 무사안일함도 예외가 아닌 일상이다. 특히 공 립학교의 경우 수업을 열심히 하건 안 하건, 학교의 PLE 성 적이 높건 낮건, 그것이 월급에 영향을 주지 않기 때문에 교사들은 최소한의 것들만 하려 한다. 만약 봉급을 일정 수 준 이상으로 받는다면 지금보다는 본분에 충실한 교사들 이 상대적으로 많을 것이다. 하지만 안타깝게도 그들은 월 급만으로 생활하기 어려울 정도의 낮은 봉급을 받으며 살 아간다. 시골 학교의 교사들은 기껏해야 30~40만 실링 정 도의 월급을 받는다. 우리나라로 치면 10~13만 원 정도의 월급을 받으면서 생활하고 있는 것이다. 이처럼 박봉에 시 달리는 우간다의 초등 교사들은 교사의 역할에 집중하기 가 어렵다. 가령 여교사의 경우에는 자식을 돌봐줄 곳이 마련되어 있지 않고, 있다고 해도 비용을 감당하기가 만만치 않다 보니 자신의 아이를 학교에 데리고 다니며 육아와 수업을 병행해야 한다. 이와 같은 경제적인 어려움으로 인해 우간다의 교사들은 조금이라도 돈을 더 많이 주는 곳이 있다고 하면 조금도 미련을 남기지 않고 학교를 옮긴다. 이로 인한 피해는 말할 것도 없이 고스란히 아이들이 입게 된다.

아이들은 교육 인프라와 관련된 이런저런 구조적인 문제들의 희생양이다. 다소 차이가 있지만 내가 방문했던 개교한 지 얼마 되지 않은 한 난민촌 학교에서는 숨이 턱턱 막히는 무더위의 텐트 안에서, 책상도 없이, 긴 판자를 의자로 사용하며 수업을 진행하고 있었다. 이러한 공간에 아이들이 빽빽이 들어앉아 있었고, 뒤에서 보면 제대로 보이지도 않는 우둘투둘한 칠판에 교사들이 수업 내용을 빼곡히 써서 읽어주는 형식으로 수업을 진행하고 있었다. 당연하게도 교사가 읽어주는 내용은 제대로 들리지 않았다. 이런 상황에서 학교는 수업이 이루어지는 곳이라는 명목만 유지될 수 있을 뿐, 수업을 통해 아이들에게 무엇인가를 실질적으로 전달할 수 없게 될 것이다.

물론 우간다의 모든 학교가 이처럼 극도로 열악한 환경에서 수업을 진행하는 것은 아니다. 실제로 내가 방문했던 몇몇 시골 학교들은 이 정도까지는 아니었다. 학교에는 책상과 의자가 갖추어져 있었고, 제대로 된 교실이 있었으며,

학급당 학생 수 또한 그렇게 많지 않았다. 그럼에도 이들 학교는 전기가 들어오지 않았고, 교육 보조 장비가 없었으며, 교사들이 진행하는 천편일률적인 수업 방식은 난민촌과 크게 다르지 않았다. 이처럼 수업이라 할 수 없는 수업이 이루어질 경우 아이들이 공부에 대한 흥미를 잃는 것은 너무나도 당연하다. 어쩌면 학교는 많은 아이들에게 무엇인가를 배우는 곳이 아니라, 혼자 외롭게 남아있고 싶지 않고 온갖 집안일을 도맡아 하고 싶지 않은 아이들이 그나마 친구들과 어울릴 수 있는 일종의 도피처일지도 모른다.

학교 자체가 가지고 있는 이와 같은 문제 외에 아이들에게는 공부에 집중하기 어려운 또 다른 커다란 요인이 있다. 바로 궁핍한 가정환경이다. 아이들의 가족이 처해 있는 경제적 어려움은 그들이 공부로부터 멀어질 수밖에 없는 직접적인 이유가 되는 경우가 많다. 가령 부모가 제대로 돈을 벌지 못하면 아이들이 직접 나서서 생계에 도움이 되어야 하는 경우가 생길 수 있으며, 이런 경우 아이들은 빈번하게 결석하거나 아예 학교에 가지 못하게 될 수도 있다. 설령 경제적인 상황이 이보다 조금 낫다고 해도 그들은 여전히 가족 내에서 노동력 제공자로 살아가야 한다. 아내와 자식들에게 온갖 일을 시키기만 하는 아버지 밑에서 자식들은 물 길어오기를 비롯해 온갖 노동에 시달린다. 게다가 집은 콩알만 한데, 그곳에 사는 식구는 여럿이다. 우간다의 출

산율이 여성 1명당 평균 5.3명으로 아프리카에서 가장 높
다는 점을 감안한다면 우간다 가정에서 태어난 수많은 아
이들이 어떻게 살아갈지는 충분히 미루어 짐작할 수 있다.
집에서 예습이나 복습을 한다는 것은 사실상 불가능하고,
학교에서의 수업도 받아 적는 정도에 머물다 보니 학업 성
취도가 떨어질 수밖에 없는 것이다. 이런 아이들은 비교적
높은 수준의 지식을 배우게 되는 4~5학년이 되면 학교 수
업을 따라가기 힘들어진다. 결국 그들은 진급 시험을 통과
하지 못해 유급하게 되고, 평소 일손이 부족하다고 생각해
온 부모는 아이가 공부에 재능이 없다고 쉽게 판단해 버리
고 더 이상 학교를 보내지 않는다. 2016년 유니세프 통계
에 따르면 우간다 아동의 70%가 초등학교 이후 교육을 받
지 못하고 있으며, 초등학교의 경우마저도 입학 당시에는
80%였던 재학률이 졸업할 때에는 25%로 급락한다.

그런데 이처럼 열악한 상황 속에서 학교를 다니고 있음
에도 우간다의 아동들은 하나같이 이방인을 향해 더없이
해맑은 표정으로 환하게 웃음을 지어준다. 그 웃음에는 알
수 없는 묘한 매력이 담겨 있다. 그들의 행동 또한 마찬가
지다. 그들은 말이 아닌 행동으로 감사를 표할 줄 알고, 친
근감을 나타낸다. 내게 그들의 이러한 모습은 내 삶의 목표
를 바꿀 정도로 신비한 영약이었다. 함께 장난을 치다 자신
보다 어린 아이들이 나를 세게 때린다고 그렇게 하지 못하

게 막아주고, 새치기를 했는데 야단을 치지 않고 머리를 쓰다듬어 주었더니 그 다음 날에는 자신이 나서서 줄을 세우는 모습을 보면서 나는 그들이 준 크나큰 감동을 되돌려주면서 살아가기로 마음먹게 되었다. 그런데 그들은 어떻게 그토록 힘든 삶을 살아가면서도 한 사람의 인생의 목표를 바꿀 정도로 경이로운 영향력을 발휘할 수 있는 걸까?

우리 교육이 다방면에서 우간다에 비해 앞서 있음에도, 아이들에게 이와 같은 영향력을 발휘할 수 있는 잠재력을 키워주고 있는지는 분명하지 않다. 많은 지식을 효과적으로 전달한다는 측면에서 보면 우리 교육이 우간다보다 앞서고 있는 것은 분명하다. 하지만 이것이 전부가 아니라면, 사람들을 감동시키고 따뜻함을 느낄 수 있게 하는 인간미 물씬 풍기는 사람으로 성장시키는 것이 교육의 또 다른 목표라면 우리 교육이 모든 면에서 우간다보다 낫다고 말할 수는 없을 것이다. 물론 아이들에게서 발견되는 모습이 전적으로 학교 교육을 반영하는 것은 아니다. 우간다 아이들이 작은 배려에 감사하면서 이를 어떤 방식으로든 더 크게 되돌려주려는 태도를 보이는 것과 다른 사람에 대한 배려가 일상화되어 있는 것은 그들이 여러 사람에 둘러싸여 살면서 터득한 습관의 소산일 수 있으며, 평소 별다른 배려를 받지 못하면서 살아온 데 대한 반작용이라고 생각할 수 있다. 하지만 그 원인이 무엇이건 우간다 아이들에게서 엿볼

수 있는 인간미가 우리 모두가 갖추어야 할 중요한 덕목이
라면 우리의 교육 또한 아이들이 이러한 덕목을 갖출 수 있
도록 힘써야 하는 것은 아닐까?

우간다 교육 나눔 프로젝트, '함께 나눔'의 힘!

최은아

"가난해서 공부하고 싶어도 제대로 할 수 없는 우간다 학생들을 위해 교육콘텐츠 만드는 작업을 하고 있는데, 혹시 음악 교육콘텐츠 만드는 일을 함께해 주실 수 있을까요?"

2021년 5월, 우간다 학생들을 위해 교육콘텐츠 제작 사업을 주도하고 계신 전주교대 김성한 교수님의 조심스러운 제안에 주저 없이 나온 대답, "네!" 그 짧은 물음과 대답으로부터 일명 '우간다 교육 나눔 프로젝트'가 시작되었다. 그때는 필터 없이 튀어나온 그 대답이 어떤 일들을 불러올지 전혀 가늠조차 하지 못했다. 다만 교육콘텐츠 제작 사업의 선한 뜻에 감동해서, 혼자서는 엄두를 내기 어려웠겠지만 함께할 선생님들의 얼굴이 떠올라서, 선뜻 그렇게 대답했던 것 같다.

사실 우간다에 대해서는 아프리카 지역에 있다는 것 외에 아는 바가 없었고, 그 먼 나라 우간다 학생들을 위해 음악 교육콘텐츠를 만든다는 것은 더더욱 생각해 본 적이 없었다. 그렇지만 뭐가 어찌 됐든 갈수록 각박해지는 세상 속에서 내가 좋아하는 음악으로 좀 더 나은 세상을 위해 함께 할 수 있는 일이 있다니… 어쩌면 오래전부터 꿈꾸어 오던 일들을 조금씩 해나갈 수 있을 것 같은 느낌이 들어 신이 났다.

우연인 듯 필연 같은 그 만남 직후 연구실로 돌아오자마자 '전국초등음악수업연구회 온음'의 한승모, 강명신, 김항성, 양병훈 선생님에게 연락을 돌렸다. 역시나 모두 흔쾌히 참여하겠다고 했고 한 달 뒤인 2021년 6월, 전주교대에서 모여 6개의 음악 교육콘텐츠 영상을 제작했다. 불과 한 달 만에 영상 제작 미션을 완수한 것이다. 중요한 것은 그 것만으로 끝이 아니었다는 것!

우리는 어떻게 하면 이 일이 하나의 이벤트로 그치지 않고 지속될 수 있을지에 대해 논의했고, 그 결과 2021년 9월 온음의 산하 조직인 초등음악수업연구소 소속으로 음악 교육콘텐츠를 개발하기 위한 우간다 프로젝트팀이 탄생하게 되었다. 양병훈 선생님이 팀장을 맡고 황지아, 최미설, 서혜령 선생님의 참여로 팀원이 보강되면서 매월 1회씩 실시간 Zoom을 통해 음악 교육콘텐츠 제작 회의를 진행했다. 회의의 주요 내용은 음악 교육콘텐츠 내용과 교육 나눔 활동의 확산 방법 등에 대한 것이었다. 그때까지만 해도 어느 누구도 우간다에 간다는 생각은 하지 못했을 것이다.

그러던 중 김성한 교수님이 2023년 겨울에 우간다에 간다는 이야기를 듣고, 팀원들에게 우리도 우간다를 직접 방문하여 수업을 하고 오면 어떻겠냐는 말을 꺼냈다. 사실 선생님들이 함께 갈 것을 기대했거나 가서 무엇을 할 것인지에 대해 구체적으로 생각해 본 것은 아니었다. 그야말로 말을 툭! 던진 것이었다. 그런데 웬걸, 모두 진지하게 우간다행을 고려하는 게 아닌가. 그러고는 개인 사정이 있는 몇 분을 제외하고 모두 우간다에 가겠다는 뜻을 밝혔고, 그 후 마치 오래전부터 계획하고 준비한 듯 우간다행을 위한 일들이 진행되었다.

우리는 Zoom으로 모여 우간다의 기본 정보와 우간다 학제, 학교 시스템, 음악과 교육과정, 교육콘텐츠 사업의 뜻과 의미 등을 공유했고 현지에서 선교 활동을 하고 계신 정붕진 목사님을 모셔서 질의응답 시간을 가졌다. 그리고 우간다에서 실행할 음악 수업내용 및 활동 등 전반적인 계획에 대해 논의했는데, 대부분의 회의는 1시간을 훌쩍 넘어 2시간 가까이 진행되곤 했다.

그러다 2022년 6월, 우간다에 보낼 영상 콘텐츠 제작을 위해 다시 전주교대로 모여 12개의 영상을 촬영했다. 학기 중의 주말이고 서울, 홍천, 동탄, 세종 등 전국 각지에서 와야 했으며 눈에 보이는 어떤 보상이 있는 것도 아닌데, 이런 일이 가능하다고? 그런 데다 정서와 사회성에 초점을 맞추어 놀이 중심으로 음악 교육콘텐츠 내용을 구성하였기에 활동 자체가 즐거운 것이라 해도, 하루 종일 12개의 영상을 찍기가 쉬운 일이 아님은 분명한데 웃으면서 이 미션을 완수하다니. 그저 놀랍고 고마울 뿐이었다.

우리의 프로젝트 준비는 옥중기, 김유리, 이혜영, 송정주, 양미정 선생님이 팀원으로 합류하면서 더 탄력을 받기 시작했다. 팀은 외부 기획팀, 내부 기획팀, 공연 준비팀, 영상 편집팀으로 나눠졌고 각 팀장을 중심으로 주어진 역할을 수행했다. Zoom으로 회의하는 한편 전주, 양평, 서울 등지에서 대면으로 만나 다양한 방식으로 진행 상황을 공유하고 서로를 격려하며 한 발 한 발 앞으로 나아갔다. 외부 기획팀에서는 와디즈 펀딩과 물품 후원, 홍보 등을 담당했고 내부 기획팀에서는 전반적인 준비 과정을 리드하면서 우간다에서의 일정을 조율하고 해야 할 일들을 체크했으며, 영상 편집팀은 전주교대에서 찍은 12개의 영상을 수업 콘텐츠 형식에 맞추어 편집했다. 공연 준비팀은 우간다 학교에서 학생들과 교사들을 위해 공연할 악곡과 연습 등을 지원했다.

협업의 중요성! 집단지성의 힘! 남다른 기획력과 추진력을 갖고 전체를 총괄한 한승모 선생님과 모든 준비 과정을 꼼꼼하게 계획하고 차근차근 이끌어 준 양병훈 팀장님

▲2021년 6월, 전주교대에서의 영상 촬영
▼2022년 6월, 전주교대에서의 영상 촬영

을 비롯하여 온 마음 다해 함께 준비한 팀원들. 어떻게 해
야 그 마음, 그 모습들을 제대로 표현할 수 있을까.

준비 과정이 언제나 순탄했던 것은 아니었다. 2022년 9월에는 이미 비행기 표를 구매해 놓은 상태에서 우간다에 에볼라 바이러스가 유행하고 있다는 소식이 들려와 12월 초까지도 과연 갈 수 있을지 확신할 수 없었다. 또한 모기와 말라리아, 빈대, 전갈 등의 위험에 관한 이야기에 내심 두려운 마음이 들기도 했다. 무엇보다 낯선 곳에서 처음 만나는 학생들과의 교육콘텐츠를 활용한 수업이 어떻게 진행될지, 생각할 수 있는 경우의 수들을 최대한 고려하며 프로그램을 구성했지만 막상 현지에서 어떤 일이 발생할지 알 수 없어 불안하기도 했다. 그러나 그런 이유로 우간다에 가는 것 자체를 주저하는 팀원은 없었고 때로는 진지하게, 때로는 농담처럼 서로의 마음을 나누며 해야 할 일들을 꾸준히 하면서 위기의 순간들을 지나왔다. 다행히 에볼라 바이러스는 11월을 기점으로 차츰 잠잠해졌고, 예정대로 2023년 1월 우간다 땅을 밟을 수 있었다.

우간다에 도착한 우리는 3개의 초등학교와 1개의 대학교를 방문해 초등학생들과 선생님들을 만났다. 그리고 준비한 교육콘텐츠 활용 수업, 방과 후 체험활동(놀이 및 공동체 음악 활동)과 공연, 현지 교사들과의 간담회를 진행했다. 새롭게 합류한 소병철 교수님과 이현재 감독님을 포함하여 팀원들의 따뜻한 열정과 협업의 힘은 우간다에서 더욱 강하게 발휘되었다. 척척 손발이 맞는다는 것은 바로 이런 모습을 보고 하는 말이리라.

무엇보다 우간다에서의 모든 일정을 무리 없이 진행할
수 있었던 것은 우리가 미리 방문할 학교뿐 아니라 숙소와
수업이 없는 주말에 머물 곳까지 빈틈없이 준비하고, 방문
기간 내내 치밀하게 안내해 주신 정붕진 목사님 덕분이다.
팀원 모두의 마음을 모아 감사의 마음을 전해드린다. 또한,
수업을 진행할 수 있도록 학교를 개방해 주고 학생들과 교
사들을 소집해 주었을 뿐 아니라 편안한 숙소와 맛있는 음
식을 아낌없이 제공해 주신 오픈학교의 이상철, 고유덕 선
교사님, 아멘학교의 이창원, 박신화 선교사님, 굿씨드학교
의 이경옥 선교사님, 쿠미대학교의 홍세기 총장님과 강학
봉 사모님께도 깊이 감사드린다. 우간다 사람들을 위해 헌
신하는 그분들의 모습을 보면서 '함께 나눔'의 비전을 보
다 구체적으로 그려 볼 수 있었다. 마지막으로 펀딩, 책, 학
용품으로, 개인 또는 단체로, 그 밖의 다양한 방식으로 교
육 나눔을 지원해 주신 국내 후원자들께 진심으로 감사드
린다. 그들의 크고 작은 도움 덕분에 힘을 낼 수 있었고, 뜻
밖의 기쁨을 느낄 수 있었으며 공유와 협력, 연대가 얼마나
중요한지 새삼 깨달을 수 있었다.

모두가 함께 잘 사는 세상으로 나아가는 길은 여러 갈래
가 있다. 음악은 여러 갈래의 길 중 하나일 것이다. 우리는
우간다 교육 나눔 프로젝트로 그 길에 작은 발걸음을 내디

졌다. 이를 기점으로 음악을 통해 나아가는 '함께 나눔'의 길이 더 넓어지길, 그 길을 더 많은 사람과 더 신나게 걸어갈 수 있길 꿈꿔본다. 우간다 교육 나눔 프로젝트를 진행하는 과정 중에 혹시 내색하지 않은 불편함이 있었을 수 있고, 미처 감지하지 못한 어려움이 있었을지도 모르겠다. 사실 정도의 차이일 뿐, 아무리 좋은 마음으로 좋은 일을 함께한다 해도 불편함이나 어려움이 없을 순 없을 것이다. 그럼에도 불구하고 가치 있는 일을 향해 나아가려는 열정이 있기에, 함께 나누며 사는 삶에 대한 꿈이 있기에, 서로에 대한 애정과 믿음이 있기에, 때론 넘어지더라도 서로 일으켜 주고 다독이며 앞으로 나아갈 수 있으리라 생각한다. '함께 나눔'의 힘을 믿는다.

Story 1

우간다 학교로 가기까지

훈훈했던 전주교대의 초여름

마음을 담은 과정은 세상을 바꾼다(양병훈)

2022년 6월 25일 토요일, 일명 '우간다 프로젝트' 선생님들이 다 함께 전주교대에 모였다. 작년에는 최은아 교수님을 필두로 몇몇 선생님들이 '우간다 어린이들을 위한 음악교육 콘텐츠'를 시범적으로 제작했었다. 이를 발판 삼아 올해는 좀 더 본격적으로 추진해 보고자 새로운 팀원들을 충원하고 팀을 재정비하게 되었다. 팀원 대부분이 온음 활동을 함께 하며 교류해 온 선생님들이지만, 이런 뜻깊은 프로젝트를 통해 서로에 대해 알아가며 또 다른 인연을 맺을 수 있게 되어 참 감사하다.

오늘 촬영의 콘셉트는 각 수업별 활동 예시 영상을 찍는 것이었다. 각자 고민해서 준비한 수업내용과 활동들이 하나같이 모두 다 알차고 좋았다. 서로가 서로의 수업에서 학생 역할로 등장하거나 악기 반주를 해주었는데, 새로운 배움도 많았고 다른 활동에 꼭 적용해 보고 싶다는 생각이 드는 내용도 있었다. 서로 다른 우리가 '음악'과 '교육', 그리고 '나눔'이라는 연결고리로 만나 함께 하는 시간들. 그리고 앞으로 만들어 갈 그 모든 과정에 대해 생각해 본다. '인간에게 음악이란 무엇일까? 세상을 위해 음악이 할 수 있는 역할이 뭘까? 이 프로젝트는 그들에게, 또 우리에게 어떤 의미를 남기게 될까?' 계속해서 질문을 던져야 할 것 같다.

그런데, 우리 정말 우간다에 가긴 하는 걸까? 아직은 와닿지 않는다. 그저 우간다 아이들을 만나 함께 노래하고 춤추는 모습을 꿈꿔볼 뿐이다. 왜인지 모르게 가슴이 뛴다. 우간다로 가게 되는 그날까지 준비해야 할 것들을 하나씩 챙겨가며 내가 맡은 역할들을 오롯이 잘 해내야지, 다시 한번 마음을 다잡는다. 우리들의 진심이 모여 나눔을 위한 음악교육에, 그리고 더 나은 세상으로 가는 길에 작은 물결을 일으킬 수 있기를. "마음을 담은 과정은 세상을 바꾼다."는 말을 다시 한번 곱씹어 본다.

우간다? 우리들이 간다! (최미설)

첫 시작은 우간다의 아이들을 위한 교육콘텐츠를 제작하는 것이었다. 현지 선교사님께 우간다 아이들의 환경에 관한 이야기를 듣고, 아이들이 음악 속에서 정말 즐겁고 재

2022년 6월, 전주교대에서 진행된 우간다 음악교육 콘텐츠 촬영

미있는 경험을 하면 좋겠다는 생각으로 수업을 준비했다. 스와힐리어로 부르는 아프리카 노래 잠보, 노래와 함께 배울 수 있는 영단어 수업 등을 구상하였다. 수업을 준비하는 내내 아이들의 모습이 설렘 속에서 어렴풋이 상상되었다. 걱정이 많은 내가 우간다에 선뜻, 직접 가서 아이들을 만나 봐야겠다는 생각이 든 것은 그것 때문이었을까?

　1박 2일 동안의 전주는 시작부터 분주했다. 전날까지 미처 준비하지 못한 부분들을 기차 안에서 바쁘게 준비했고,

그 와중에 같은 기차 안에서 서둘러 손을 움직이던 선생님들을 보며 마음의 위안을 얻기도 했다. 사실 여섯 명이 준비한 12개의 콘텐츠 촬영을 다 할 수 없을지도 모른다 생각했는데 급박하게 진행하지 않아도 누구 하나 눈살 찌푸리지 않고 촬영을 마쳤다는 것이 너무 신기하고 즐거웠다. 이게 바로 음악의 힘인가? 그날의 전주는 참으로 뜨거웠다. 우리의 마음만큼이나.

모든 것이 미궁 속, 콘텐츠 편집팀의 고민(황지아)

처음엔 콘텐츠 편집 담당이 어떤 것을 의미하는지 미처 몰랐다. 기획, 후원 등을 담당하는 큰 업무보다는 조금 가벼워 보이기도 했고, 코로나 시기에 익혀두었던 영상 편집 프로그램 실력도 있으니 그리 어렵지 않으리라 생각했다. 워낙 수업 구상도, 실연도 잘하는 팀원들이 있었기에 잘 담아서 버무리기만 하면 된다고 생각했다. 하지만 그것은 얄팍한 오산이었음을 머지 않아 깨달았다. 양 팀장의 글에서도 분명 적지 않은 분량을 차지할 콘텐츠 완성본의 지연 '사건'. 음악 교육콘텐츠 영상은 프로젝트의 가장 핵심적인 축을 이루고 있던 요소였기에 출국 직전까지도 늦어진 편집에 양 팀장의 마음이 얼마나 타들어 갔을지 차마 헤아릴 수가 없다.

하지만 감히 말해본다. 편집이 늦어진 건 다 이유가 있다. 물론 일찍 시작했으면 이렇게까지 늦어지지는 않았겠지만, 편집이란 뚝, 하면 딱! 하고 나오는 것은 아닌 법. 그리고 특히 이번 우간다 프로젝트 콘텐츠와 관련해서는 그 '딱!'이 정말 쉽지 않았음을 이렇게라도 변명해 본다.

한국 학생들을 대상으로 한 교육콘텐츠와 우간다 프로젝트의 교육콘텐츠는 본질적으로 차이가 확실하다. 한국의 교육콘텐츠의 특징은 짧고 스피디하며 전반적으로 내용 전환과 전개의 템포가 빠르다. 워낙 어렸을 때부터 미디어 노출도가 높아 다양한 영상매체들을 접하며 자라기도 하거니와, 특히 요즘은 쇼츠(Shorts)라는 30초 이내의 짧고 휘발성 있는 영상들을 선호하기 때문에 교육 영상들도 점점 스피디하고 요점만 핵심적으로 전개하는 것들이 많아지고 있다. 오죽하면 설명과 설명 사이의 숨 쉬는 타이밍까지도 기다리지 못하고 순간순간 잘라 편집해 전달하는 형식의 영상들까지 등장할까. 이것은 민족성 때문인지, 매체의 빠른 발달과 대중화 때문인지, 아니면 점차 빠른 것을 원하는 전반적인 사회 흐름 탓인지 도통 알 수 없지만 아무튼 한국의 교육콘텐츠 영상들과 우간다 교육콘텐츠는 그 성격과 결이 확실하게 다를 필요가 있었다.

아프리카의 아이들을 위한 교육콘텐츠라고 하면 무엇이 떠오르는가? 나는 솔직히 떠오르는 것이 거의 무(無)에 가까웠다. 마치 짙은 안개를 손으로 헤집는 기분이었달까. 초창기 교육콘텐츠의 편집 방향을 잡을 때 수없이 고민했던 것들을 간단하게 나열해 보자면 다음과 같다. '우간다 아이들의 미디어 노출도는 어떤지, 영상을 재생할 수 있는 환경은 되는지, 혹은 영상이라는 것이 있다는 것을 인지는 하고 있는지, 아프리카의 인프라를 우리가 너무 무시하거나 너무 과대평가하고 있는 것은 아닌지.' 나아가 콘텐츠의 내용 면에 있어서는 '학생들의 영어 실력은 어떤지, 음악 교과의 부재로 인한 음악 교육콘텐츠의 난이도 조절은 어느 정도로 해야 하는지.' 좀 더 교육적으로 깊이 있게 접근하자면 '음악 교과가 아닌 일반적인 기초 학습과 관련된 아프리카 아동의 인지적 습득 수준은 어느 정도인지, 또는 우리가 미처 고려하지 못한 말로만 듣던 아프리카인의 음악적 재능과 잠재력은 얼마큼인지.' 이외에도 영상만으로 진행되는 콘텐츠 수업이기에 교사 없이 영상만으로 아이들의 흥미와 재미를 어떻게 한 번에 잡을 수 있을지 등. 코로나 시기에 실시간 또는 온라인 콘텐츠 수업을 진행해 본 경험으로써는 음악 수업이 비대면으로 실행하기에 한계가 많은 과목 중 하나였기 때문에 더더욱 막막했다. 여러 고민은 꼬리에 꼬리를 물고 이어졌지만 단 하나도 속 시원하게 답을 내릴 수 있는 것이 없었다.

내 발목을 잡은 다른 이유도 분명 있었다. 콘텐츠의 통일성을 위해 처음 가이드라인을 잡을 때, 문득 스치고 지나간 생각이 있다. 우간다 교육 나눔 프로젝트의 콘텐츠가 어쩌면 우간다뿐 아니라 아프리카 전역, 더 나아가 전 세계적으로 교육 소외 지역의 학생들에게 널리 도움 될 수 있는 교육콘텐츠가 될 수도 있다는 생각. 다른 쪽으로는 교육 소외층 외에도 기초 음악 요소들을 체계적으로 배울 수 있는 무료 영상 교육콘텐츠로 거듭날 수도 있겠다는 생각까지 이르렀다. 그야말로 글로벌 음악 교육콘텐츠, 그 시작이 될 수 있을 거라 생각했기에 단순히 우간다 프로젝트에 한정되지 않고 보편적으로 널리 사용할 수 있도록 고민에 고민을 거듭할 수밖에 없었다.

일단은 '잘 만들어진 콘텐츠'에 대한 정의부터 새로 시작하기로 했다. 우간다 프로젝트의 교육콘텐츠에 있어 '잘 만듦'이란 영상의 세련됨이나 간결함이 아니라 '교육 영상으로써 교육적 목적을 정확하게 달성할 수 있는가', '의도한 활동을 명확하게 전달할 수 있는가', '기초 음악교육을 받지 않은 학생들도 이해하기 쉬운가', '현지 교사들이 이해하고 적용하기에 활동 흐름이 간결하고 자연스러운가'의 관점에서만 정리해도 교육적 기회가 적은 아이들에게 '잘 만들어진 콘텐츠'의 역할을 할 수 있으리라 생각했다.

전주교대에서 교사의 설명 없이 영상만으로도 활동을 따라 할 수 있도록 끊어서 촬영을 진행한 것이 큰 도움이

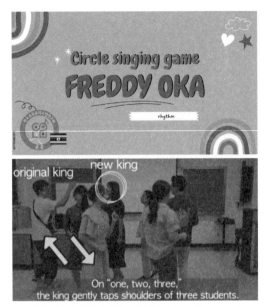

직접 제작한 우간다 음악교육 콘텐츠 일부 화면 갈무리

되었다. 최대한 활동이 직관적으로 잘 보이게끔 영상 초기 작업을 진행해 나가니 조금씩 길이 보이는 듯했다. 내레이션 없이 간단한 지시형 문장과 느린 속도로 반복하는 구간을 설정하며 편집하고 전체적인 설명이 필요한 부분은 화면을 멈추고 자세히 읽어볼 수 있도록 영상을 구성했다. 또한 이후 콘텐츠의 개수가 늘어나더라도 크게 변형하지 않고 주어진 프레임에 활동들을 순차적으로 넣을 수 있게 양식과 편집 가이드를 단순화하려 노력했다. 그러다 보니 초기에 몇 번의 시행착오와 몇 번의 방향 전환이 있었지만 새벽까지 함께 고민하며 노력한 팀원들 덕분에 그럴듯한 뼈대가 차츰 세워질 수 있었다.

여기저기서 중책을 맡아 활약하고 있는 팀원들이었기에 마지막 완성과 수정이 다소 늦어졌지만 치열하게 전날까지 초 단위로 까다롭게 피드백한 내용을 받아주고, 길고 긴 피드백에도 불만 없이 여러 번 영상을 편집하고 수정해준 덕분에 꽤 괜찮은 영상 콘텐츠가 만들어질 수 있었다고 생각한다. 그야말로 모든 것이 미궁 속, 그럼에도 불구하고 우간다 아이들에게 다가갈 수 있는 콘텐츠를 만들기 위해 여러모로 고민했던 편집팀장으로서의 시간과, 모두에 대한 고마움을 여기서 이렇게나마 고백해 본다.

학교 방문 프로그램 준비

기대로 부풀었던 강변의 가을

옥중기, 송정주, 한승모

　우간다 프로젝트를 실행하기 위해 우리는 하나씩 준비를 시작해 나갔다. 그중 하나는 현지 학교에서의 공연. 콘텐츠를 활용한 수업 이외에도 방과 후에 학생들을 위해 그들이 평소에 접해보지 못했던 음악공연을 진행하면 좋겠다는 쪽으로 의견이 모였다. 노래는 물론이거니와 악기연주도 하기로 했다. 악기는 먼 길에도 가져가기 쉬운 것과 우리 전통 음악을 보여줄 수 있는 것으로 정했다.

　2022년 9월 17일. 첫 공연 연습을 위해 강변역 옆 연습실에 모였다. 그곳에서 팀원들 얼굴을 실제로 처음 보았다. 물론 모든 팀원이 다 모이지는 못했다. 익숙한 얼굴도 있었고 새로 만나게 된 얼굴도 있었다. 북, 꽹과리, 징으로 동살풀이, 별달거리, 휘모리장단을 함께 연주하자 서먹했던 분위기는 사라지고 서로가 하나로 모이게 되었다. 음악의 힘이란! 처음 맞춰보는 가락임에도 한두 번의 연습만으로 악보대로 연주하는 팀원들의 모습을 보니, 우간다에 가서도 이렇게 각각의 재능이 모여 해야 할 일을 잘할 수 있을 거란 예감이 들었다.

리듬 연주와 아카펠라 연습을 끝내고 합주에서 맡을 악기 역할을 나누는 것으로 첫 공연 연습을 끝냈다. 서울뿐만 아니라 대구, 전주, 양평 등 여러 지역의 선생님들이 모였기에 저녁 식사를 마치고 서둘러 집에 돌아갈 것 같았지만 뛰어난 재능만큼 개성 넘치는 선생님들의 수다는 끝날 기미를 보이지 않았다. 급기야 모두의 귀갓길을 그날의 마지막 교통편으로 바꾸고야 말았다. 처음 만나 이렇게까지 유쾌하게 이야기할 줄이야! 밤 10시. 아쉬움을 뒤로하고 우리는 다음 연습 때 또 만날 것을 기약했다.

그 기약이 실현된 날은 10월 14~15일. 따뜻한 햇살이 내리쬐고 시원한 바람이 부는 양평 쉬자파크에서였다. 기존 멤버와 추가된 멤버가 한자리에 모이는 첫 행사였다. 낯가리는 자, 그렇지 않은 자가 뒤섞여있었지만 모두가 활기 넘치고 에너지 가득하며, 음악을 너무 사랑한다는 공통점을 가지고 있어서 그런지 첫 만남에도 오래 만난 동료처럼 쉽게 친해졌다.

다음 날 아침 양평 쉬자파크에서 맞이한 완연한 가을의 모습은 모든 이에게 힐링을 제공했다. 쉬자파크의 산책길은 고즈넉했으며 산책길의 꼭대기에서 내려다본 구름 낀 양평은 평온함을 안겨다 주기에 충분했다. 일부 멤버는 산책을 하고, 또 다른 멤버는 커피를 마시며 고요한 아침을 맞이한 후 서울교대로 향했다.

서울교대 근처 식당에서 우간다 일정을 함께해 주실 정붕진 목사님과 박종서 감독님, 이현재 감독님과 점심식사를 했다. 전 세계적으로 우간다의 에볼라 바이러스를 걱정하는 상황이고, 우간다에서도 에볼라 환자 때문에 걱정이 많다는 현지 상황을 정붕진 목사님께 전해 듣는 순간, 다들 어제 보였던 열정은 온데간데없고 걱정이 앞선 낯빛으로 변했다. 박종서 감독님은 생각만큼 그렇지는 않다, 거기도 사람 사는 곳이다, 본인은 아프리카가 좋았다고 하시며 걱정하는 멤버들을 위로해 주었다. 다들 열정으로 시작했으나 현지의 열악한 상황에 걱정이 앞서는 듯했지만 만반의 준비를 해서 가리라는 다짐을 하며 점심 식사를 마무리했다.

서울교대 음악관 강의실에서 공연 연습이 이어졌다. 음악적 능력이 뛰어난 사람들이 모여서 몇 번의 연습만으로 곡이 완성됐다. 영상 촬영도 함께 이루어졌다. 이현재 영상 감독님의 1:1 인터뷰 영상 촬영은 '우간다를 떠올리면 어떤 생각이 드는가? 어떤 마음으로 프로젝트에 참여했는가?'에 대한 질의응답으로 구성되었다. 화려하고 유려한 언변을 가진 황지아 선생님을 시작으로 각 멤버의 인터뷰가 공연 연습과 동시에 이루어졌다. 저녁 시간까지 이어진

▲2022년 9월, 열정이 시작된 강변 연습
▼2022년 10월, 서울교대에서의 연습 후

공연 연습은 우간다 아이들을 위해 음악교육을 전파하겠다는 선생님들의 드높은 의지를 느끼게 해주었다. 이러한 마음이 우간다에 닿을 수 있길 기대하며, 우간다의 학생들과 하나 되어 즐겁게 지낼 기분 좋은 상상을 하며 공연 연습을 마무리했다.

열정으로 녹였던 서울교대의 늦가을

우당탕탕 우간다? 우리 함께 우간다! (양병훈)

2022년 11월 25일 금요일. 우간다 프로젝트를 알리고 마지막으로 후원 참여를 독려하기 위해 팀원들과 함께 작은 음악회를 열었다. 사실 처음에 음악회를 열자고 했던 것은 그저 음악을 좋아하는 사람들이 모였고, 음악교육 나눔을 목적으로 가는 것이니 우간다에서도 작게나마 직접 음악 공연을 하면 좋지 않을까 하는 막연한 생각에서였다. 그리고 우간다 현지에서 공연을 할 거라면 국내에서도 비슷하게 준비해서(가능한 한 좀 더 풍성하게 꾸려서) 후원 행사를 진행할 수 있겠지 싶었다.

어느새 스케일이 조금씩 커지면서 정말 감사하게도 여기저기서 우리 프로젝트에 많은 관심과 후원을 보내주고 계셨다. 덩달아 우리의 공연도 프로그램 내용과 수준, 장소, 진행 방식, 준비물 등 체크하고 신경 쓸 일들이 하나둘 많아졌다. 프로젝트의 특성상 공연이 주목적은 아니지만 이왕 공연을 하게 되었으니 성의껏 잘 준비해서 보여주고 싶다는 생각이 들었다. 그러나 일정은 생각보다 촉박했고 다함께 만나서 맞춰볼 수 있는 연습 시간도 턱없이 부족한 상황이라 걱정이 앞섰다. 다행히도 하나둘 준비한 공연을 마쳐가면서 그제서야 한시름 내려놓을 수 있었다. 자잘한 실수도 군데군데 있긴 했지만, 다들 무대 체질인 건지 긴장한 탓에 각성을 했는지 최종 리허설 때 걱정했던 것보다 훨씬 자연스럽게 잘 마무리할 수 있었다.

마지막 순서로 팀원들이 모두 나와서 '함께 가자 우리 이 길을' 노래를 부르는데, 왜 이렇게 울컥 하던지… "해 떨어져 어두운 길을 서로 일으켜주고, 가다 못 가면 쉬었다 가자 아픈 다리 서로 기대며, 함께 가자 우리 이 길을, 마침내 하나됨을 위하여" 노래 뒷부분에서는 눈물이 나올 것 같아서 힘껏 부를 수 없었다. 우리가 그렇게 대단한 일을 하러 모인 사람들도 아니지만 누구 하나 억지로 시킨 적 없는 이 일을 이렇게까지 고생해가며 마음 모아 준비하고 진행하고 있다니. 이렇게 함께 서서 진심 어린 목소리로, 그리고 한마음으로 노래를 부르고 있다는 사실 그 자체가 감동이었던 것이다.

여전히 이 프로젝트는 안개 속이다. 우리의 교육콘텐츠가, 우리가 생각하는 음악교육이, 우리의 나눔이 그들에게 도움이 되지 않으면 어쩌지? 그 어떤 것도 속단할 수 없지만 따지고 보면 인생이란 게 원래 그런 것이리라. '우당탕탕' 걱정투성이였던 공연도 우리 '함께' 마음을 모아 잘 마쳤듯이, '함께 나누며' 갈 수 있다면 어떤 방식으로든 이 길을 계속해서 걸어갈 수 있으리라 믿는다.

연습 (한승모)

어떤 일을 시작하고 나서는 내가 시작한 이 일이 잘한 것인가 의심이 들 때가 있다. 나의 결정이고, 내가 책임지면 될 일이다. 열심히 해보고 안 좋은 결말이 나왔을 때는 그냥 책임지면 된다.

우간다에 가는 일은 계획할 때부터 '답을 예상할 수 없는 예술이다!'라는 생각이 들었다. 우간다로 가는 경험, 교육 영상 콘텐츠를 전하는 경험, 낯선 곳에서 공연하는 경험까지 어느 것 하나 충분히 예상할 수가 없었다. 수많은 변수가 있을 것이라 가정하니 멤버들의 단단한 마음과 관계가 중요하겠다고 생각했다.

낯선 사람들과 아직 충분한 관계를 쌓지 못한 상황에서는 연습이 필요하다. 스무 살 시절처럼 매번 엠티하고 술 마시고 놀 수도 없다. 우간다를 위한 콘텐츠, 강의, 공연까지 여러 가지 준비할 것이 많은데, 우리 마음이나 관계도 계속해서 준비해야 한다. 펀딩, 연습, 공연, 콘텐츠 준비 등

2022년 11월, 서울교대에서의 후원콘서트

모든 것이 우리에게는 우간다를 마주하는 연습이다.

우간다를 마주하는 연습? 아니, 실은 이 멤버들을 더 만나고 싶어서 만든 변명일지도 모르겠다. 이렇게 변명을 만들어 가면서 멤버들과 조금 더 특별해지겠지? 우리의 음악 교육은 또 다른 꿈을 꾸겠지? 모두의 수고로운 시간이 세상을 더 좋게 만들겠지?

D-36.

우간다로 가득 찼던 초겨울을 뒤로하고 적도로 떠나며

마음이 연결되는 경험 (최미설)

처음 우간다에 간다고 생각했을 때만 해도, 본격적으로 준비를 시작하면서 비행기표를 끊을 때만 해도, 아직 먼일 같았던 우간다 방문이 연주회를 기점으로 이제는 코앞에 다가온 것 같다는 생각이 들었다.

호기심과 열정으로 덜컥 결정한 우간다행이지만, 막상 출국일이 코앞으로 다가오자 걱정과 두려움도 불쑥불쑥 찾아왔다.

신기한 건 그럼에도 불구하고 우간다를 가지 않겠다는 생각은 단 한 번도 들지 않는다는 것이다. 그 이유는 이 프로젝트가 담고 있는 의미와, 함께 하는 사람들 때문이다. 우리가 우간다에 함께 다녀오면 그때의 우리는 어떤 모습이 되어있을지 궁금하다. 건강하고 행복하게 다녀올 수 있도록 남은 날 동안 마음껏 걱정하고 마음껏 꿈꾸며 출국 날을 기다리리라.

진짜 간다! 우간다! (옥중기)

얼마 전까지만 해도 내가 우간다에 간다는 것이 현실로 느껴지지 않았다. 출국 날짜가 많이 남았을 때는 '과연 내가 우간다에 갈 수 있을까?'라는 의문이 머릿속 한구석에 늘 자리 잡고 있었다. 그러나 우간다 팀원들과의 회의 및 소통을 여러 번 거치는 동안 시간은 빠르게 흘러갔고 불안감은 희미해졌다. 그리고 어느새 출국 이틀 전이 되어 팀원들과 출국 점검 회의까지 하게 되었다.

이번 여행 기간 동안 나와 내 아내 김유리 선생님은 재정관리 및 의약품 관리를 맡게 됐다. 전체 경비의 환전을 마치고 여행 짐을 챙기니 어느덧 여행 D-1. 미지의 장소로 떠난다는 기대감, 처음 해보는 교육 나눔 활동에 대한 궁금증, 확실하지 않은 현지 상황에 대한 두려움 등 여러 가지 감정이 느껴졌다.

우간다 여정을 준비하며 처음의 계획과 달리 규모는 예상보다 더 커지고, 일정과 예산 증액 등 많은 것들이 바뀌면서 예측하지 못했던 어려움이 생겼다. 하지만 팀원들이 서로 의견을 나눠가며 해결하는 모습을 보니 우간다 여정 중에도 한국에서의 준비과정처럼 모든 것이 다 잘될 것이라는 희망을 가지게 되었다. 이제 다가올 우간다의 여정. 모든 기간 우리 팀원에게 의미 있고 즐거운 시간이 되기를 기대해 본다. 진짜 간다! 우간다!

학용품과 맞바꾼 모기장 (송정주)

우간다 교육 나눔 일정이 확정되면서 방학날 학교 메신 저에 학용품 중 부피와 무게가 적은 연필 기증을 부탁했다. 우리 팀에서 우간다 아이들을 위한 학용품을 준비하지만 그래도 뭔가 더 주고 싶은 마음에 메시지를 보냈더니 온갖 물품들이 교실로 도착했다. 크레파스부터 가위, 색연필, 사 인펜, 네임펜 등이 몰려들기 시작했다. 연필만 부탁했는데 지우개는 안 되냐, 자는 어때? 네임펜은?, 아이클레이는 좀 그런가? 하며 많은 연락들을 주셨다. 내 캐리어에 다 넣 어 가는 것은 불가능할 것 같아 연필이랑 색연필, 사인펜으 로 한정지었다. 보통 한 달 여행을 가도 20인치 캐리어를 헐렁하게 채워 떠나는데 24인치 캐리어가 꽉 찼다. 캐리어 의 반을 기증물품으로 채웠다. 왠지 모를 뿌듯함. 그 뿌듯 함을 안고 캐리어를 닫는데, 어라? 닫히지가 않네. 낑낑거 리며 깔고 앉아 겨우 닫고 신나게 대구복합터미널로 향했 다. 대구를 벗어날 때쯤 모기장을 두고 온 걸 알아챘다. 말 라리아 예방 필수품인 모기장! 사람들과 함께 있으면 혼자 모기를 다 물리는 내가 모기장을 두고 오다니! 출발할 때 의 기대와 설렘이 순식간에 혼란스러움으로 바뀌었다. 우 간다에 가서도 뭔가를 흘리지 않게 정신줄을 똑바로 잡아 야겠다.

언젠가부터 먼 훗날 학교를 그만두면 코이카를 통해 교

육 나눔 활동을 해볼까 하는 생각을 갖고 있었다. 그런데 이번 계기를 통해 나의 막연했던 생각이 빠르게 실천으로 옮겨지게 되었다. 가보면 뭔가 있겠지? 일단 가보자! 정신 줄 붙들어 매고!

개인의 짐을 포기하고 가져온 아이들을 위한 선물들

우간다… 무사히 갈 수 있을까?

양병훈

　지금은 새벽 12시 30분. 자정을 넘겼으니 이제 1월 5일이다. 경유지 이스탄불행 비행기가 이륙한 지 십여 분 지났다. 슬슬 배가 고파온다. 허기를 느끼는 걸 보니 이제야 긴장이 좀 풀린 것 같다. 어두컴컴한 창밖을 잠시 바라보다가 문득, 우간다로 가게 되기까지의 준비과정을 가만히 곱씹어 본다. 불과 몇 달 사이 수많은 회의와 과정을 거쳐 우리의 우간다 프로젝트는 어느새 현실이 되었다. 팀원들에게는 농담처럼 웃으며 말했지만 어젯밤까지만 해도, 아니 사실은 이 비행기가 온전히 뜰 때까지도 '우리 정말 우간다에 무사히 갈 수 있을까?' 하는 생각이 머릿속에 가득했다. 출국 일주일 전까지도 우리의 프로젝트 일정에는 여전히 많은 변수가 있었고, 전반적인 일정과 준비사항을 계속해서 체크하고 안내해야 했던 나로서는 불안할 수밖에 없었다.

　첫 번째 변수는 갑자기 추가된 쿠미대학교 일정이었다.

쿠미대학교는 전주교대와도 MOU를 맺은 학교로, 한국인 선교사님이 설립하고 현재도 한국인 총장님이 있는 곳이며 김성한 교수님, 정붕진 목사님과도 인연을 맺고 있는 학교였다. 예비 초등 교사인 교육학과 학생들도 있고 방학 동안 현직 초등 교사 대상 계절제 수업도 진행한다고 들었기에 프로젝트 계획 초반에는 쿠미대학교 방문 일정에 대해 적극 논의가 이루어졌었다. 그러나 중간 과정에서 일정 조율이 잘 이루어지지 않아 계획에서 빠져 있었고, 출국 일주일 전에서야 다시 급속도로 논의가 진행되며 전체 일정에 포함된 것이다. 쿠미를 방문하는 것은 동선이나 전체 일정상 큰 무리가 없었다.(그 전 일정이 진행될 예정인 소로티와 쿠미는 가까운 편이다.) 오히려 현지 교사들을 더 많이 만나 교육콘텐츠 개발 취지와 활용법에 대해 소개할 수 있는 좋은 기회라고 생각했다. 문제는 쿠미대학교 쪽에서 우리가 준비한 음악공연을 위해 500명이나 되는 대학생들(심지어 '교육'과는 전혀 관련 없는 일반 학과 학생들까지 포함하여)을 초청할 예정이라고 연락해 온 것이다! 당황스럽고 난감했다. 아마 학교 쪽에서는 우리가 '음악공연'도 진행할 예정이라고 하니 이왕이면 더 많은 관객을 모으고자 나름대로 신경을 써 준 것 같았다. 그러나 음악 전공자들도 아닌 우리가, 모일 수 있는 시간이 많지 않아 연습을 충분히 할 수도 없었는데, 들고 갈 수 있는 악기 종류도 제한적이고 마이크나 음향 여건 등을 제대로 확인할 수도 없는 변수 가득한 그곳에서, 500명이나 되는 대규모 성인 청중을 대상으로 정식 음악회를 진행한다는 것은 여러모로 부담되는 일이었다. 애초에 우리 프로젝트의 주목적은 '교육콘텐츠 개발 및 보급'을 통한 교육 나눔이고 음악공연은 그저 옵션처럼 가미된 것이었는데, 이대로라면 배보다 배꼽이 커져 버리게 된 것이다. 현지와 연락을 주고받으며 일정을 빠르게 조율하는 것도 어려운 상황이어서 막막하기만 했다.

두 번째 변수는 많고 많은 수하물 문제였다. 외부 기획 역할을 맡아주신 한승모 선생님을 비롯해 많은 후원자와 여러 단체에서 마음을 모아주신 덕분에 정말 감사하게도 우간다 아이들과 학교에 나누어 줄 다양한 종류의 후원 물품을 가져가게 되었다. 목사님께서도 여러 후원 물품을 받게 되어 함께 들고 가기로 했다. 이로써 우리가 가져가야 할 물품은 축구공 15개와 에어 펌프 3개, 80여 권의 그림책, 학생 학용품들(공책, 연필, 지우개 등), 학교에 기증할 중고 노트북들과 빔프로젝터 등. 여기까지만 해도 사실 만만치 않은 무게와 양이었다. 그런데 우리가 가져가야 할 물품이 여기서 또 추가된다니? 김성한 교수님께서 현지에 계신 선교사님들의 부탁을 받아 들고 가야 할 23kg, 19kg짜리 박스 2개, 그리고 승모 선생님이 깜빡하신 컬러링북 18kg짜리 박스까지! 그 모든 게 출국 일주일 전 우리의 수하물

리스트에 갑자기 추가된 것이다. 부탁받거나 후원받은 물품이라 안 들고 갈 수도 없고 아무리 머리를 굴려봐도 답이 나오지 않는 상황. 게다가 수하물과 관련해서 문의하고자 여행사 직원에게 전화상담을 요청해도 자꾸 연결되지 않아 속이 터졌고, 터키항공의 터키인 직원과는 의사소통이 원활하지 못해 답답했다. 수하물을 추가로 부치려면 1kg당 약 3만 3천 원 정도를 지불해야 했는데, 전체적으로 계산해보니 우리의 예산으로는 감당할 수 없는 수준이었다. 우리가 어디까지 어떻게 들고 갈 수 있을지 현실적으로 가늠해 보기 위해 팀원들이 가져갈 가방의 형태와 짐의 무게를 조사하고 각각의 여유 공간이 얼마나 되는지 일일이 계산해보았다. 개인 짐을 최소한으로 줄이고, 캐리어 대신 이민 가방을 활용하고, 일부 짐을 배낭에 넣어 기내용 수하물로 들고 타는 등 나름의 대안을 최대한 마련해 보았다. 그러나 공항에 모여서 수하물을 직접 나누어 담고 무게를 달아보기 전까지는 계획된 모든 물품을 우간다 학교까지 무사히 가져갈 수 있을지 예상하기 어려웠다.

세 번째 변수는 미완성된 음악 교육콘텐츠 문제였다. 이번 프로젝트의 핵심은 교육콘텐츠(특히 영상 콘텐츠 중심)를 활용한 시범 수업을 직접 진행함으로써 실효성과 현장 적용성을 검토하고, 이후 중장기적인 사업으로 확장하는 데 있어 마중물 역할을 하는 것이다. 그런데 정작 교육콘텐츠가 아직 완성되지 않았다니? 물론 영어, 수학, 과학 콘텐츠는 이전에 제작되었던 것 중 일부를 적용만 해보면 되는 상황이라 일찍이 준비되어 있었다. 문제는 음악 콘텐츠였다. 이번 프로젝트를 위해 '온음'에서 기획부터 촬영, 편집까지 직접 주관하며 이래저래 신경을 많이 썼다. 특히 영상 편집팀에서 수고를 많이 해주어서 좋은 퀄리티의 영상들이 하나씩 만들어지는 중이었다. 그런데 여러 사정으로 작업이 계속 늦춰지며 계획했던 음악 콘텐츠의 절반 이상이 출국 일주일 전까지도 미완성인 상태였다. 다들 바쁜 와중에 이 프로젝트에 참여하고 있다는 걸 알고 있어 무작정 몰아붙이기가 어려웠는데, 결국은 출국 전날 밤까지 계속해서 편집팀을 재촉할 수밖에 없었다. 내 속은 타들어만 갔다.

이외에도 일부 팀원들의 비자가 출국하는 주까지 발급이 안 되거나, 김성한 교수님의 별도 귀국 일정과 관련하여 항공권 처리에 난항이 생기는 등 갖가지 이유로 하루하루 초조해하는 사이 쏜살같이 일주일이 지나갔다. 출국 당일에도 내가 대신 챙기기로 했던 18kg의 컬러링북 택배는 제때 도착하지 않아서 공항버스를 타기 직전 택배기사님이 계신 곳에 직접 쫓아가 박스를 이고 지고 뛰는, 나 혼자 영화 '미션 임파서블'을 한 편 찍는 듯한 해프닝도 있었다. (그래도 가족들의 도움 덕분에 무사히 제 시간에 공항으로 출발할 수 있었다. 고마워!) 그렇게 분주한 마음을 안고 인천공항행 공항버스를 탔을 때조차도 마음을 놓을 수 없었다. '나 지금 진짜 우간다 가는 거 맞나?', '어쩌다가 내가, 이 프로젝트가 여기까지 온 거지?', '우리 무사히 출발할 수 있겠지?' 수많은 생각이 노을과 함께 흘러갔다.

결론적으로, 출국 직전까지 나를 불안하게 했던 요인들은 다행히 잘 해결되었다. 쿠미대학교 일정은 계절제 수업 중인 초등 교사 50명 정도를 대상으로 교육콘텐츠 소개 연수 및 시범 수업, 작은 규모의 공연만 진행하기로 최종 조정되었다. 수하물 문제도 공항에 도착한 팀원들과 함께 가방을 펼쳐놓고 머리를 요리조리 잘 굴린 끝에 기적처럼 해결할 수 있었다. (일명 테트리스 미션!) 어제까지 마무리되지 않았던 음악 교육콘텐츠들도 결국 출국 당일 아침에 무사히 다 넘겨받을 수 있었다. '내가 괜히 앞서 걱정했던 걸까?' 싶을 정도로 모든 일은 차근차근 해결되었다. 일단 한국에서 할 수 있는 부분은 최선을 다했다. 짧다면 짧고 길다면 길 14일간의 우간다 교육 나눔 프로젝트 여정, 이제 정말 시작이다. 주사위는 던져졌다.

비행기 안의 불빛들이 꺼졌다. 양옆의 선생님들은 일찍이 잠들었다. 기어이 이 프로젝트에 함께 동참하며 아무도 시키지 않은 고생을 사서 하고 있는, 조금은 '이상한' 사람들. 그리고 또 물심양면으로 후원하고 응원해 주시며 함께 따뜻한 마음을 모아준 그 모두를 잠깐 생각해 본다. 왠지 모를 울컥함과 감사함이 밀려온다. 앞으로 현지에서 맞닥뜨리게 될 변수는 훨씬 더 많을 텐데도 그동안 나를 괴롭혔던 불안과 걱정은 기대와 설렘으로 조금씩 바뀌어 간다. 한국으로 돌아오는 비행기 안에서 나는 또 어떤 생각을 하고 있을까? 우간다 학교에 간다. 우간다 아이들과 선생님들 만나러 간다. 가득 실은 짐과 함께 모두의 마음을 담아, 드디어 간다 간다 우간다!

후원품 수하물 테트리스 미션　　　테트리스 미션 성공 후, 출국 직전의 팀원들

뜻밖의 만남과 연대의 약속

주(駐)우간다 대사님의 격려

김성한

우간다로 떠나기 전, 도착하면 가장 먼저 주(駐)우간다 대사님을 만날 약속이 잡혔다는 이야기를 들었다. "어라? 도대체 어떻게 우리의 방문을 알고 대사님이 초대해 주신 거지? 우리가 그 정도로 비중 있는 사람들인가? 적어도 난 아닌데… 그렇다면 선생님들이?" 고개가 갸우뚱해졌지만, 그렇다고 이유가 아주 궁금했던 것은 아니었다. 대사님이 초대를 해주신 데에는 나름대로 이유가 있었을 것이라 생각했고, 이를 안다고 해서 우간다 방문 목적이 달라지는 것도 아니었기 때문이다. 그럼에도 부담은 어느 정도 느껴졌다. 아마도 대한민국 정부를 대표하는 기관을 방문해서 그곳의 수장과 이야기를 나누어야 한다는 것, 그리고 이러한 기관까지도 우리의 방문을 알고 있다면 좋은 인상을 주기 위해 노력해야 한다는 것 때문에 느껴지는 부담이었을 것이다.

뒤늦게 알게 된 사실이지만 초대는 한승모 선생님이 매

개가 되어 이루어진 것이었다. 한승모 선생님은 평소 국내에서 재외동포재단과 협업을 계속해 오고 있었고, 그곳의 김봉섭 이사님의 연결로 박성수 주(駐)우간다 대사님과의 만남이 이루어졌던 것이다. 평소 나는 형식적이고 사무적으로 사람을 대하는 경우가 많은 관공서 출입을 내켜 하지 않는 편이다. 하지만 선임 대사님이 일부러 수도인 캄팔라에서 멀리 떨어져 있는 남수단과 우간다 국경의 난민촌을 직접 방문했다는 이야기를 들었기 때문일까? 그래서 내가 원하는 바를 부탁드릴 수 있을지도 모른다는 일말의 기대감 때문일까? 우간다에서 대사관을 방문하는 느낌은 평소 관공서를 방문하는 느낌과는 달랐다.

우리가 대사관에 도착한 것은 비교적 이른 아침이었다. 시차 적응도 제대로 되지 않은 상태에서, 그것도 오랜 시간의 비행기 여행으로 정신이 다소 몽롱한 상태에서 대사관 방문이 이루어진 것이다. 하지만 자리가 자리이니만큼 어느 정도 긴장을 하지 않을 수 없었는데, 이 상황에서 이승희 서기관님의 친절한 안내는 편안하게 이야기를 나눌 수 있는 마음의 여유를 허락해 주었다. 얼마 있지 않아 대사님이 회의실로 들어와 우리를 반갑게 맞이했고, 우리 팀에 대한 한승모 선생님의 간단한 소개가 있은 후 대사님의 환영과 격려의 말씀, 그리고 우간다에 대한 설명이 이어졌다. 대사님은 본인이 우간다에 부임해서 해야 할 일들에 대한 청사진을 제시하기도 했는데, 이것이 겉치레가 아닌 진정성을 담은 말이어서 나도 모르게 경청했던 기억이 난다.

그 자리에서 대사님께 들은 이야기들 이상으로 내게 와 닿았던 것은 대사님이 우리를 초대해 주었다는 사실 자체였다. 어떻게 보면 우리 팀원들은 굳이 만나지 않아도 되는 사람들이었고, 부임한 지 얼마 되지 않은 대사님은 전반적인 업무 파악은 물론 남수단의 업무까지도 맡아야 하기 때문에 일의 하중을 느끼지 않을 수 없는 상황에 놓여 있었다. 그럼에도 대사님은 일부러 시간을 내서 우리를 만났는데, 나는 이 사실이 곧 대사님이 교민들 위에 군림하지 않고 필요한 사람들에게는 누구에게나 손을 내밀 용의가 있는 분임을, 그리고 귀찮을 수 있는 일에 대해서도 사적인 감정을 누르고 귀를 기울여 줄 수 있는 분임을 보여준 것으로 이해했다. 나에겐 그 어떤 이야기보다도 이처럼 행동으로 많은 걸 보여준 대사님의 모습이 참으로 소중하게 느껴졌다.

그래서인지 나는 부탁할 일이 있으면 말해보라는 대사님의 말씀에 앞뒤 가리지 않고 교육콘텐츠를 보급할 수 있는 길을 열어달라고 요청했다. 어떻게 보면 이는 대사님 입장에서는 받아들이기 힘든, 곤란한 요청이었을 수 있다. 실제로 우간다 교육계 사정에 밝은 것 같지도 않은 사람이 정확히 무엇인지도 잘 모르겠는 교육콘텐츠를 보급하겠다며 교육 관계자를 만나게 해 달라고 요구할 때 이를 진지하게 수용하기는 어려울 것이다. 하지만 대사님은 서기관님께 이를 알아보라고 지시했고, 서기관님은 내가 귀국하기 얼마 전, 우간다 교육 관계자를 만날 예정이니 교육콘텐츠를 보내달라고 연락해 왔다. 다시 한 번 감사함을 느낄 수 있었던 순간이었다.

사실 우간다 프로젝트팀은 외부의 영향과 무관하게 얼마든지 성공적으로 프로젝트를 수행할 수 있는, 그 자체로 많은 능력을 갖춘 성원으로 이루어져 있는 팀이었다. 때문에 어찌 보면 대사님과의 만남이 우간다 팀의 이후 활동에 별다른 영향을 주지 못했다고 생각할 수 있다. 하지만 나는 우간다에서의 첫 일정을 대사님과의 만남으로 시작한 것이 팀원들에게 민간 외교관으로서의 역할에 대한 자긍심을 불러일으켰고, 일정을 잘 소화해야겠다는 다짐을 공고히 하는 데 도움이 되었으며, 이것이 고스란히 이후에 있었던 성공적인 활동으로 이어졌다고 생각한다.

내가 판단하기에 대사님과의 만남이 주었던 또 다른 장점은 공신력이었다. 물론 공신력이라는 것이 그렇게 중요하지 않을 수 있고 우간다 팀이 방문한 기관 중에서 대사님을 만났다는 사실을 몰랐던 기관도 있었을지 모른다. 그럼에도 나라를 대표하는 대사님을 만남으로써 우간다 팀은 사실상 공신력을 확보한 상태로 활동을 시작할 수 있었으며, 이는 우간다 팀의 활동에 어떤 방식으로든 분명 도움이 되었을 것이다. 지금 와서 생각해봐도 우간다에 도착해서 대사님과 만남으로 첫 일정을 시작한 것은 참 잘한 일이었다.

대사관 방문에서 있었던 작은 에피소드 하나. 대사님이 한참 말씀을 하시는데 스멀스멀 졸음이 밀려왔다. 변명 같지만 일정을 고려해 볼 때 이는 어느 정도 불가피한 현상이었다. 그럼에도 졸지 않고 대사님 말씀에 집중하려 하면서 대사님 옆에 앉아 있는 두 분을 무심결에 쳐다보게 되었다. 그분들도 나와 비슷한 상황인지를 확인해 보고 싶었던 모양이다. 거기엔 최미설 선생님과 황지아 선생님이 앉아 계셨다. 그런데 최 선생님은 두 눈을 감은 채 매우 아파 보였고, 황 선생님은 최 선생님을 챙기고 계신지 최 선생님의 손바닥을 지그시 누르고 있는 듯했다. 순간 나는 정황적 판단을 해 보았다. ①최 선생님이 눈을 뜨고 있는 시간보다 감고 있는 시간이 훨씬 길다. ②황 선생님이 최 선생님을 돌봐 주고 계신 듯하다. ③최 선생님 얼굴이 창백해 보인다. ④대사님 옆자리라 잠깐씩 헤드뱅을 하면 모를까 저렇게 오래 눈을 감고 있을 수는 없다. 저건 아예 자는 모습 아닌가? 결론은 최 선생님이 아프다는 것이었다. "아프리카 오자마자 저렇게 아프면 큰일인데? 아직 일정이 본격적으로 시작되지도 않았는데…" 순간적으로 약간의 갈등이 느껴졌다. "대사님께 말씀드려서 딴 방에 가서 휴식을 취하

게 해야 하나? 아님 이야기가 끝날 때까지 참도록 내버려
둬야 하나?" 염려가 되긴 했지만 나는 황 선생님을 믿고
그냥 대사님의 이야기를 계속 듣고 있기로 했다. 대사님의
이야기가 마무리되고 모두가 자리에서 일어날 때 나는 걱
정스럽게 최 선생님께 몸이 괜찮으시냐고 물었다. 그랬더
니 최 선생님은 눈을 동그랗게 뜨면서 뜻밖의 대답을 했다.
"네? 저 아무렇지도 않은데요?" 최 선생님은 그 어려운 자
리에서 잠깐잠깐 졸았던 것이 아니라 아예 잠을 잤던 것인
데, 나는 대사님 바로 옆자리에서 그렇게 잘 수 있는 담대
함이 참으로 놀랍고 신기하게 느껴졌다. 그런데 이후 있었
던 음악 공연과 시범 수업에서 나는 그러한 담대함이 최 선
생님의 평소의 모습임을 확인할 수 있었다. 선생님은 어떤
환경에서도 긴장을 모르고 자신의 몫을 잘해 낼 수 있는 그
런 분이셨던 것이다.

박성수 대사님(오른쪽에서 세 번째)과의 만남

열정 많은 주재원과의 조우

한승모

"나는 감독할게."

세 살 어린 남동생을 부하처럼 부리던 일곱 살 소년이 이듬해 초등학교에 들어가면서 세상의 벽을 느끼는 데는 그리 오랜 시간이 걸리지 않았다. 왜소한 키와 마른 몸, 그리 뛰어나지 않은 운동신경으로는 서울 미아리 달동네에 있는 학교, 55명이 모인 교실에서 여러 노력이 필요하다. 축구공만 있어도 부러움을 사던 때에 축구를 잘하고 싶어서 혼자 '벽치기' 연습을 몇 시간씩 했지만, 여전히 주전으로 끼기는 어려웠다.

어느 날 친구들이 다른 반과 축구 시합을 한다고 이야기하는 것을 들었다. 귀를 쫑긋 세우고 옆에서 이야기를 듣다가 감독을 하겠다고 덥석 말했더니 친구들이 신기한 듯 쳐다보며 그러라고 했다. 그때부터 5학년이 끝날 때까지 나는 우리 반 축구팀의 감독이 되었다. 학교 도서관에서 축구 교본을 찾아 3-4-3이니, 4-3-3이니 하는 포지션 공부를 하고 규칙과 파울을 공부했다. 부모님을 졸라 '갤러그' 다섯 판 할 돈으로 문방구에 가서 전술판을 코팅했고, 그 위에 사인펜으로 끄적이고 걸레로 쓱싹이며 친구들에게 멋지게 전술을 설명하기도 했다. 그때부터 '판짜기'는 내 생존 전략이었고, 어느 순간 내가 좋아하는 일이 되어버린 것이다.

우간다행을 준비하는 자리에서도 나는 '판짜기'를 하고 있었다. 누가 함께 이 일을 하면 좋을지, 누가 역할을 할 수 있을지에 대해 최은아 교수님과 상의를 시작한 이후 2년간 물 흐르듯 나는 내 기획의 에너지를 일에 잔뜩 쏟아부었다. 우간다에 가기로 결정한 그 순간부터 내 머릿속에는 우간다 프로젝트의 시작과 결과에 대한 고민이 이어졌다. 어떻게 판을 짜서 사람들에게 알리고, 어떤 도움의 기회를 만들면 참여만으로도 행복할 수 있을까? 수많은 사람에게 우리 프로젝트의 어떤 내용을 알릴까? 등 고민하고 결정해야 할 것이 많았다. 이후 능력 있는 온음 우간다팀 덕분에 와디즈 크라우드 펀딩(Wadiz Crowd Funding)으로 400만 원 이상의 후원금을 모금했고 온음, 한국음악교육학회, 타임교육, 천재교과서, 전주교대 관현악단, 광주 실천교사, 전교조 그림책 모임, 와이든, 시원한 프로덕션, 티처빌에서는 돈과 물품을 아낌없이 후원해 주었다.

"정말 다 준비했나?"

외부에 알리는 일이 부족했음을 떠나기 일주일 전에야 깨달았다. 언론 홍보는 새까맣게 잊고 있었고, 내가 알고 있는 재외동포재단과 다른 선교사님에게 말하는 것도 잊고 있었다. 그 이전부터 SNS에 더 많은 노출이 일어나게 했더라면 현지에 있는 한국인들과의 접점도 많아졌을 것이라는 아쉬움도 매우 컸다. 우간다에 가는 계획을 세우는 것도 작은 일이 아니었고 따로 홍보하는 사람들이 있는 것도 아니었기에 어쩔 수 없었다 하더라도, 내가 지금까지 짜던 '판'치고는 외부 홍보가 너무 적었다.

며칠 잠을 줄여가며 재외 동포재단, 한글학교 관계자, 한국문화예술교육진흥원, 선교사님 등에게 소식을 전하고 외부에 더 알리려 블로그와 SNS 몇 곳에 인사 글을 남겼다. 검색을 하던 중 갑자기 눈을 사로잡는 글이 있었다. 우간다 중학생들과의 예체능 수업에 관한 글이었다. 코이카 파견으로 진자(Jinja) 지역 중학교에서 체육 교사로 근무하는 청년인 듯했다. 우간다에 음악교육 나눔을 하러 가는 데 학교 이야기가 도움이 되었다. 고맙다는 인사를 건네고 혹 도움이 필요하면 연락해도 되는지 물으며 내 이름과 카카오톡 아이디를 남겼다. 그 후 바로 연락을 주고받으며 우리 활동에 대한 정보를 나누고 기회가 되면 보자고, 또 연락하자고 했다. 역시 이런 때에는 고민보다는 손가락이 빨라야 한다.

"뭔가 좋은 일이 생길 것 같아요."

우간다에 도착해 첫 일정으로 대사관을 다녀오고 갑자기 생각이 많아졌다. 재외동포재단에서 알게 된 김봉섭 이사님의 고마운 소개로 주 우간다 대사님을 뵙고 나니 '어떻게 더 넓은 네트워크를 만들어 낼 것인가?'에 대한 숙제가 계속 남아있다. 낮에 아이들을 위한 선물을 사러 오는 중에도 '연결의 힘'이 머릿속에서 사라지지 않는다. 김성한 교수님, 정붕진 목사님께 블로그를 통해 연결되었던 코이카 파견 조다슬 선생님에 대해 소개하고 시간을 내어 만나면 좋은 일이 생길 것 같다고 제안했다. 급하게 조다슬 선생님에게 내일 만날 수 있냐고 물었고 바로 약속 시간과 장소를 정했다.

당일 15분쯤 일찍 도착했더니 조다슬 선생님이 벌써 와 있었다. 아주 앳되고 밝은 선생님이다. 조다슬 선생님은 고등학교까지 운동을 전공했다. 대학에 들어오면서 자신의 재능과 경험을 세상에 더 의미 있게 써보고자 체육교육을 더 공부했다. 해외여행과 봉사를 여러 번 다녀오면서 꼭 해보고 싶은 일이 '교육 봉사'임을 알았고 많은 준비 끝에 코이카 교육 파견을 신청했다. 지금은 코이카 파견으로 진자 지역 중학교에서 체육 교사로 근무하고 있다. 현재 우간다에 와 있는 한국 파견 교사는 세 명이고, 다른 두 분은 음악, 한국어를 가르친다고 한다. 음악 선생님 이야기에 나도 모르게 몸을 앞으로 기울이며 나중에라도 연결을 부탁드렸다. 학교에 악기 지원과 연수 지원을 해주면 좋겠다고 생각했다.

스물네 살의 젊은 청년이 이리도 밝게 열심히 지내는 모습이 감동이다. 교육 파견을 온 것도 대단한데 시간을 내서 근처 보육 시설 봉사를 시작했다. 한국에서 물건을 기부받아 시설에 전하는 캠페인까지 열었다. 처음에는 눈이 반짝인다 싶었는데 말에도 기운이 넘치고 생각 또한 날카롭다. 모두의 삶이 소중하고 귀하지만 이렇게 멀고 먼 타국에 와서 자신의 꿈과 열정을 세상에 대한 나눔으로 연결하는 것은 더 귀하다. 한국의 청소년, 청년, 교사들에게 이 만남과 사례를 전하고 싶다.

'나를 위한 삶'과 '남을 위한 삶'에는 조화가 필요하다. 24살의 나는 나를 위한 삶에 함몰되어 있었다. 아니, 지금도 나를 위한 삶이 많이 차지하고 있다. 내가 좋아하는 노래, 내가 좋아하는 아카펠라, 내가 좋아하는 음악교육, 내가 좋아하는 어린이 문화까지! 이 모든 것에서 손을 놓을 수가 없다. 24살 조다슬 선생님도 우간다에서는 열심히 자신의 삶을 가꾸고 있겠지만 나와 같은 사람들에게 울림을 주기에는 부족함이 없다.

나오는 길에 조다슬 선생님이 가방에서 급하게 무언가를 꺼내면서 나에게 준다.

"우간다 오신 기념으로 작은 선물을 준비했어요."

할 말을 잃었다. 이 어린 스물네 살 청년이 우리보다 깊은 마음으로 이 자리에 나온 것이다. 깊은 고마움을 느끼며 다시 만나자 약속한다. 김성한 교수님은 3월까지 머무르며 조다슬 선생님이 봉사하고 있는 시설에도 방문한다고 했다. 한국의 손님을 맞이하고 '보다보다(우간다에서 택시 용도로 사용하는 오토바이 서비스)'를 불러 집으로 돌아가는 선생님의 뒷모습을 본다.

아직 학교에 방문하기도 전인데 벌써 좋은 일이 생겼다.

우간다에서 만난 코이카 단원
조다슬 선생님(오른쪽 첫 번째)과 함께

Story 2

우간다 학교에서

Open Nursery and Primary School
[intro] 산뜻한 교복을 입은 맑고 큰 눈의 아이들

최미설

첫 번째 학교를 방문하게 될 대망의 월요일을 기다리며, 전날 밤 잠을 설쳤다. 우간다의 학교는 어떤 모습일지, 어떤 아이들과 만나게 될지 너무나 기대되었던 한편, 그들에게 우리의 방문이 반갑지 않은 일이면 어쩌나 하는 우려도 함께였다.

드디어 월요일, 침대 옆 창가의 벌집에 살고있는 벌들, 그리고 여태껏 들어본 적 없이 우렁차게 울었던 닭들의 합창으로 소로티의 첫 번째 아침을 맞이했다. 선교사님께서 차려주신 맛있는 아침을 먹고 떨리는 마음으로 도착한 오픈학교의 첫인상은 그야말로 '산뜻'했다. 알록달록 파스텔톤의 교실과 넓은 운동장이 보였고 운동장의 한가운데에는 아이들이 쉴 수 있는 나무 쉼터로 햇볕이 가득 내리쬐고 있었다. 교실 안으로 들어가 보니 작고 길쭉한 나무 책상과 의자, 그리고 흑색 칠판과 낡은 칠판지우개가 눈에 들어왔다. 방송이나 책에서 듣고 보았던 것으로 미루어 짐작했을

때 우리나라의 60년대 교
실 모습이 떠올랐다.

감탄도 잠시, 아이들을
맞이하기 전에 서둘러 수업
을 위한 준비를 마쳐야 했
다. 우리는 각자 흩어져 아
이들이 앉을 책상에 노트와
연필, 지우개를 하나씩 놓
아두고 부랴부랴 콘텐츠 수
업을 위한 노트북과 모니터

산뜻한 오픈학교 전경과 교실 모습

를 설치했다. 이곳 오픈학
교는 사립학교로, 다른 우
간다 학교들에 비해 시설이
굉장히 좋은 편임에도 불
구하고 아직 각 교실에서
전기를 사용할 수 없었기

가까스로 연결에 성공한 영상 콘텐츠

에 현지 선생님들의 도움을 받아 전기를 사용할 수 있도록
세팅했다. 수업을 위해 전기를 사용한 적이 없었던 우간다
선생님들은 발전기를 돌리며 걱정스러워 했지만, 잠시 후
'됐다!'라는 옥중기 선생님의 탄성과 함께 수업 콘텐츠가
재생되는 것을 확인하고는 씨익 웃어주었다.

모두가 분주하게 준비하는 사이 수업을 시작하기로 한 9시가 다가왔는데, 어라? 생각보다 등교한 아이들이 많지 않았다. 계획에 따르면 60여 명의 아이들을 두 반으로 나누어 수업을 진행하려고 하였으나 등교한 아이들은 15명 정도였다. 알고 보니 오픈학교의 학생들과 부모님들께 오늘, 내일 등교하라는 안내가 잘 전달되지 않았던 것이다. 우리는 황급히 계획을 수정하여 오전 수업은 한 반으로 운영하고 오후 수업은 상황을 봐서 진행 방식을 결정하기로 했다. 약간의 당황도 잠시, 오전 수업은 어떤 과목으로 진행할지, 수업은 누가 할지, 또 다른 변수가 생기면 어떻게 대응할지 등 모두가 머리를 모아 결정을 내리기 시작했다. 나 혼자 이 상황을 맞닥뜨렸다면 어땠을까? 상상만 해도 진땀이 났다. 나는 MBTI 'J' 성향인지라 그동안 열심히 준비하고 철저히 계획했던 내용들을 갑자기 변경해야 한다면 멘붕 상태가 되었을 것이 자명하다. 그래서 5분 만에 변수에 대해 최선의 결정을 내리는 멤버들의 모습이 감탄스러웠고, 나와 동갑인데도 묵묵히, 그러나 빈틈없이 팀장 역할을 수행하는 양병훈 선생님이 참으로 대단하다고 생각했다.

한창 수업이 진행되던 중 오전 열 시가 넘어가자 적도의 나라인 우간다에 걸맞게 강렬한 햇빛이 교실 창문으로 쨍하게 들어오기 시작했고, 발전기가 돌아가는 '두두두두두두' 소리도 창문을 타고 꽤나 크게 들려왔다. 집중이 흐트

러질 만한 환경임에도 불구하고 손으로 차양을 만들고 햇빛에 눈을 찡그려 가며 무서운 집중력으로 수업을 듣는 아이들의 모습에 이 아이들에게 배움이라는 것이 어떤 의미인지 나의 마음에 와닿았던 것 같다.

이곳 오픈학교 학생들은 선명한 초록색과 파란색 교복을 입고 있는데, 그 말쑥한 모습을 보니 아이들을 마주하기 전 막연히 상상했던 우간다 아이들의 모습과 달라 놀랐다. 행동은 어찌나 예의가 바르던지, 맑고 큰 눈으로 수줍게 웃으며 인사하는 아이들의 모습에 '나는 분명 이 아이들과 잊지 못할 행복한 시간을 보내겠구나.'라는 확실한 예감이 들었다. 초반에는 수줍어하고 낯가리던 아이들은 오전수업을 듣고, 오후에 함께 놀이 활동을 하면서 빠르게 마음을 열어주었다. 문제를 푸는 데 시간이 오래 걸리는 동생들에게 다가가 다정하게 설명해 주던 7학년 학생회장 제시, 무심한 듯한 표정으로 장난치고 말을 걸던 개구쟁이 리틀 제시와 임마누엘, 아이들보다도 순수하고 열정적이던 오픈학교의 선생님들까지… 뭐 하나 감사하고 사랑스럽지 않은 것이 없었다. 마지막 날에는 가지 말고 남아있으라며 붙잡던 오픈학교 선생님들 덕분에 '인기쟁이 미셸(미셸의 영어식 이름)'이라는 조금 뿌듯한 별명도 얻었는데, 마음 한켠에서는 이 방문이 오픈학교의 '방문 경험'이 아니라, '첫 번째' 방문이 되어야 한다는 생각이 강하게 들었다. 사

동생들을 도와주는 학생회장 제시　　　아름다운 오픈학교 선생님들과 찰칵

실 우간다에 오기 전까지는 생각하지 못했던 부분이었지
만, 단 한 번의 방문으로는 우리의 우간다 프로젝트가 그저
'한국 교사들이 우간다에 가서 한국식 수업을 보여줬다.'
는 것으로 끝나버릴 것이며, 프로젝트가 지속성을 가져야
비로소 그 뒷이야기가 의미 있게 이어질 수 있으리라는 깨
달음이었던 것이다.

　우리가 방문한 첫 번째 학교였던 오픈학교를 떠올리면
아침을 여는 예배당에서의 소울풀한 노랫소리가, 나무 아
래 쉼터에서 옹기종기 모여 먹던 밥이, 떨렸던 첫 만남과

첫 수업이, 그리고 아이들과 선생님 모두 신나게 웃으며 즐겼던 이틀간의 시간이 생각난다. 무엇보다 산뜻한 초록색 교복을 입은 맑고 큰 눈의 아이들은 마음속에 오래도록 기억될 것이다.

오픈학교의 모두와 함께

[수업/영어] 중등교사의 우간다 초등 영어 수업기

김유리

우간다 교육 나눔 프로젝트에서 영어 수업을 맡게 되었다. 처음 이 활동에 참여할 당시 내 업무는 통역이었다. 현지 교사, 지역 주민과의 통역을 지원하는 줄 알고 합류한 것이다.

나는 중등교사다. 호르몬이 이성을 지배하는 십 대를 전문적으로 담당하는 중등 영어 교사란 말이다. 누군가는 초등 영어 수업이나 중등 영어 수업이나 같은 영어니까 수업이 가능하지 않냐고 물을 것이다. 모르는 말씀. 초등과 중등의 영어교육은 목표 자체가 다르다. 전자가 언어에 흥미를 갖게 하는 것이라면, 후자는 기본적인 의사소통 기술을 함양하는 데 의의가 있다. 게다가 우간다는 기본적으로 일상에서 각각의 부족어를 쓰고 학교나 공공장소에서 영어를 사용한다. (영국의 식민지였던 이유로 우간다는 영국식 영어와 영국식 교육과정을 사용한다.) 외국어로 영어를 배우는 EFL(English as a Foreign Language) 교육 환경에서 학생을 가르쳐 온 나는 우간다의 상황에 전혀 감이 잡히질 않았다.

우리가 가르치게 될 P5(우간다 학제로 초등학교 5학년) 아이들의 영어 실력이 어느 정도인지 정보도 없었다. 답답한 마음에 우간다 교과서를 바탕으로 제작했다는 영어 콘텐츠 영상을 모두 시청하기 시작했다.

30개가 넘는 영상을 보고 나니, 이 수준을 과연 초등학생이 이해할 수 있는지 의구심이 생겼다. 우간다 영어 교과서 콘텐츠 영상에는 우리나라 중학교 수준의 영어 문법과 방대한 양의 내용이 한 수업에 담겨 있었다. 초반 1, 2강에서는 취미 말하기, 감정 표현하기와 같이 초등학생에게 친숙한 주제가 담겨 있다. 그러나 교과서 중간부터 중학교 수준의 문법과 표현이 등장하며 길고 복잡한 제시 표현들이 사용되는 것이다. 심지어 우리나라에서 중학생들이 배우는 문법 규칙이 연달아 등장했다. 우간다 초등학생들이 이만한 수준의 문법 영어를 무리 없이 학습하고 있다는 것일까? 우리나라 수업 현장에서도 현재완료를 가르치지만 학생들은 이해하지 못하는 경우가 있다. 그렇다면 쉬운 내용을 넣어 수업을 준비하는 것이 나았다. 내용이 쉬우면 모두 이해하고 대답할 수 있으니 다행이지만 너무 어려워서 아무도 이해할 수 없다면 그것이야말로 대재앙일 것이다. 영상을 반복해서 시청하며 교사의 개입이 필요한 곳에 메모해 두었다. 내게 이번 교육 나눔 활동이 어렵고 난감한 이유는 나의 교수 능력, 내 수업 방식과 상관없이 전주교육대학교 김성한 교수님께서 준비하신 영어, 과학, 수학 콘텐츠 영상이 현장에서 얼마나 실효성이 있는지 점검하는 데 목적이 있기 때문이다. 나는 동영상을 틀고 허수아비처럼 있어서도 안 되고 적극적으로 개입하며 학생들이 동영상의 내용을 이해하는 기회를 방해해서도 안 된다. 이 상황이 뜨거워도 안 되고 미지근해도 안 되는 차를 가져오라는 못된 왕의 불가능한 미션처럼 느껴졌다. 고민이 깊어질 즈음 나는 우간다행 비행기를 타고 있었다. 결국 직접 부딪쳐 보는 수밖에 없는 것이다.

우간다 학교에 도착해서 현지 교사들과 이야기를 나눠 보니 정말 이들은 영어를 사용하는 국가에 걸맞게 리스닝이 뛰어났다. 우리가 수업을 위해 필요로 하는 내용과 현지 교실 상황에 대한 영어 질문을 잘 이해하고 대답해 주었다. 문제는 이들이 사용하는 영어에 우간다 악센트가 강하게 배어 있다는 것이다. 영국식 영어와 미국식 영어가 아닌, 온몸의 세포 하나하나를 총동원해서 집중해야 알아들을 수 있는 이 우간다 악센트는 정말 태어나서 처음 들어보는 발음이었다. 입으로는 부드럽게 웃으면서 머릿속으로는 질문에 해당하는 내용과 관련된 모든 예상 가능한 대답을 역으로 조합하는 종합적인 리스닝 유추 상황이 벌어졌다. 손에 점점 땀이 배어 왔다.

드디어 첫 영어 수업 시간이다. "Glad to meet you, all!" 지구의 반대편에서 날아온 낯선 생명체를 바라보는 30쌍의 눈동자가 교실에 가득했다. 내 목소리, 내 손짓에 숨소리를 죽이고 집중하는 자그마한 아이들! 너무 귀여웠다.

우간다의 학생들은 교과서가 없다. 교과서가 부족하기 때문에 교사들만 교과서를 가지고 있다. 엄밀히 말하면 교사들마저도 학교에 있는 교과서를 비품처럼 빌려서 쓰는 경우가 허다하다. 칠판에 공부할 내용을 교사가 판서하고 설명하면 학생들이 그 내용을 공책에 받아 적고 외우는 것이 일반적인 우간다 교실의 풍경이다. 설치한 모니터에서 영상과 이미지가 움직이고 제시 표현을 노래로 배우는 수업이 진행되는 내내 아이들은 열심히 집중하고 있었다. 준비한 수업의 주제는 '취미 말하기'로, 내가 읽으면 아이들이 따라 읽었다. 옳지, 잘하네! 그럼 이제 개인별로 시켜볼까. "What do you do in your free time?" 취미를 묻는 나의 질문에 아이는 수줍은 듯 조그마한 목소리로 대답한다. "I like cooking." 집에서 부모님과 동생을 위해 자기가 요리를 한단다. 지나치게 귀여워서 내 심장에 해로울 지경이다.

45분의 중학교 수업에 비해, 40분 수업이 너무나 짧게 느껴졌다. 수업이 끝나고 조용히 내 주변으로 다가와 손을 잡거나 인사를 하는 아이들로 금세 둘러싸였다. 순간 마음속 깊은 곳에서 뜨겁고 묵직한 무엇인가가 올라오는 것을 느꼈다. 개인 스마트 기기와 전자칠판이 있는, 여름엔 시원하고 겨울엔 따뜻한 공간에서 공부하는 한국의 아이들과 까만 눈망울을 빛내며 밝게 다가오는 우간다 아이들의 모습이 겹쳐졌다.

현지 교사와의 간담회에서 교감 선생님은 영어 수업 영상이 우간다 학생들에게 정확한 영어 발음을 익히게 도와줄 것이라고 기뻐했다. 부족마다 사용하는 영어 발음이 달라서 때로는 의사소통이 어렵기 때문에 정확한 발음의 영어를 구사하는 것이 중요하다고 하셨다.

비가 오면 정전이 되고 교과서도 없는 교실에서 공부하는 우간다 아이들에게 한국에서 준비한 영상 콘텐츠가 조금이라도 도움이 되기를 간절히 바라는 마음이다.

첫 영어 수업 시간 진행

[수업/음악] '무중구(Mzungu)' 교사의 우당탕탕 음악 수업

황지아

우간다에 도착한 첫날부터 가장 많이 들었던 단어는 '무중구(Mzungu)'다. 처음엔 아이들이 신기한 듯 무어라 외치고 도망가길래 무슨 말인가 했는데, 알고 보니 '무중구!(외국인이다!)'라고 외치고 눈이 마주치거나 말이라도 걸어보려 하면 우르르 뛰어가는 것이었다. 뜻을 찾아보니, 무중구는 '차를 타고 오는 사람'으로 더 오래 거슬러 올라가면 식민지 시절 원주민들을 탄압했던 백인들을 통칭하여 부르는 용어라고 한다. 그것이 구전되고 확장되어 지금은 외국인이라는 보편적인 뜻으로 사용되는 것이다. 생각해 보니 우리도 이동할 때 늘 버스를 타고 다녔듯, 보통 두 발이 주요 이동 수단인 그들에게 무중구란 '구르는 쇳덩이를 끌고 시끄럽게 오는 외지인'이라는 뜻이라는 것을 어렴풋이 유추해 볼 수 있었다. 무중구라는 단어가 과연 이들에게 어떤 이미지일까. 한동안 곰곰이 생각하게 되는 시간이었다.

에세이를 쓰며 교사의 입장에서만 우간다 여정을 돌아보

다가, 아이들의 시각을 문득 생각해 보았다. 어느 날 갑자기 와르르 버스에서 쏟아져 내린 외국 교사들. 생김새도 영어 발음도 풍기는 느낌도 다른 사람들이 카메라와 이런저런 장비를 설치하고 함께 공부하자 외치는 장면. 생전 본 적 없는 움직이는 영상들을 보여주고 처음 듣는 음악을 들려주며 율동을 가르치고 함께 하자는 외국인 교사들. 그간의 사진들을 훑던 중 웃음이 터지는 사진이 있었다. 벌겋게 탄 얼굴로 머리는 산발이 되어 아이들 앞에서 무엇인가를 열심히 말하고 있는 내 모습. 그리고 그런 나를 신기한 눈으로 바라보고 있는 눈동자들. 아이들은 나를 보며 어떤 생각을 했을까. 벌겋게 탄 얼굴의 무중구 교사가 열과 성을 다해서 큰 목소리로 말하며 율동을 비롯한 뭔가를 함께 하자는 간절한 눈빛을 보내는데, 그 어느 아이가 부탁을 들어 주지 않겠는가. 아이들은 그날 무중구 교사의 마음을 읽었을 것이다.

첫 수업 날 열연하는 지아

'무중구' 교사의 수업에 열심히 참여해주는 아이들

　이 사진이 찍힌 날은 우간다에서 처음으로 아이들을 만나고 수업했던 날이다. 직접 만든 교육콘텐츠를 선보이는 날이었던 만큼 현지 교사, 관계자, 심지어 우리 팀 동료들의 관심까지도 집중되는 날이었기에 전날 밤잠을 설칠 만큼 긴장했던 기억이 난다. 여러 콘텐츠 중에 고심하여 고른 두 차시 음악 수업은 '프레디오카(Freddy Oka)'와 '샐리고 라운드 더 선(Sally go round the sun)'이었다. '프레디오카'는 말놀이 기반의 가사와 단순한 리듬, 박자로 이루어진 노래를 기반으로 작은 서클 게임 활동을 연계하는 흐름의 수업이다. 기본 음악요소 중에서 가장 단순하고 쉬운 기본박 치기, 일정 박 전달하기 등 리듬 활동을 쉽고 단계적으로 도입할 수 있는 흐름일 것 같아 첫 차시 수업 주제로 선정했다. '프레디오카'가 기본박 중심의 리듬 활동이라면 '샐리 고 라운드 더 선'은 결을 달리하여 화음을 느껴보는 것이 중심이 되는 가창 활동이다. 노래를 배우고 2-3개 그룹으로 나누어 돌림노래를 경험한 후, 원을 만들어 마음속으로 노래를 부르는 내청 활동도 진행할 예정이었다. 마지막으로는 3개의 크기가 다른 원을 순차적으로 만들어 신체활동과 돌림노래에서 느껴지는 소리의 어울림을 다채롭게 느껴볼 수 있도록 구성했다. 우간다 아이들과 함께하는 첫수업을 리듬 놀이로 열어 분위기를 띄운 후, 자연스럽게 다음 차시에 함께 노래하고 화음까지도 느껴볼 수 있는 흐름을 상상하며 두 가지 활동을 고른 것이다.

하지만 첫 수업은 그야말로 우당탕탕이었다. 리듬감이 뛰어난 아프리카 아이들일 것이라는 생각에 별 걱정 없이 시작했던 박자 전달하기 놀이였으나, 정형화된 리듬 꼴을 일정한 간격으로 지켜서 쳐보는 활동이 워낙 생소했던 탓인지 원의 1/4도 제대로 돌지 못해 활동이 이어지지 않았다. 긴장감과 당황스러움이 섞여 교사조차도 가사를 다르게 부르는 등 크고 작은 혼란이 잇따랐다. 우간다 아이들에게 경쟁이라는 개념이 없어 한 명씩 탈락하는 게임 활동도 내가 생각했던 만큼의 호응이나 반응이 나오지 않았다.

그때부터였을까. 얼굴이 약간 달아오르며 초조한 마음이 들기 시작했다. 계획했던 활동을 일부 변경하여 난이도를 낮추고, 말놀이로 이어지는 까다로운 가사도 두 번, 세번 더 반복해서 함께 불렀다. 서클 활동도 주변 동료 교사들의 도움을 받아 마무리 지을 수 있었다. 두 번째 차시였던 '샐리 고 라운드 더 선'은 비교적 매끄럽게 진행되었으나 돌림노래에 익숙하지 않은 아이들과 정확하지 못했던 일부 가이드로 인해 잠깐 혼선이 일었다. 그럴 때마다 당황해서 곧잘 하던 영어도 버벅거리며 벌게진 얼굴로 간절하게 뭔가를 전달하려는 내 얼굴과 눈빛을 보고, 아이들은 혼란 속에서도 최선을 다해 함께 활동을 완성하려고 노력했다. 임기응변과 주변 선생님들의 도움도 있었으나, 낯선 무중구 선생님의 간절한 눈빛을 보고 마음으로 함께해 준 아이들이 없었더라면 그날의 수업이 어떻게 마무리되었을지 아찔하다.

두 개의 수업을 정신없이 마치고 수업에 대해 돌아볼 새도 없이 전통 놀이 활동까지 진행하고 나니 그야말로 녹초가 되었다. 멍하니 책상에 엎드려 점심 식사를 기다리다 문득 '아, 나는 오늘 이곳에서 아이들에게 무엇을 줄 수 있었을까, 아이들이 어떻게 받아들이고 무엇을 배웠을까' 하는 생각이 스쳤다. 우당탕탕 실수했던 것들이 생각나며 한 번 더 기회가 온다면 조금 더 잘할 수 있을 텐데, 조금 더 오래 머물며 수업을 진행하면 음악의 즐거움을 전달하고 교육면에서도 목표했던 바를 훨씬 더 잘 해낼 수 있을 텐데 하는 아쉬움이 물밀듯 밀려왔다. 하지만 이 학교에서 내게 주어진 기회는 그때 한 번뿐이었다.

이제 와 다시 되돌아본다. 아이들에게 그날의 수업은 어떤 의미였을까. 교육적 효과보다는 그저 즐거웠던 무중구 교사의 이벤트성 활동이었을 가능성도 배제할 수 없다. 이런 일시적인 나눔으로는 교육적 효과도, 효용성을 검증하는 것도 쉽지 않으리라는 것을 안다. 하지만 이런 생각도 해본다. 그날의 우리는 차가운 쇳덩어리를 끌고 다니는 무중구가 아니라 따듯한 온기를 남긴 무중구가 아니었을까. 무중구 교사들의 우당탕탕 음악 수업이었지만 아이들의 마음에 오래 남을 무엇인가가 몽글몽글 솟아났기를. 다시 한번 기회가 온다면 단 한 번의 수업이라도 나는 망설임 없이 떠맡아 혼신의 힘을 쏟아부을 것이다.

나는 확신한다. 무중구 교사들의 노력이 우간다 아이들의 마음속 어딘가에 분명히 가닿았음을. 오늘의 '내' 활동은 끝났어도 '우리의' 활동은 계속될 것임을.

[수업/음악] 우간다에서의 첫 음악 수업, 그리고 남겨진 고민

양병훈

    교육콘텐츠 시범 수업과 관련해서, 나는 1일 차 3~4교시의 첫 음악 수업을 맡기로 했다. 첫 학교의 첫날, 첫 음악 수업. '첫 단추를 잘 끼우고 싶다, 잘 끼워야 한다.'는 막연한 부담감 때문인지 전날 밤까지 머릿속으로 계속 수업 시뮬레이션을 돌렸다. '처음'이라는 데에서 비롯되는 걱정과 두려움. 그러나 왠지 모를 떨림과 설렘이 있었다.

    사실 다른 교과의 수업도 마찬가지긴 했지만, 우간다에서의 음악 수업이야말로 정말 예상하기 어려운 점이 많았다. 우간다에서는 음악이 정규 교과가 아니기 때문에 우간다에서 음악 수업을 굳이 왜 해야 하는지, 무슨 내용을 어떻게 다루어야 할지에 대해서 교수님, 선생님들과 함께 많은 부분을 고민해야 했다. 음악 교육콘텐츠 개발 및 내용 선정에 있어서 몇 가지 원칙을 정했다. 주요 골자는 현지 상황을 고려해 특정 악기를 사용하거나 교사의 음악적·교수법적 역량을 요하는 복잡한 구조의 수업은 지양하자는

것, 그리고 비교적 쉽고 간단한 노래와 함께 모두가 즐겁게 참여할 수 있는 공동체성 놀이 활동 중심으로 수업을 구성하자는 것이었다. 영상 콘텐츠 안에서는 음악 교과의 특성상 설명을 많이 늘어놓기보다 직접 노래하고 춤추며 활동하는 실제 예시 모습이 반복적으로 재생되도록 편집했다.

시간이 흘러 어느덧 찾아온 음악 시간. 나는 칠판에 크게 'Mr. Yang'이라 쓴 뒤 천천히 아이들과 눈을 맞추었다. 음악 수업이라는, 조금은 특별한 수업에 대한 기대감 때문인지 맑고 호기심 어린 눈동자들이 여기저기서 반짝였다. 떨리는 마음을 애써 감추기 위해 여유로운 척 힘껏 웃어보며 밝게 인사를 건네고 수업을 시작했다.

먼저 진행된 3교시 음악 수업은 '오뷔사나(Obwisana)'였다. '오뷔사나'는 돌멩이 옮기기 놀이를 하며 부르는 가나의 민요다. 다 함께 원으로 둘러앉아 박에 맞추어 옆 사람에게 돌멩이를 전달하는 비교적 쉽고 간단한 놀이와 함께 '일정한 박 유지하기'를 연습할 수 있는 노래다. 노랫말이나 선율 자체가 복잡하지 않고 반복되어서 주고받기 몇 번이면 금방 외울 수 있을 정도이고, 그래서인지 은근히 중독성이 있다.(정말로 이 노래를 부른 날에는 자기 전까지 시도 때도 없이 '오뷔사나 사나나~'를 흥얼거리게 된다. 아이들에게도 부디 이런 마법이 일어나길!) 우간다에서의 첫 음악 수업 주제로 고른 이유이기도 했다. 시간 및 인원수 등의 문제를 고려하여 놀이 활동에서는 돌멩이 대신 아침에 선물로 나누어준 지우개를 활용하기로 했다.

아이들은 예상보다 훨씬 더 노래를 잘 따라 불렀다. 특히 자연스럽게 몸을 흔들며 당김음적인 리듬을 맛깔스럽게 부르는데, 타고난 리듬감이 고스란히 느껴졌다. 지우개 옮기기 놀이를 하기 전에는 콘텐츠 재생을 잠깐 멈춰 놓고 박에 맞추어 "Me, and Friend!"를 반복해 외치며 옆으로 넘기는 동작을 충분히 연습하도록 했다. 실제 놀이를 할 때는 연령대 편차가 있어서인지 헷갈려 하는 친구들이 간혹 보였지만 대체로 무난하게 성공했다. 기본적으로 아이들이 즐겁게 노래를 부르면서 활동에 참여하는 모습을 보니 나도 덩달아 신이 났다.

콘텐츠에서 제시한 마지막 활동은 즉석에서 변경하게 되었다. 첫 수업인 만큼 아이들에게 익숙한 방식으로 마무리하는 것이 좋겠다는 순간적인 판단이 들어서였다. 비록 협동과 토의 과정을 거쳐서 만들어진 정돈된 동작은 아니지만 노래에 맞추어 다 같이 자유롭게 춤출 수 있는 시간을 가져보기로 했다. 막상 춤출 때는 아이들보다 현지 선생님들이 더 흥이 오른 듯해서 살짝 당황스럽기도 했지만, 덕분에 전체적으로 분위기가 무르익었고 이들의 마음을 열기에 충분했던 것 같다. 덩달아 나도 뻣뻣한 몸을 삐걱대며 열심히 흔들어 댔다. 처음 만난 우리가, 서로 말도 잘 통하

'오뷔사나' 노래 부르며 놀이하기

지 않는 우리가 음악 안에서만큼은 하나 됨을 느낄 수 있는 순간이었다. 이렇게 우간다에서의 첫 음악 수업은 예정에 없던 춤판을 한바탕 벌이며 끝이 났다.

4교시에는 '올드 킹 글로리(Old King Glory)'로 음악 수업을 이어갔다. '올드 킹 글로리'는 미국 어린이들이 부르는 동요로, 옛이야기를 들려주듯 짧은 노랫말을 흥겨운 리듬에 맞추어 부르는 노래다. 다 같이 큰 원을 만들어 걸으며 반복해서 부를 때 계속해서 술래가 바뀌는 형태의 서클 게임인데, 최종적으로 남는 1명의 술래(final king or queen이라 부른다.)에게는 축하의 의미를 담아 예의를 갖추어 절을 하는 모습으로 유머러스하게 놀이를 마무리하게 된다. '오뷔사나'와 마찬가지로 비교적 쉽고 간단하게 익힐 수 있는 노래이며, 모두가 동등하게 참여할 수 있는 재미있는 공동

‘올드 킹 글로리’ 노래를 배우고 있는 우간다 아이들과 선생님들

체 놀이이기에 이 곡을 선택했다.

노래를 배울 때는 반주악기로서 비장의 무기인 우쿨렐레를 꺼내 들었다.(여담으로, 일정 중 휴식 시간이 주어지는 주말이 되면 우쿨렐레를 느닷없이 꺼내 들고 이 노래 저 노래를 불러댄 탓에 팀원들로부터 ‘궁중악사’ 칭호를 받게 되었다.) 처음 보는 악기라서 그런지 아이들의 눈이 더 반짝이는 게 느껴졌다. 물론 무반주로 노래해도 큰 무리 없이 놀이 활동을 진행할 수 있었지만, 시범 수업의 성격임을 감안해 나의 우쿨렐레 반주와 옥중기 선생님의 젬베 반주를 곁들여 조금 더 풍성하게 음악을 만들어 주고 싶었다. ‘Final king or queen’으로는 이왕이면 우간다 학생이 뽑혀서 기뻐하는 모습을 볼 수 있길 내심 바랐지만, 그러한 나의 바람과는 달리 우리의 최미설 선생님이 최종 queen으로 뽑히는 다소 멋쩍은 상황이 연출되었다. 그래도 우간다 아이들과 선생님들은 깔깔거

리며 매우 즐거워했다. 4교시 음악 수업도 큰 탈 없이, 훈훈한 분위기 속에서 마무리되었다.

　이날 내가 경험한 음악 수업들을 돌이켜보면, 우선 음악 수업 자체에 대한 현지 학생과 교사들의 관심, 그리고 참여도가 확실히 높은 편임을 확인할 수 있었다. 특히 교사들의 반응은 긍정적이었고 폭발적이기까지 했다. 다만 이 과정을 수업이나 음악적 배움의 관점으로 보기보다는 그저 같이 음악을 즐기는 시간 정도로 인식했던 것은 아닐까 싶은 생각도 들었다. 우리가 처음 원칙으로 정했던 '간단한 노래 및 놀이 활동 중심' 접근이라는 측면에서는 효과적이었고 나름 성공적이었다고 볼 수도 있겠다. 그러나 이미 삶 속에서 온전히 자신들만의 방식으로 음악을 누리고 있는 이들에게 '수업'의 형태로 음악을 '교육'해야 하는가 하는 그 원론적인 지점에서는 다시금 질문이 머릿속을 맴돌았다. 당일 일정의 말미에 진행된 자체 평가회 시간에도 음악 수업의 방향성에 대한 팀원 선생님들의 여러 의견이 오갔다. 아직은 프로젝트의 초반부라 정돈되어야 할 부분이 많아 보였다. 음악 수업이 단순히 재미와 즐거움으로만 끝나지 않도록, 다음 음악 수업부터는 목표하는 음악 요소나 개념이 무엇인지 그 관점을 좀 더 명확히 교사들에게 안내하며 시범 수업을 진행하기로 의견을 모았다.

우리가 앞으로의 우간다 음악교육을 위해 좀 더 지원할 수 있는 부분을 찾아본다면, 그건 아마 기악 활동 측면이 아닐까 싶다. 실제로 오픈학교의 교사 토마스는 시범 수업이 끝난 후 개인적으로 나를 찾아와 이것저것 물었다. 한국의 전통악기에 대해 묻기도 하고, 아이들과 직접 음악 수업(특히 악기를 활용한 수업)을 해보고 싶은데 무엇을 어디서부터 시작해야 할지 막막하다는 고민도 얘기해 주었다. 본인 스스로도 음악을 너무 배우고 싶고, 특히 피아노나 우쿨렐레와 같은 악기도 배우고 싶은데 우간다에서는 그런 악기를 배울 곳이 없다며 아쉬움을 토로했다. 악기에 대한 관심은 아이들에게서도 느낄 수 있었다. 잠깐의 쉬는 시간 동안에 중기 선생님이 연주하던 북을 두드려 보려고 아이들이 몰려들었고, 개구쟁이 임마누엘(내게 유독 많은 관심을 보이며 내 카메라를 빌려 사람들을 직접 찍고 다니는 것을 흥미로워하는 친구였다.)은 내가 연주하던 우쿨렐레를 '미니 기타'라고 칭하며 대뜸 연주하는 법을 알려달라고 했다. 그 말이 정말 반가워서 점심시간에 따로 살짝 불러 기초적인 몇 가지를 알려주었다. 교사들에게나 아이들에게나 다양한 악기교육, 그리고 악기 연주 경험의 기회가 충분히 주어지면 참 좋겠다는 생각이 들었다. 우선 교실에서 활용할 수 있는 악기를 지원할 수 있는 방안부터 고민해 보아야겠다.

1. 음악교육에 관심이 많았던 오픈 학교의 토마스 선생님
2. 중기 선생님과 함께 젬베를 연주해보는 아이
3. 내 카메라를 빌려 사진 찍고 있는 임마누엘(오른쪽), 그리고 그런 그를 바라보는 유리 선생님

　　이러한 활동과 고민에 대한 지금의 기록이 향후 지속될 음악교육 나눔 활동으로 잘 이어지길 바란다. 어쨌든 내가 믿고 있는 사실 하나는 분명하다. 이 세상의 모든 어린이는 교육받을 권리가 있다. 그리고 모든 어린이는 '음악'을 교육받을 권리가 있다. 우간다의 아이들도 결코 예외는 아니다.

[체험/놀이] 광란의 비석치기

김유리

‘비석치기? 요즘 누가 비석치기를 해? 운동장이 인조 잔디랑 시멘트로 덮여 있는데 돌멩이는 또 어디서 구해와?’

양병훈 선생님과 전통 놀이 프로그램으로 비석치기 활동을 운영하게 되었을 때 내 마음속에는 이미 불신이 가득했다. 어린 시절에 비석치기를 해 본 적이 있는가? 80년대생을 대표해 어린 시절을 추억하자면 "유리야, 저녁 다 됐다~"라는 엄마의 공식적인 게임 종료 멘트가 들리기 전까지는 어두워지는 줄도 모르고 뛰어놀았다. 지역마다 세부 규칙은 다소 다를 수 있지만 소꿉놀이, 고무줄, 공기놀이, 땅따먹기, 사방치기, 술래잡기, 무궁화꽃이 피었습니다 등 큰 자본과 고급 기술이 전혀 필요치 않은 놀이가 대표적이다. 전문적이고 숙련된 기술이 필요한 놀이는 한두 명이 놀이를 장악해 버리기 때문에 아이들에게 배척되었다. 전문성은 놀이와 스포츠를 구분하는 큰 차이점이다. 그런데 아무리 생각해 봐도 비석치기를 한 기억이 없다. 물론 놀이의 이름은 알고 있다. 친척들과 함께하는 식사 자리에서 어른들이 어린 시절에 비석치기, 자치기, 깡통차기를 하고 놀았다고 말씀하시는 것을 들은 기억이 있다. 아! 그렇다면 비석치기는 80년대 놀이가 아니라 50~60년대 놀이인 것이다. 전통 놀이에 계보가 있다면 비석치기는 제기차기, 연날리기와 어깨를 나란히 하는 전통 놀이의 시조새 격인 것이다.

놀이의 규칙을 알아야 진행을 하지. 이럴 땐 인터넷 찬스!

전통놀이: 비석치기
표준어: 비사치기

일정한 거리에 작은 비석 돌을 세워놓고 이를 맞혀 쓰러뜨리는 어린이 놀이.

어원인 '비석치기'에서 멀어진 말로 '비사치기'가 표준어이다.
둘 또는 여러 명의 아이들이 패를 나누어 노는 놀이로 비석치기·비석차기·돌치기라고도 한다. 비석은 이 놀이의 도구로 어른의 손바닥만한 장방형의 돌을 말한다.
일반적으로 이 놀이는 일정한 자리에 선을 그은 뒤 그 선 위에 상대방의 비석을 세워두고 2.5m 내지 3m의 거리에서 자신의 비석을 던져

상대편의 비석을 맞혀 쓰러뜨리는 것으로 승부를 겨룬다. [출처: 한국 민족문화대백과사전(비사치기)]

돌멩이를 돌멩이로 쓰러뜨리는 놀이라니. 15명의 우간다 아이들이 돌멩이를 던진다. 줍는다. 다시 던진다. 줍는다. 다시 던진다. 얼마 동안? 무려 40분 동안 말이다. 망했다, 망했어. 이건 분명 '핵노잼'이다. 40분 동안 돌만 던지는 게 재미있을 리가 있냔 말이다.

나의 속마음을 아는지 모르는지 메인 진행자인 양병훈 선생님은 천진하기만 하다. "우간다에도 돌멩이는 있겠죠? 너무 작은 돌멩이만 있으면 어쩌죠?" 지금 양 선생님의 최대 걱정은 놀이의 재미 여부가 아니라 우간다 학교에 돌멩이가 존재하는지이다. 난 이제 어떡하지? 15명이 각자 돌을 던지고 남은 39분 30초의 시간 동안 한국 노래라도 불러줘야 할까. 치열한 혼자만의 고민을 뒤로 하고 첫 번째 오픈학교 놀이시간이 찾아왔다.

양병훈 선생님이 메인 진행자답게 게임 소개를 시작한다. 아이들은 아무 말 없이 커다란 눈망울을 깜박이며 든는다.

"이제부터 한국 전통 놀이인 돌게임을 해볼 거예요. 이 놀이를 하기 위해서는 이 정도 크기의 돌멩이가 필요해요. 밖에서 각자 돌멩이를 구해와요. 1분 줄게요. 시이~작!
60초, 59초, 58초, 57초…"

양 선생님이 카운트다운을 시작하자 아이들이 냅다 뛰
기 시작했다. 돌멩이를 들고 오는 아이들의 얼굴에서 시간
안에 미션을 완수했다는 자부심이 가득했다. 아이들은 뭐
가 그리 재미있는지 벌써부터 흥미진진한 것을 보고 있는
표정이다.

"이 놀이는 서로 다른 레벨이 있어요. 첫 번째, 손으로
맞혀요. 두 번째, 손등으로 맞혀요. 세 번째, 머리 위에 올
리고 맞혀요…"

양 선생님의 설명을 조용히 듣던 아이들은 다리 사이에
돌멩이를 끼고 깡충깡충 뛰는 그의 모습에 까르르 웃음을
터트린다. 재미있어서 빨리 놀이에 참여하고 싶다는 얼굴
이다.

비석치기가 시작되자 정말 광란 그 자체였다. 인류가 돌
멩이를 손에 쥐고 사냥을 하던 야생의 본능이 깨어난 것일
까. 목표물을 겨냥하는 아이들은 흡사 사냥감을 포착한 사
냥꾼 같았다. 거리를 재고 던지고 빗맞으면 크게 아쉬워했
다. 하지만 한 아이도 포기하지 않았다. 빠르게 돌을 집어
들어 다시 도전했다. 어떤 아이는 돌멩이를 머리 위나 가슴

팍에 올려두고도 칼같이 맞혔다. 기가 막힌 솜씨였다.

모든 미션을 통과한 아이는 돌의 왕좌(The Throne of the Stone)에 앉히고 돌의 왕 또는 돌의 여왕이라고 불러주었다. 아이들의 얼굴에 자부심이 어렸다. 점점 돌의 왕과 여왕의 숫자가 늘어나다 단 한 명의 아이가 남았다. 연달아 빗맞는 돌멩이를 보며 아이의 얼굴에 당혹감이 스쳤다. 그 순간 양 선생님이 외쳤다.

"할 수 있어! 넌 할 수 있어!"

그러자 모든 돌의 왕과 여왕이 한목소리로 외치기 시작했다.

"할 수 있어! 할 수 있어! 할 수 있어! 할 수 있어!"

마침내 그 아이가 자신의 돌멩이로 목표물을 정확하게 맞히자 모든 아이들이 두 손을 번쩍 들고 외쳤다.

"맞혔다!!!"

소리를 치고 발을 구르며 마지막 한 명의 성공을 모두가 함께 기뻐했다. 아… 비석치기는 재미있는 놀이가 아니다.

비석치기에 도전 중인 아이들

비석치기는 감동적인 놀이이다. 내 코가 매워지는 것은 교실에 자욱한 먼지 때문만은 아닐 것이다.

[체험/아카펠라] 김치 김치 스마일

한승모

"우간다 어린이와 한국 어린이의 교류 어때요?"

우간다에 가기 전, 우간다에 관심을 보이는 단체와 함께 재미난 일을 만들고 싶었던 내 기획본능이 움직였다. 교육적인 활동은 물론이고 지역, 문화를 뛰어넘는 다양한 교사, 학생 협력 사업이 특기인 광주실천교육교사모임에 우간다 학생들과 한국 학생들의 교류를 시도하면 어떨지를 물었다.

우리가 만든 노래를 우간다 친구들이 부를 수 있다면?
우간다 어린이가 만든 노래를 우리 친구들이 부를 수 있다면?

활시위는 당겨졌다. 광주실천교육교사모임에서는 아이들에게 '우간다 친구들에게 쓰는 편지'로 글을 모았다. 이를 바탕으로 경상남도 아카펠라 교육연구회의 김지현 선

생님께서 '김치 스마일'이라는 예쁜 노래를 만들어 주었
다. 특히 후렴구가 노래의 관심과 흥미를 높인다. 다만 우
간다 어린이들과 함께 부를 것을 생각해 보니 몇 가지가 조
금 고민되었다. '스마일(smile)'은 영어로 1음절 단어인데
한국식으로 발음하다 보니 3음절로 표현되어 어색하다는
점, 그리고 가사의 분량이 전곡을 짧은 시간 안에 다 부르
기에는 길다는 점이다. 하지만 의미도 좋고 재미있는 노래
이니 설렘을 안고 새로운 도전을 해보기로 한다.

　"같이 해요, 쌤"

　'김치 스마일' 노래를 아카펠라로 가르칠 생각에 눈앞이
깜깜하다. 우간다에서 아카펠라 수업을 세 번 정도 할 것
을 예상하고 각각 다른 노래를 부를 계획을 세웠다. 상황에
따라 수업 시간, 곡, 지도 방법이 모두 다를 것이며 한 수업

을 60분 안에는 마쳐야 한다. 우간다 아이들은 듣고 부르기가 익숙해서 대부분 악보를 보지 못한다. 또한, 단순하고 반복적인 리듬과 화음 패턴을 주로 사용한다. 즉 악보를 보고 음악을 표현하거나 화음과 다성부 음악을 만드는 경험을 많이 해보지 못한 것이다. 이 친구들과 함께 짧은 시간에 새로운 노래를 아카펠라로 부르고, 춤출 수 있을까?

이 어려운 상황을 잘 해결할 수 있었던 것은 우리 우간다 팀 멤버들의 도움 덕이었다. 최미설, 황지아, 양병훈 선생님이 함께하기로 결정되니 마음이 편했다. 세 명의 선생님 모두 전날과 오전에 수업을 많이 했기에, 내 시간에는 그렇게 애를 쓰지 않아도 되는데도 불구하고 우리는 매 아카펠라 시간에 각자의 역할을 찾아 이 프로젝트를 성공적으로 이끌기 위해 노력했다. 이후 아멘학교, 굿씨드학교에서는 최은아, 이혜영, 옥중기, 김유리 선생님까지 도움을 주어 잘 해결할 수 있었다.

결국 노래 길이를 줄이기로 했다. '랄라라' 외치는 노래의 후반부를 생략하고 전반부, 중반부 두 가지로 노래를 재구성했다. 그리고 가장 많이 나오는 '김치 스마일' 부분의 리듬을 '김치 김치 스마일'이라는 자연스러운 리듬으로 바꾸었다. 한국의 노래를 소개하는 1절, 2절 각 네 개씩 총 여덟 개의 부분을 1절로 줄여 우간다 친구들과 문화를 소개하는 형태로 만들었다.

수업이 시작되었다. 준비한 노래가 있다고 소개를 하고, '김치 김치 스마일' 외에 다른 부분은 우간다 친구들과 정하고 싶다고 말했다.

"우간다에서 유명한 음식을 알고 싶어요"

"우리는 얌(yam)을 좋아해요!"

"얌이요? 어떤 음식이지요?"

"고구마 같아요. Sweet potato!"

"아하! 그러면 가사를 이렇게 해 볼게요. Sweet potato Uganda Yam Yam 어때요?"

"오! 좋아요"

"우간다 옷도 궁금해요! 우간다에서는 무엇으로 옷을 만들어요?"

"우리는 Bark라는 나무로 옷을 만들어요. 저 선생님이 입으신 옷도 Bark로 만든 옷이에요"

"우와! 느낌이 좋아요. 멋져요. 이렇게 노래를 만들어도 될까요? Made by tree. Uganda Bark Cloth. 어때요?"

"오! 좋은데요?"

수업 시간에 아이들과 함께 노래 가사를 정리했다. 20분 만에 노래를 새로 정리하고 멜로디를 함께 익혔다.

* Kimchi Kimchi Smile, Kimchi Kimchi Smile
Everybody Sing together, Kimchi Kimchi Smile

Beautiful wear, Korea Hanbok
Made by tree, Uganda Bark Cloth
Cool guy sing and dance, Korea K-pop
Sweet potato, Uganda Yam Yam

(* 반복)

이후 30분간은 노래의 두 부분에 쓰일 화음을 연습했다. 처음에 예상해 온 가락과 리듬은 조금 복잡한 것이었다. 그러나 시간도 넉넉하지 않고 아이들의 작품을 더 멋있게 만들고 싶어서 반복하는 코러스 가락을 새로 만들어 제안했다. 한 성부는 A 부분에서 '도'와 '레'를 반복하면 되게끔 만들었다. 노래가 갖는 셔플 리듬을 신나게 반복하게 하는 것이 포인트다. 다른 한 성부는 B 부분이 재미있는데 '미', '솔'을 높은 소리로 콕콕 찌르듯이 내야 한다. 간단한 두 가지의 가락만 반복하면 화음이 만들어진다. 선생님들의 도움으로 시작해서 자연스럽게 아이들의 동작이 더해진다. 우리가 제안한 작은 동작이 아이들을 만나니 더 크고 신나는 동작이 되었다. 그룹을 만들어 연습하고 다시 함께 모여 음악을 만들었다. 지아, 미설, 병훈 선생님이 각각 일부 아이들을 맡아서 지도를 도와주었다. 높은 '솔' 계이름을 재미있게 소리 내는 부분은 미설 선생님이, '도 도도' 계이름을 '두 두두'로 소리 내며 춤을 추는 팀은 지아 선생님이 맡았다. 병훈 선생님은 아이들과 젬베를 연주하듯이 아이들과 타악기 연주 흉내를 냈다.

수업은 대성공이었다. 함께 노래를 만들며 우간다 아이들에게 낯설지만 재미있는 음악 경험을 만들어 주었다. 다만 콘텐츠 수업과 구별하여 활동을 구성하면서 한국의 문화 소개를 생각하지 못했다. 문화와 문화의 만남은 새로운 것을 만들 수 있다. 노래를 만들어 준 김지현 선생님에게, 광주실천교육교사모임과 함께 노래 가사를 모아준 전국의 어린이에게 감사함을 전한다. 언젠가 살면서 '김치'를 접하면 아이들은 이 노래를 떠올리기를 바란다.

[교사간담회] 우리는 같은 꿈을 꾼다

옥중기

'우간다 교사들은 한국 교사인 우리를 보며 무슨 생각을 할까?
우간다 교사들은 우리와 어떤 점이 같고, 어떤 점이 다를까?'

우리는 우간다 교육을 위해 한국 교사들이 만든 콘텐츠를 보급할 목적으로 우간다에 갔다. 하지만 그 콘텐츠를 사용하게 될 우간다 사람들에 대한 정보는 아무것도 가지고 있지 않았다. 이 콘텐츠가 어떤 방식으로 그들에게 사용될지도 알 수 없었다. 우간다의 교육을 책임지고 있는 우간다 교사는 어떤 방식으로 우간다 학생들을 가르치고 있는지 또한 알 수 없었다. 그렇기에 이 콘텐츠가 우간다 교육 현장에 유용할지 확신할 수 없었다. 우리에게는 우간다 사람들, 그중에서도 우간다 교사가 어떻게 아이들을 가르치고 교육에 대해 어떤 생각을 하고 있는지 아는 것이 중요했다.

우간다의 오픈학교에 도착한 첫날, 한국인 교사가 진행하는 시범 수업을 참관하러 수십 명의 우간다 교사들이 교실에 하나둘씩 모였다. 수업이 시작되자 우간다 교사들은 수업에 금세 집중했고 적극적으로 직접 참여도 했다. 우간다 교사들에 대한 호기심이 커져갔다. 겉모습만 보더라도 우리와 다른 우간다 교사들은 우리와 뭐가 달라도 다른 존재일 것만 같았기 때문이다. 하지만 오후 3시까지 수업뿐만 아니라 수업 준비와 관련해 할 일이 많았기 때문에 교사들과 직접 대화할 기회는 가질 수 없었다.

학생들과의 일과가 끝난 오후 3시, 콘텐츠 중심 수업에 대한 의견을 듣기 위해 우간다 교사들과 한국 교사들이 한 교실에 모이는 시간을 가졌다. 먼저 김성한 교수님께서 콘텐츠 중심 수업의 필요성에 대해 우간다 선생님들께 설명한 뒤 오늘 본 수업을 어떻게 생각하는지 의견을 물었다. 긴 침묵이 흐른 뒤 한두 명의 우간다 교사들이 콘텐츠 수업에 대한 소감을 말했지만 대부분의 교사들은 아무런 반응을 보이지 않았다. 이때만 해도 우간다 교사들이 한국 교사들의 수업에 관심을 가지고 있지 않거나 의견을 내는 데 소극적인 태도를 가지고 있다고 생각했다. 간담회가 끝난 뒤 우리는 어떻게 해야 우간다 교사들의 의견을 적극적으로 이끌어 낼 수 있을지에 대한 긴급회의를 열었다. 긴 토의 끝에 우리는 우간다 교사들을 소그룹으로 나누고 각 소그룹마다 한국인 교사를 두 명씩 배치하여 소그룹별 토의를 진행한다면 한분 한분의 이야기를 더 많이 들을 수 있을 것이라는 결론을 내렸다.

둘째 날 학생들과의 일과가 끝나고 우간다 교사들과의 두 번째 간담회 시간이 마련되었다. 전날의 계획대로 한국인 교사 두 명과 우간다 교사 아홉 명이 하나의 그룹이 되어 소그룹마다 콘텐츠 중심 수업의 장단점 및 콘텐츠 중심 수업을 할 때 어떤 지원이 필요한지에 대해 이야기를 나누기로 했다. 소그룹별 토의가 끝난 뒤에는 모든 소그룹이 한곳에 모여 토의 결과를 발표하기로 했다. 우리 소그룹의 토의 진행은 내가 맡게 되었는데, 간담회가 시작되기 전 나는 우간다 교사들이 어제처럼 침묵하고 있을까 봐 걱정됐다. 11명의 교사가 한 테이블에 앉아 서로의 얼굴만을 바라보았을 때 어떻게 어색한 분위기를 깰 수 있을까 고민하다가 자신의 취미를 먼저 이야기한다면 분위기가 부드러워져서 의견을 쉽게 내놓을 수 있을 것 같았다.

처음에는 한국 교사인 나와 양미정 선생님이 자기소개를 했다. 나는 평소에 커피를 마시는 것을 좋아한다는 것, 성악을 배우러 다닌다는 것을 말한 뒤 간단한 나의 일상에 대해 선생님들께 소개했다. 이어서 9명의 우간다 교사들도 취미와 함께 자신을 소개하기 시작했다. 기도를 좋아하는 글라디스, 그림책을 좋아하는 쥬디드, 웃는 걸 좋아하는 카씨, 먹는 걸 좋아하는 베티, 토론을 좋아하는 무싸, 여행을 좋아하는 리디아, 음악감상이 취미인 디나, 운동을 좋아하는 리차드, 소설을 즐겨 읽는 에스더가 우리 그룹이었다. 선생님들의 취미를 들으며 생각한 것은 우간다 교사들의 취미가 한국 교사들과 비슷하다는 것이었다. 막연히 우간다가 우리나라와 지리적으로 멀기 때문에 취미도 다를 것이라고 생각하고 있었던 내게는 신선한 충격이었다. 우간다 교사들도 우리와 인간적으로 비슷하다는 생각이 들기 시작했고 교사라는 같은 직업을 가졌기 때문에 교육에 대해서도 비슷한 관점을 가지고 있을 거라는 믿음이 생겼다.

곧이어 콘텐츠 중심 수업에 대한 의견을 나누기 시작했다. 처음에 우려했던 것과 달리 9명의 우간다 교사는 활발하게 의견을 내기 시작했다. 콘텐츠 중심 수업을 통해 직접 보여줄 수 없는 사물을 영상으로 보여줄 수 있다는 장점, 기초 학습이 안 되어 있는 학생들은 콘텐츠 중심 수업을 못 따라갈 것이라는 단점, 전기가 자주 끊겨서 전기보급이 선행되어야 한다는 의견 등 진지한 논의가 오고 갔다. 이 밖에도 콘텐츠 중심 수업에 대한 의견뿐만 아니라 학교생활에 대한 고민도 이야기하게 되었다. 학교폭력, 학부모들의 무관심 등 우간다 교육 현장 역시 한국의 교육 현장과 같은 고민을 하고 있었기 때문에 한국 교사 2명과 우간다 교사 9명은 공감을 더해 가며 깊은 이야기를 나누게 되었다.

어느덧 시간이 흘러 종료 10분 전을 남기는 징 소리가 들려왔다. 1시간이라는 시간 동안 많은 이야기를 나눴지만 여전히 시간은 부족했다. 30분의 시간을 더 이야기하던 중 전체 보고회를 위해 빨리 모이라는 재촉이 들어왔고 우리 모두는 아쉬움을 느끼며 토의를 마쳤다. 우간다 교사들도 우리와 같은 교사였다. 어떻게 하면 학생들을 잘 가르칠 수 있는지 계속 고민하고, 학생들과 함께 성장하고 싶다는 같은 꿈을 꾸고 있었다. 직접 만나고 이야기를 나누기 전까지는 다른 존재로 느껴졌던 그들이지만, 함께 이야기를 나눈 뒤에는 서로 이어졌다는 연대감과 같은 길을 가고 있다는 동지애가 느껴졌다. 우간다에 있건 한국에 있건 아이들을 가르치는 같은 꿈을 꾸고 있는 교사인 것이다.

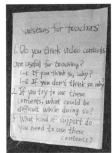

Amen Christian Nursery and Primary School
[intro] 가난한 맨발의 아이들과 호기심 어린 환대

한승모

"Thank you!"

우간다에 왔더니 세상에 감사한 것이 많아진다. 내가 먹는 음식, 물, 신발, 옷과 같은 물품은 말할 필요도 없다. 페트병을 모아 마대자루에 들고 가는 아이들을 종종 볼 수 있고, 맨발로 길에 앉아 뭔가를 달라는 아이들도 잊을 만하면 보이는 곳이다.

두 번째 학교인 아멘학교로 가는 길에도 흙으로 만든 집과 낮은 키의 나무들, 마른 풀들이 눈에 띈다. 흡사 홍천읍의 겨울 풍경 같기도 하다. 아멘학교는 이창원, 박신화 선교사님이 만든 학교다. 사전에 학교 이야기를 전해 듣고 '얼마나 가난한 아이들일까?', '방학 중이라는데, 아이들은 몇 명이나 올까?' 하는 걱정과 궁금증이 생겼다. 평평한 땅 저 끝에서 떠오르는 아침 해를 보니, 지구 반대편 우간다 아이들에게 해주고 싶은 것이 많아진다.

"도착했어요."

햇살에 취했는지, 새벽부터 북적거려서 피곤했는지 잠시 조는 사이에 아멘학교에 도착했다. 잔뜩 녹이 슨 학교 간판을 보며 학교 입구에 섰다. 이전 학교인 오픈학교에서의 아쉬운 기억들이 마구 떠올랐다. 참여 학생 인원 파악, 전반적 일정 관리, 현장 교사들에게 들려줄 콘텐츠 수업에 대한 안내, 모니터링 준비, 수업에 필요한 기기와 악기 확인, 공연 준비, 영상 촬영 준비와 역할 나눔까지. 내 기억에는 부족한 것들이 너무 많았고 조금이라도 더 잘할 방법을 고민하느라 학생들과 반갑게 웃으며 인사하는 시간도 짧게 지나쳐 버렸다. 사람들이 왜 이렇게 웃고 다니냐 물을 정도로 늘 밝던 내가 숙제가 가득한 모습이었는지, 무슨 일 있냐는 질문까지 받을 정도였다.

일찍 출근한 몇몇 선생님들과 인사를 나누고 바로 교실 준비와 촬영 준비를 위해 움직였다. 이번 프로젝트에서 내가 맡은 두 번째 일은 영상 작업을 챙기고 돕는 일이었다. 수업은 상대적으로 적은 편이었고 모든 일정에서 이현재 감독이 원활하게 원하는 촬영을 할 수 있도록 현지 교사, 아이들에게 협조를 구해 적절한 촬영 공간을 확보해야 한다.

교실 및 촬영 준비를 도와주는 젊은 청년 낫산과 인사를 나눴다. 낫산은 이 학교를 졸업했고 지금은 근처 신학대학에서 공부하는 대학생이다. 음악을 좋아하고 한국 음악 교육에도 관심이 있단다. 우간다 노래를 좀 알고 싶다고 하니 멀리 있는 우간다 여선생님들을 소개해 주었고 다들 나를 위해 우간다 노래를 불러주었다. 노래 제목은 'Thank you' 였다. 신에 대한 감사 노래를 아주 기쁘게, 환한 웃음으로 부른다. 나도 고맙다고 인사했다. 이렇게 선생님들을 만나고 우간다에서 건강하게 음악을 나누고, 두 번째 학교 아이들을 만난 게 모두 다 'Thanks!'한 일이다.

"그래도 30명은 오지 않을까요?"

우간다에 오기 전 예상했던 아이들의 숫자는 30명이었다. 작은 도시인 소로티에 도착한 후 선교사님은 학부모들이 고향에서 돌아오지 않았을까 봐 걱정했다. 부모들이 돌아오지 않았다면 아이들 인원이 적을 수도 있다고 했다. 알고 보니 이 학교는 소로티에서도 외곽에 있는 학교로, 처음 오픈학교의 규모와 비교가 안 되는 작은 학교였다. 오픈학교는 비교적 좋은 교육 환경과 콘텐츠로 지역에서 우수한 인재를 배출하기에 적합해 보였다면 아멘학교는 생존을 위한 일상의 유지가 절실한 이 지역 아이들에게 필요한 학교로 보였다.

첫날 아침, 나와 낫산은 교사 맨 끝의 작은 교실에서부터 수업 준비를 했다. 여럿이 앉는 긴 의자에 좁은 책상이 붙어 있는 일체형 책걸상 여섯 개를 두었더니 작은 교실이 꽉 찼다. 30명이 채 오지 않을까 걱정하면서도 오후에 있을 교사 간담회 등을 위한 공간을 마련했다. 두 번째 교실에는 의자만 있었다. 의자를 네 개 놓고 모자라는 의자와 책상을 구할 수 있냐 물었더니 낫산이 이제 의자밖에 없다고 했다. 나무로 만들어진 긴 의자가 그냥 이 교실에서 아이들이 쓰는 수업용 가구이다. 등받이도 없는 의자에 팔을 올릴 수도, 필기를 할 수도 없는 채로 아이들이 빼곡하게 앉아 공부하는 모습을 상상했다. '허리와 엉덩이가 얼마나 아플까?', '무엇을 적거나 만드는 활동이 없는 수업이란 어떤 수업일까?' 혼자 상상하고 걱정하는 시간이었다.

반대편 큰 교실에서 콘텐츠 수업을 진행하기로 하고 교실 정리를 마무리해 가는데 아이들이 점점 많이 오고 있었고, 급하게 양병훈 선생님이 선생님들을 모았다.

"아이들이 벌써 50명이 넘었어요. 그런데 아이들이 더 오고 있고요."

다들 기쁜 소식에 놀라며 '아이들이 없어서 수업을 못 하지는 않겠구나'라는 생각에 웃으며 수업 준비를 마저 하려고 하는데 더 놀라운 이야기가 들려왔다.

"그런데 우리가 만나기로 한 4~5학년 말고 아주 어린 동생들이 너무 많이 왔어요."

"앗!"

전혀 예상하지 못한 일이었다. 어린 동생들이 우리 수업을 이해하거나 참여하지 못하는 문제보다도 이 아이들의 일과를 어떻게든 챙겨야만 하는 문제가 더 컸다. 이 지역은 돈을 벌기 위해 더 낙후된 시골 지역에서 도시를 찾아온 주민들이 대부분이다. 부모들은 공장과 농장으로 일을 찾아다니고 아이들은 낮에 방치되어 밥 한 끼 못 먹는 것이 흔한 일인 것이다.

급하게 정붕진 목사님은 차를 끌고 아이들에게 줄 아침 빵을 사러 갔고, 선교사님 부부도 점심 식사의 양을 조절하여 준비하느라 바빠졌다. 우리도 역할을 나눠 한국형 돌봄 교실을 운영하기로 했다. 수업 장소를 바꾸고, 수업 순서를 조절하고, 역할을 새로 맡아가며 늘어나는 아이들과 돌봄 교실에서 챙겨야 할 동생들까지 맡았다.

첫날 참여한 아이들만 80명쯤 된 것 같다. 다음날은 수업을 위한 교실과 돌봄교실이 모두 꽉 찼고, 공연을 위한 공간으로 빌린 큰 교회 강당에는 마을 주민까지 250명이 넘는 사람이 모였다. 한국에서 우리의 회비와 후원으로 준비한 아침과 점심의 예상치를 이미 훌쩍 넘어서고 있었다.

30명이 올까 하는 걱정은 정말 말도 안 되는 걱정이었다.

"소고기 배부르게 먹겠네요."

여기저기 촬영을 위해 둘러보다 보니 집들이 조금 떨어
져 있었다. 드론을 띄워 학교 맞은편 멀리에서 학교 앞쪽을
향해 찍기도 하고, 뒤쪽 우물에서 돌아오며 찍기도 했다.
전날까지 있었던 오픈학교 주변에 비해 집이 너무 적었다.
이곳에는 우간다 전통식 초가집과 벽돌집이 섞여 있었는
데, 어릴 때 내가 살던 동네에서 보았을 만한 판자로 만든
집도 조금 보였다. 살림이 넉넉하지 않은 동네라는 것을 느
꼈고, 목이 늘어난 옷을 입고 있는 아이들이 몇 명 보였다.

"아이들 옷이 많이 헐었네요. 옷을 보내주고 싶어요."
"하하! 한국에서 선생님들 오신다고 잘 입고 온 건데요.
그리고 한국에서 옷이 너무 많이 와서 우간다 옷 만드는 회
사들은 망한다고 하네요."

선교사님의 한마디에 너무 놀랐다. 이야기를 듣고 아이
들을 보니 맨발이 많다. 너무나 자연스럽게 흙과 돌 위를
뛰어다니길래 생각도 못 했던 것이다. 또, 우리가 보내는
도움이 정작 우간다 사회와 문화에는 어떤 영향을 주는 것

인지 다시금 생각해 보게 됐다.

예상보다 많아진 인원에 빵과 음료수, 점심 식사를 준비하는 일이 바빠졌다. 수업하기 바쁜 선생님들을 대신해서 목사님과 교수님들이 빵과 음료를 나눠주었다. 점심시간에는 아이들이 밥을 받아 나무 아래, 건물 앞, 교실 등에서 먹는 것을 보았다. 대부분 밥을 산처럼 가득 쌓아놓고 먹는다. 하루에 한 끼 먹는 아이들도 있다 하니 충분히 이해된다. 한국에서도 가끔 이런 아이가 있다. 사랑이 필요한 곳이 어디 한 곳뿐이겠는가.

마침 한국의 혜화초등학교 학생들이 바자회를 열어 얻은 수익금 10만 원을 양미정 선생님에게 들려 보낸 사실이 생각났다. 양미정 선생님도 이 학교에 그 돈을 전하고 이 소식을 한국으로 보내면 좋아할 것 같다고 했다. 후원금을 받은 선교사님이 너무나도 좋아하면서 말씀하신다.

"우와! 아이들 소고기 배부르게 먹겠는데요."
"10만 원으로요?"

놀라지 않을 수 없었다. 이곳의 물가가 싸서 그렇겠지만 한국에서는 두세 명이 고깃집에서 구워 먹는 소고기 가격으로 우간다 학생 150명이 소고깃국을 끓여 먹을 수 있다는 것이다. 하루에 한 끼도 못 먹는 아이들은 학교에서 밥과 나물만으로도 한가득 기쁘게 먹는데, 우리가 전한 10만 원의 소고깃국은 얼마나 맛있겠는가? 누군가 나를 위해 준비하는 크고 값비싼 자리들이 가끔 있다. 그런 자리에 가면 이 아이들의 소고깃국이 생각날 것 같다.

[intro] 돌봄과 배움 사이

송정주

　우리가 두 번째 방문한 학교는 아멘학교다. '이 학교 아이들에게 진실로, 참으로 그리되게 하여야 하는 것은 무엇일까?' 하는 생각이 스쳐 지나갈 때쯤, 멀리 학교 건물로 추정되는 곳 근처에 아이들이 몰려 있었다. 7시 30분을 갓 지난 이른 시간임에도 불구하고 몇 명의 아이들이 벌써 학교에 와 있었고 큰 눈망울로 신기한 듯 우리를 쳐다보고 있었다. 가까이 다가가 "굿모닝!" 하며 인사를 건넸더니 부끄러워하며 들릴 듯 말 듯 작은 목소리로 "굿모닝!" 하고 대답할 뿐이었다. 여기가 첫 학교보다 더 열악한 곳이라는 것은 학교 시설로, 하나둘씩 모여드는 아이들의 옷차림으로도 알 수 있었다. 그러나 아이들은 해지고 구멍 난 옷에 떨어진 슬리퍼를 신고 있을지언정 요즘 유행하는 힙한 옷차림이었으며 천진난만한 웃음을 짓고 있었다. 오래전부터 아프리카 관련 다큐멘터리나 여행기를 볼 때 아프리카 사람들의 화려한 옷 패턴과 색깔을 보면서 이들의 색채 감각이 뛰어나다고 생각했었는데, 실제로 와서 보니 이들은 더욱더 뛰어난 패셔니스타였다.

그들의 패션에 감탄하며 교실로 들어섰더니 책상과 칠판이 덩그러니 놓여 있었다. 한국 학교에서 흔하게 사용하는 1인용 책상이 아니라 교회에서나 볼 법한, 여러 명이 함께 동시에 앉아야 하는 다인용 책상이었다. 서둘러 수업 준비를 위해 선교사님 댁에서 가져온 TV와 노트북을 연결하고 책상을 배열했다.

교실에서 나왔을 때는 깜짝 놀랐다. 아이들이 몰려들기 시작한 것이다. 선교사님께서 "동네에 소문이 나서 애들이 더 올 것 같아요. 예상보다 훨씬 많을 것 같아요."라고 말했다. 30명으로 예상하고 준비했는데 순식간에 200명이 된 것이다. 그런데 웬걸? 아이들이 오는 건 그렇다 쳐도 이 학교엔 왜 이렇게 어린아이들이 많지? 분명 우리는 P4-5(우간다 학제로 초등학교 4~5학년) 아이들이라고 들었는데, 1~2학년은 물론이고 유치원 혹은 어린이집에 있어야 할 아이들까지 보였다. 아이가 아이를 기른다고 했던가? 5~6학년쯤 되어 보이는 여자아이들이 동생 손을 잡고 있거나 안고 있었다. 심지어 포대기에 싸인 아기도 안고 있었다. 예상 밖으로 많아진 아이들의 수에 우린 급히 보육반을 따로 만들 계획을 세웠다. 유치원 아이들을 위해 빈 교실에 의자를 놓고 이들에게 보여줄 영화를 급히 찾기 시작했다. 아이들이 계속

학교로 몰려들고 있어 이들을 집중시키고 질서 있게 통솔할 방안이 필요했다. 그 대안이 강강술래였다. 오후로 예정됐던 강강술래는 살갗이 타들어 갈 정도로 뜨거운 우간다의 날씨를 반영하여 그나마 시원한 아침에 하자는 쪽으로 계획이 바뀌었고, 양미정 선생님은 교실 밖에 있는 아이들을 데리고 강강술래를 시작했다.

  그때 내 앞에서 6개월 된 동생을 안고 있던, 노란색 치마를 입은 여자아이가 안절부절못하기 시작했다. 아이들이 서로의 손을 잡고 강강술래를 외치며 원을 만들기 시작하자 안고 있는 동생을 한 번 쳐다봤다가, 옆에 5~6살쯤 되어 보이는 동생을 안고 있는 친구를 봤다가, 나를 봤다가 하는 것이었다. 옆에 있던 친구가 동생을 땅에 내려놓더니 손을 잡고 강강술래 원에 합류하자, 이 아이는 애처로운 눈빛으로 나를 바라보았다. 안타까운 마음에 내가 손을 내밀자, 내밀기 무섭게 6개월짜리 동생을 서둘러 나에게 건네주고는 신나게 원 안으로 뛰어가 버렸다. 보육반 정리가 끝난 선생님들도 강강술래에 합류하여 아이들과 함께하기 시작했고 운동장에서는 강강술래를 정확한 발음으로 외치는, 흥이 잔뜩 오른 우간다 아이들의 목소리가 쩌렁쩌렁 울렸다. 6개월짜리 이 아기는 생전 처음 보는 낯선 이방인의 품에 안겨 강강술래를 외치는 아이들의 목소리를 자장가 삼아 새근새근 자고 있었다. 자세가 불편할 것 같아 이래저래 고쳐 안는데도 한 번도 깨지 않고 잘 잤다. 순식간에 보모가 된 나는 아기를 안고 교실이 드리우는 작은 그늘 밑에 쪼그리고 앉아 강강술래를 하는 아이들을 바라보았다. 큰 아이 작은 아이 할 것 없이 모두 모여 손을 잡고 원을 만들어 신나게 청어도 엮었다 풀고 대문도 만들었으며 꼬리도 땄다. 이 아기의 언니는 동생의 존재는 잊어버린 채 너무 즐겁게 놀고 있었다. 거나한 강강술래가 끝나고 어린아이들은 보육반으로, 큰 아이들은 교실로 향했다. 노란 치마를 입은 아기의 언니는 동생을 찾으러 오지도 않고 교실로 들어가 버렸다. 얼마나 놀고 싶었을까, 얼마나 자유롭고 싶었을까? 학교까지 동생을 안고 온 것을 보면 분명 집에서도 동생을 엄마처럼 키우고 있었을 것이다.

수업이 시작되어 아기를 교수님들께 맡기고 수업을 지원하러 들어갔다. 그런데 웬걸, 분명 보육반을 따로 만들어놨음에도 교실 중간중간 유치원생 정도의 어린아이들이 자신의 언니나 누나의 무릎 위에 앉아있었다. 동생을 데리고 있는 큰 아이는 글씨를 쓰는 것도, 공부를 하는 것도 불편해 보였다. 이 아이들을 보육반에 데려다줘야겠다는 생각에 5살쯤 돼 보이는 아이의 옆에 가서 손을 내밀었더니 순순히 내 손을 잡고 따라 나왔다. 그러나 교실 문을 나서는 순간 울음이 터졌다. 내 손을 뿌리치고 주저앉아 울더니 언니한테 다시 돌아가는 것이었다. 동생이 울자 난감해하는 아이의 언니, 그녀의 눈빛은 동생을 보육반으로 보내고 싶은 것 같았다. 그러나 동생이 울자 어쩔 수 없이 나와서 동생을 안고 들어가는 것이었다. 실패에 머쓱해진 나는 또 다른 타깃을 잡았다. 3살쯤 되어 보이는 남자아이에게로 갔다. 같이 가자 했더니 따라 나온다. 성공인가? 했더니 요 녀석 역시 교실 문 앞에서 헤헤 웃더니 다시 줄행랑을 치며 누나 품속으로 쏙 들어간다. 실패다. 포기할 순 없었다. 한 명이라도 성공하리라. 하지만 내가 어린아이들 가까이 다 가가자 아이들은 서둘러 자신의 손을 감췄다. 대실패였다. 수업이 시작되어 어쩔 수 없이 보육반으로 아이들을 보내 는 것을 포기했다. 울던 여자아이는 언제 그랬냐는 듯이 뚝 그치고 알아듣지도 못하는 수학 수업에 함께 참여했다. 동 생을 데리고 있는 아이들은 수업 들으랴, 동생이 자신의 연 필로 공책에 낙서하는 것을 못 하게 막으랴 여러모로 바빴 다. 수업을 듣는 건지 동생을 돌보는 건지 헷갈릴 정도였 다. 우리나라도 이런 때가 있었는데 하는 생각이 들면서 동 생을 돌보느라 수업에 집중 못 하는 아이들이 안타까웠다.

이윽고 점심시간이 되었다. 수업이 끝나자 문득 아침에 안고 있던 6개월 된 아기가 생각났다. 아기가 어디 있나 하 고 봤더니 땀에 흠뻑 젖은 소병철 교수님께서 아이 좀 안아 줄 수 있겠냐 하고 건네주었다. 갓난쟁이 동생 없이 홀가분 하게 본연의 어린이로 돌아간 언니는 점심시간까지도 동생을 찾으러 오지 않았던 것이다. 점심도 먹고 오후 일정을 진행해야 하는 터라 아기를 계속 안고 있을 수가 없어 아기 언니를 찾았다. 언니가 어디 있나 싶어 한참 두리번거렸는데, 아이를 건네주는 것이 미안할 정도로 언니는 친구들과 함께 즐겁게 이야기하며 급식 줄에 서 있었다. 이제 동생을 네가 돌봐야 한다고 말하며 동생을 건네주자 아기 언니는 만감이 교차하는 애처로운 눈빛을 내게 또 보냈다. 나도 안타깝지만 어쩔 수 없다는 눈빛을 보내니 아기 언니는 동생을 안고 다시 급식 줄로 향했다. 그 힘 빠진 뒷모습이 아직도 눈에 선하다.

현재 한국에서 이 같은 일은 상상도 할 수 없는 일이다. 동생을 데리고 학교에 와서 함께 공부하는 것은 우리 부모님 세대에서 있었던 일인데, 우간다는 지금 이렇게 아이들이 지내고 있었다. 더욱이 우간다는 남존여비 사상이 사회 전반에 퍼져있는 데다 결혼 시에도 지참금 풍습이 있어 아이의 아버지가 딸을 물건 팔 듯, 돈을 많이 내는 사람에게 (그의 나이가 많든 적든) 내준다고 들었다. 그래서인지 학교에 온 여자아이들을 바라보는 나의 시선은 자유롭지 못했다. 이 아이들도 어느 날 갑자기 아버지가 지참금을 받고 팔면 공부를 그만두고 어린 나이에 신부가 되어 집안일을 하며 아이를 낳고 살아가겠지? 하는 생각이 내 머릿속에 크게 자리 잡았다. 그러자 동생을 돌보고 있는 여자아이들

이 그저 기특하고 대견해 보이는 게 아니라 애처롭게 느껴
졌다. 우간다에서도 여자아이들이 우리나라의 아이들처럼
자유롭게 자신의 꿈을 펼칠 수 있는 날이 올 수 있기를 간
절히 바라본 날이었다.

노란 치마를 입은
여자아이의 동생

어린 동생을 데리고 학교에 온 아이들

[수업/과학] 우간다에서의 과학 수업

옥중기

"옥중기 선생님은 우간다에서 과학 수업을 하기로 결정되었습니다."

2022년 12월 17일, 서울 문래초 회의에서 선생님들이 각자 담당할 수업이 결정되었다. 사실 내가 제일 싫어하는 과목은 과학이다. 어려서부터 과학이 싫었다. 물리, 화학, 생물 등에 나오는 외계어는 내가 이해할 수 없는 언어다. 수능 시험 때 과학 때문에 점수가 낮게 나와 좌절했던 기억이 떠올랐다. 이런 내가 우간다에서 영어로 과학을 가르쳐야 한다니….

이번 우간다 방문 목적은 한국에서 만든 영상 교육콘텐츠의 적용 가능성을 검증하는 것이다. 그렇기 때문에 나는 전주교대 학생들 및 전북 지역 선생님들이 우간다의 초등학교 교육과정에 맞춰 제작한 콘텐츠 중 한 주제를 골라 수업해야 한다. 그래서 미리 만들어 놓은 과학 수업 콘텐츠

40개를 하나하나 살펴보기 시작했다. 그런데 우간다의 초등학교 과학 교육과정을 보니 우리나라와 다른 점이 많았다. 우선 우리나라 과학 교육과정은 가설, 실험, 검증이 많은 부분을 차지한다. 그와 같은 교육과정을 상상하며 우간다에서도 아이들이 흥미로워할 만한 실험 하나를 준비해 가면 성공적인 과학 수업이 될 거라고 막연하게 상상했다. 하지만 우간다의 과학 교육과정은 위생, 식량, 자연에 대한 것이 대부분이었다. 우간다라는 나라에 필요한 주제를 교육과정에 반영하여 단지 필요성에만 집중했을 뿐 학생들이 흥미를 가질 만한 주제는 아니었고 내용 기술 또한 학생들의 삶과 연결된 것 같지는 않아 보였다. 무엇을 가르칠까 고민하다가 학생들이 그나마 흥미를 가질 만한 주제부터 접근하는 게 좋겠다고 생각했다. 그리하여 대주제 '자연' 중 '양'에 대해 설명하는 콘텐츠를 골랐다. '양'에 대한 콘텐츠는 크게 세 부분으로 나뉘는데, 먼저 '숀 더 쉽(shaun the sheep)'이라는 애니메이션을 보면서 양에 대한 흥미를 가지게 하는 것이다. 그다음 유튜브 영상으로 양의 신체 구조를 배운 다음, 유튜브 영상을 통해 인간이 양을 어떤 용도로 사용하는가를 배우는 흐름이다. 이 비디오 콘텐츠를 재생하면 교사의 추가적인 설명 없이 학생들이 콘텐츠를 보며 수업에 흥미를 갖고 스스로 수업내용을 이해할 수 있을 것이라 생각했다.

　우간다에서 내가 처음 수업을 하게 된 학교는 소로티에 있는 오픈학교였다. 거기에서 내가 맡은 과학 수업은 2교시였다. 내 소개를 간단히 마치고 준비해 온 과학 동기유발 비디오 '손 더 쉽' 애니메이션을 보여주었다. 학생들이 '손 더 쉽' 애니메이션을 보고 즐거워하는 걸 보니 수업은 잘 진행될 것 같았다. 그러나 애니메이션이 끝나고 문제가 생겼다. 학생들이 유튜브 영상을 잘 이해하지 못하는 것이다. 문제의 원인은 유튜브 영상의 음성이 학생들이 듣기에 너무 빨랐던 것이었다. 하지만 더 근본적인 원인은 유튜브의 미국식 영어와 우간다식 영어의 차이에 있었다. 우간다식 영어는 한국인이 한국에서 배우는 미국식 영어와 큰 차이가 있었다. 뿐만 아니라 우간다에 영향을 준 영국 본토 영어와도 많은 차이를 보인다. 그렇기 때문에 학생들이 유튜브에서 들리는 영어를 거의 이해하지 못했던 것이다. 모든 수업이 끝나고 교사들과의 간담회에서도 과학 시간에 학생들이 무엇을 배우는지 이해를 못 하는 것 같다는 발언이 나왔다. 여러 의견을 들어보니 나 역시 학생들의 흥미에만 집중했을 뿐 학생들의 삶과 거리가 먼 수업을 했다는 생각이 들었다. 이대로는 안 된다. 과학 수업을 바꿔야 한다는 생각이 들었다.

　그날 밤, 우간다 과학 교육과정을 처음부터 다시 살펴보고 수업할 콘텐츠를 고민하기 시작했다. 먼저 대주제를

'자연'에서 '위생'으로 변경했다. 오전에 대부분의 학생들이 손을 씻을 때 비누를 사용하지 않고 물로 잠시 헹구기만 하던 모습이 기억났기 때문이다. 따라서 손을 씻는 다섯 단계를 중심으로 위생의 개념 및 중요성을 수업 앞부분에 지도하고 시간이 남으면 이 닦는 방법까지 가르치는 순서로 수업을 구상했다. 그다음, 비디오 콘텐츠의 형식도 바꿨다. 유튜브의 설명이 대부분을 차지하는 콘텐츠 대신에 학생들이 이해하기 쉽도록 한국인 교사가 영어로 천천히 설명하며 진행하는 콘텐츠를 선택했다.

주제 및 내용, 영상을 바꾼 뒤 마지막으로 고민한 것은 수업 방식이었다. 학생들이 배운 것을 쉽게 이해하고, 흥미를 느끼며, 오래 기억하여 실천하게 만드는 수업 방식을 구상해야 했다. 혼자서 끙끙 고민하다가 지금 여기에 함께 있는 사람들이 교사 집단이라는 것이 떠올랐다. 그래서 주위 선생님들에게 이 고민을 나누고 조언을 얻기로 했다. 김유리 선생님과 양병훈 선생님에게 조언을 구한 결과 결정한 수업 방식은 1도 화음에 맞추어 손 씻는 다섯 단계를 직접 실습해 보는 것이었다. 수도꼭지를 틀고 잠글 때 발생하는 재미있는 효과음을 추가하여 음악에 맞춰 손 씻는 다섯 단계를 실습해 본다면 학생들이 즐겁게 배우고 기억에도 오래 남을 수 있을 거라 생각했다.

이러한 시행착오와 고민의 과정을 거쳐 두 번째 학교인

아멘학교에서 두 번째 과학 수업을 하게 되었다. 수업의 도입 부분에서는 학생들과 지금 이를 잘 닦고 있는지, 손을 자주 씻고 있는지 등의 이야기를 나누었다. 학생들은 위생적인 삶의 필요성을 느끼고 있으며 깨끗한 삶을 유지하려 노력하고 있지만 어떻게 손을 씻고 이를 닦아야 하는지 구체적으로는 모르고 있었다. 학생들과 이야기를 나누며 '위생'을 주제로 정하기 잘했다는 생각이 들었다. 이 상황을 바탕으로 학생들에게 깨끗한 삶을 유지하면 어떤 점이 좋은지, 신체의 어느 부분을 위생적으로 관리해야 하는지 지도하기 시작했다. 학생들은 교사에게 집중하기 시작했고 발표 시간이 되면 적극적으로 손을 들었다. 발표가 끝난 뒤 수업의 핵심 내용인 손 씻기의 다섯 단계를 지도할 차례가 되었다.

손 씻기 다섯 단계의 지도 순서는 다음과 같다. 일단 '끼익' 소리를 내며 수도꼭지를 튼다. 그리고 1도 화음인 '도-미-솔-미-도'에 맞춰서 'Palm-Back-Finger-Thumb-Finger nails'를 씻는 동작을 순서대로 보여준다. 마지막에 손을 말리는 'Dry~' 동작을 한 뒤 다시 '끼익' 소리를 내며 수도꼭지를 잠근다. 학생들이 신기한 눈으로 날 쳐다보았다. 학생들의 흥미를 눈치챈 나는 학생들과 같이 손 씻기 다섯 단계를 천천히 시작해보았다.

1. Open the water tap. "끼익"

2. Palm, Back, Finger, Thumb, Finger nails. Dry~

3. Close the water tap. "끼익"

학생들이 즐거워하며 따라 하는 모습을 보니 앞으로 이 동작을 잊지 않겠다는 확신이 들었다. 느리게도 하고 빠르게도 하는 등 여러 번 노래를 반복하니 어느덧 학생들은 그 동작에 익숙해졌다. 수업 시간이 끝나고 아침 식사를 하러 나가는 학생들이 실제로 손을 씻을 때 이 동작을 하는 모습들을 바라보며, 수업을 준비했던 교사로서 큰 보람을 느꼈다.

[수업/음악] 수업 상호 컨설팅, 클럽 잠보 개장

최미설

나는 수업에 대한 강박이 있는 편이다. 한국에서 초등 교사로 일한 지 어언 7년. 수업이야 숨 쉬듯 매일 하는 일과인데도 불구하고 말이다. 심지어 담임교사를 맡았을 때는 국어, 수학, 사회, 과학, 도덕, 음악, 미술, 체육, 실과 등 최대 13과목을 수업하는 때도 있는데, 모든 과목을 일주일 전에 철저히 준비해야지만 직성이 풀리고 마음이 놓이는 강박으로 인해 굳이 하지 않아도 될 야근과 주말 수업 준비를 밥 먹듯 했었다. 공부할 때나 과제를 할 때 임기응변과 벼락치기를 즐겨하는 내 성격을 생각하면 조금 의외인 것 같기도 하다. 이것은 내가 맨손 수업(매체나 자료에 의지하지 않고 맨손으로 수업하는 것)에 자신이 없기에 수업 준비를 제대로 하지 않았을 때 아이들이 느낄 '지루함' 혹은 '실망'을 못 견디기 때문이 아닌가 싶다.

하지만 우간다에 오기 전부터 나를 긴장하게 했던 음악 수업은 내가 원하는 만큼 준비할 수 없었다. 생각보다 우간다에 오기 전의 시간이 너무 바빴고, 수업 준비 말고도 더 중요한 일거리가 많아서 영상 콘텐츠만 겨우겨우 완성시킨 채로 비행기를 탔기 때문이다. 그렇게 준비되지 않은 채로 첫 학교였던 오픈학교에서의 음악 수업을 하게 되었다. 가장 걱정했던 것은 영어였는데 궁지에 몰리자(수업을 하기 위해서는 뭐라도 말을 해야 했기 때문에) 아무 말이 영어로, 혹은 한국어로 튀어나왔고 다행히 아이들은 선생님이 중간중간 모르는 말(시작! 그렇지! 등 갑자기 튀어나온 한국어 감탄사)을 외쳐도 눈치껏 무슨 말인지 알아들으며 재미있게 수업에 임해주었다. 그러나 오픈학교에서의 음악 수업은 나에게 하나의 고민거리를 남겨주었는데, 그것은 바로 '음악적 정서'에 대한 부분이었다. 가령, 오픈학교에서 '잠보' 노래를 주제로 이 노래를 배우고 4박자의 다양한 리듬꼴을 신체로 연주하며 합주하는 수업을 했는데 이 수업은 우간다 사람들의 음악적 정서에 맞지 않는다는 생각을 뿌리칠 수 없었다. 한국에서 수업을 계획했을 때에는 몰랐지만 직접 와서 만나 본 우간다의 사람들은 음악을 정규 교과로 교육받지는 못했어도 몸 안에 내재된 음악성과 흥이 넘치고 흘렀다. 노래를 듣고 따라 부를 수 있는 청음 능력이 뛰어나고, 주어진 멜로디에 곧바로 화음을 얹어 부르거나 반복적인 멜로디 속에서 즉흥적으로 멜로디를 변형해서 부르는 것도 그들에게는 어려운 일이 아니었다. 수줍어하다가도 음악을 들으며 몸을 흔들고 자연스럽게 리듬을 타는 것을 보면 이들의 DNA에 음악이 새겨져 있는 것이 아닐까 하는 생각이 들었다. 여기서 내가 중요하게 생각한 포인트는 우간다 사람들은 음악이 정규 교과가 아니기에 음악적 개념 혹은 이론적인 요소는 알지 못해도 본능적으로 음악을 느끼고 표현하는 능력, 즉 즉흥성이 굉장히 뛰어나다는 점이었다.

그러니 정박보다는 엇박이 익숙한 우간다의 학생들에게 정박 위주의 리듬 꼴을 제시하며 합주해 보자고 한 것, 아니 애초에 즉흥적인 표현이 뛰어난 학생들에게 선생님이 제시하는 정형화된 리듬을 따라 하도록 한 것부터 정서에 맞지 않았을 것이다. 그래서 아멘학교에서의 두 번째 잼보 수업은 '완전히 뜯어고쳐야겠다'라고 마음먹었다.

아멘학교에서의 잼보 수업 전날 밤! 노트북을 들고 숙소 로비에서 수업에 대한 고민을 하던 중, 우리 든든한 멤버들 - 수석교사에서 교수님이 되신 우리들의 수장 최은아 교수님과 우간다에서도 엄청난 입담과 열정적인 수업으로 맹활약 중이던 수석교사 양미정 선생님(미미), 누구보다 날카로운 통찰력을 가진 송정주 선생님, 재미있는데 깊이까지 있는 이혜영 선생님, 카리스마와 언어능력을 겸비한 황지아 선생님(김유리 선생님은 안타깝지만 다른 숙소에 계셨다) - 께 수업 컨설팅을 부탁드렸다. 분명 새벽부터 밤까지 빡빡하게 진행되는 일정에 피곤하실 텐데도 모두가 재밌겠다며 모였고, 그렇게 잠보 수업 컨설팅이 시작되었다.

"그래서 미설이는 어떤 방향으로 수업을 바꾸고 싶은데?"

"음… 저는 이 수업에서 즉흥성, 그리고 자유로운 음악적 표현을 이끌어내고 싶어요."

"그러면 어떻게 표현하도록 하면 좋을까?"

"신체 표현 어떨까요?"

MC 미미의 진행에 힘입어 수업의 뼈대가 만들어졌다. 그리고 수업의 흐름이 자연스러운지, 마무리는 어떻게 할지에 대한 이야기를 나누다 화기애애한 컨설팅 시간은 끝이 났다. 신규교사 티는 벗었지만 아직 많은 부족함을 느끼는 지금의 나에게 이런 귀한 컨설팅 시간이 언제 또 오겠는가! 나이도 성격도 제각각인 사람들이 모여 그저 즐겁게 이런 시간을 나눌 수 있다는 것이 또 하나의 귀한 선물처럼 느껴졌다.

수업 당일이 되었다. 아멘학교에는 오늘도 예상보다 더 많은 아이들이 등교했다. 심지어 어제보다 더 많은 동생들과 더 많은 동네 친구들이 함께 등교했다. 나는 교실에 모인 아이들의 얼굴을 하나하나 바라보며 우리는 오늘 '잠보

(Jambo Bwana)'라는 노래를 배우고 함께 놀아볼 것이라고 이야기했다. '잠보'는 아프리카 케냐의 민요로, 신나는 리듬과 밝은 멜로디를 가지고 있는 중독성 있는 노래이다. 우선 아이들에게 잠보 노래를 듣고 따라 부르게 하며 익힌 뒤 원을 만들어 앉았다. 손뼉을 치면서, 무릎을 치면서 노래를 부르고 아이들이 노래에 익숙해지자 신체 표현을 시작해 보았다. 시범은 교사가 먼저! 뻣뻣한 몸을 삐걱대며 아이들의 노랫소리에 맞춰 몸을 움직였고 아이들에게 따라 하도록 했다. 그 뒤에는 한 명씩 순서대로 원 안에 들어가 노래의 리듬에 맞춰 간단한 신체 표현을 하도록 했다.

별안간 "Your turn!"이라고 지목을 받은 남학생 한 명이 춤을 추며 원 안으로 등장했다. 간단한 동작이었는데도 엄청난 스웩(SWAG)이 느껴졌다. 나도 모르게 환호성이 터져 나왔고, 그 환호성은 나뿐만 아니라 이 수업을 지켜보고 있던 한국인 교사들 모두에게서 터져 나왔다. 이제는 분위기가 후끈후끈해졌다. 한 명씩 돌아가면서 신체 표현을 하고 나서는 두 명씩 나와서 신체 표현을 해보라고 했다. 이건 계획되지 않은 임기응변이었으나, 아이들이 한 명에서 두 명이 되자 더욱 자신감이 붙었는지 나로서는 도저히 따라 할 수 없는 고난이도의 동작들을 보여주기 시작했다. 클럽 잠보 개장이다!

6살쯤 되어 보이는 어린아이들이 브레이크 댄스와 같은

동작을 선보이자 나는 속으로 '이 아이들에게 내가 가르치는 것이 아니라 배워야 하는 것이 아닐까?'라는 생각이 들며 한없이 겸손해졌다. 분위기는 달아올라 마지막 'Free Dance' 시간에 아이들의 잠보 노랫소리와 웃음소리가 크게 울려 퍼졌고, 격렬한 춤으로 교실엔 자욱한 흙먼지가 일었다. 너무나 행복한 순간이었다.

수업을 마무리하려고 다시 동그랗게 앉아 아이들에게 지금 기분이 어떤지 물었다. '행복해요, 이 노래가 좋아요, 신나요, 저를 기쁘게 만들어줘서 감사해요, 당신과 베스트 프렌드가 되고 싶어요.' 등 아이들의 한 마디 한 마디가 어느새 희미해져 가던 교사로서의 사명감을 콕콕 찔러왔다.

클럽 잠보, 개장

당신과 베스트 프렌드
가 되고 싶어요.
With 디나

[수업/음악] 우간다 수석교사, 황장군

황지아

 교사마다 자신만의 특성이 있다. 어느 나라는 한 교사가 몇 년을 아이와 함께하는 제도가 있다고 한다. 우리나라에서도 간혹 담임을 연임하는 경우가 있지만 나는 우리나라에서 보편적인 형태인 1년 주기의 교육과정을 아쉬워하면서도 좋아하는 편이다. 좋아하는 이유 중 하나는, 성장기에 접할 수 있는 교사의 다양성이 확보된다는 점이다. (물론 이로 인해 유발되는 단점도 분명히 있다고 생각하지만 말이다.) 교육이란 인간과 인간이 교류하는 일이기 때문에 교사의 교직관이 어떻든, 또는 학급경영 철학이 어떻든 교사의 개인적인 성품과 성향이 어느 정도는 분명히 학생들에게 내보여지고 영향을 끼친다고 믿는다. 이후 사회에 나가 다양한 인간 군상을 경험해야 하는 학생들의 입장에서는 성격이 다른 교사들을 다채롭게 만나 함께 생활하고 배우는 것 또한 사회성과 인품을 이루는 중요한 요소라고 생각한다.

 예를 들면 이런 식이다. 한 해는 꼼꼼하고 섬세한 교사

를 만나 세심하게 상황을 살피고 빈틈없이 채워나갈 수 있
는 시각을 익힌다. 한 해는 활동적이고 에너지가 넘치는 교
사를 만나 어려움에 맞서 헤쳐 나갈 수 있는 용기를 기르
고, 한 해는 평온하지만 내면의 깊이를 파고드는 교사를 만
나 자기 자신을 들여다보는 힘을 기르는 것이다. 나는 교과
지식과 학교의 체계를 전달하는 것 외에 학생들에게 무엇
을 줄 수 있는 교사인가, 어떤 분위기를 풍기고 어떤 성향
을 보여주는 교사인가, 나와 한 해를 함께 한 학생들은 과
연 나에게서 무엇을 얻어갈 수 있을지가 궁금하다. 사실 이
고민은 교직 생활에 조금 익숙해질 무렵부터 시작했던 것
이며, 아직도 끝나지 않은 고민이다.

　우간다에서 수업을 진행하면서 각기 다른 교사들의 역
량과 특성을 보았다. 불굴의 도전정신을 가지고 자신이 지
닌 교수 역량의 활용 범위와 수준을 끊임없이 높여가는 승
모, 불꽃 같은 열정과 생동하는 표정으로 아이들과 소통하
는 미정, 따스한 분위기를 조성하면서도 체계적인 흐름으
로 아이들을 끌어당기는 병훈, 넓은 시야와 빠른 판단으로
중심을 잡아내는 혜영, 적극적이고 활달한 에너지로 모두
의 마음 문을 두드렸던 유리, 아이들 이름을 하나하나 기억
하는 애정을 바탕으로 늘 새롭게 수업에 접근하려 노력하
는 중기, 천진한 웃음과 부드러운 친화력으로 아이들을 끌
어당기는 미설, 수업의 목표를 정확하게 인지하고 실행할

수 있는 결단력을 가진 정주, 그리고 나. 나는 어떤 교사였을까.

우간다에서 했던 수업들 중 가장 기억에 남는 수업은 아멘학교에서 진행했던 '피키 나우(Piki-now)'이다. 간단한 놀이 형식의 '피키 나우'는 활동의 규모가 크지 않은, 작고 짧은 서클 놀이이다. 30여 명의 학생들과 함께하는 수업을 생각하고 준비했기에 2~3개 원으로 나누어 서클 놀이를 진행하려고 계획했고 이전 학교에서 '프레디오카(놀이형 서클 게임)'도 같은 방법으로 진행했기에 큰 무리는 없을 것이라고 생각했다. 하지만 웬걸? 교실은 작고 어두침침했고, 소리는 울렸으며, 내가 아이들 주변을 지나다니기도 쉽지 않은 상황이었다. 큰 원 하나도 제대로 만들지 못할 만큼 협소한 공간에 다닥다닥 붙어 앉아 눈을 반짝이던 50여 명의 아이들을 보며 재빠르게 머리를 굴렸다. 불과 5분 전까지 머릿속으로 되뇌었던 수업 흐름이 단번에 모두 바뀌는 순간이었다. 우리 팀의 수업은 콘텐츠 기반의 수업이라 노래를 배우는 것도, 놀이 방법을 소개하고 시범을 보이는 것도 모두 콘텐츠 영상을 기반으로 하여 진행할 계획이었다. 하지만 이 좁디좁은 교실에서는 그 계획을 일부분밖에는 실현할 수 없는 상황. 여기까지 생각이 닿는 순간 과감하게 콘텐츠 베이스 수업은 한 단계만 시연하고 나머지는 이 학교의 특성에 맡기기로 했다.

무엇부터 하면 좋을까. 콘텐츠를 보며 전체적으로 노래를 배운 후 나머지 활동은 콘텐츠 없이 야외에서 진행해야 할 것 같다는 계산이 섰다. 그러려면 아이들이 노래를 모두 외워 정확하게 부를 수 있는 수준이 되어야 했다. 시간이 없다. 에너지 넘치게 노래를 시작하고 아이들이 외울 수 있도록 수도 없이 격려하며 반복해 불렀다. 원래는 그룹을 나누어 여러 방법으로 불러보려 했으나 여의치 않은 상황이었기에 '정확하게 노래를 익히는 것'에 중점을 두고 따라 부르기 활동을 진행했다. 내 특기인 파워풀한 칭찬과 커다란 제스처를 십분 활용하여 노래를 짧은 시간에 마스터했다. 이 장면을 본 다른 선생님들은 이후 이때를 회상하며 마치 교주와 신자들 같더라고 말했다. 노래가 거의 다 되었다 싶을 때 과감하게 화면을 껐다.

'지금부터는 나가서 활동할 거야. 마지막으로 안 보고 부를 수 있는지 다시 한번 해보자.'

아이들은 가사가 보이지 않아도 쩌렁쩌렁 노래를 불러주었고, '됐다' 싶은 생각이 들어 'Let's go outside!'를 외쳤다.

야외에 나가 큰 원을 만들고 보니 교실에서 어림잡았던 것보다 훨씬 많은 아이들이 눈에 들어왔다. 다른 교실에서 나와 원에 섞이거나 유아반을 탈출(?)한 어린아이들, 교사들까지! 기존 활동은 '피키 나우' 노래를 부르며 술래 한 명이 큰 원 안을 돌아 한 명 한 명 손을 마주치며 한 사람을 고르는 것이지만 예상인원의 적게는 3배, 많게는 4~5배의 학생들 사이를 나 혼자 돌면서 노래를 부르는 것이 불가능하다는 생각이 들었다. 뙤약볕에서 기대에 찬 눈을 하고 손을 내밀어 차례를 기다리는 학생들에게 너무 오랜 기다림을 주고 싶지 않았다. 순간적으로 활동을 다시 한번 바꾸었다. 간단하게 방법을 안내한 후 큰 원 안에서 일정한 간격을 두고 4명의 술래를 뽑았다. 4명의 술래가 동시에 활동을 진행하니 아이들이 기다리는 시간이 1/4로 줄어든 것이다. 술래가 각각 1명을 지목해서 한 번 돌 때마다 4명의 탈락자가 생겼고, 탈락한 아이들에게는 원래의 방법인 원 밖이 아니라 원 안에서 악기를 연주할 수 있도록 역할을 부여하여 흥을 돋웠다. 여러 명의 술래를 활용하니 흐름도 훨씬 활기차고 원 중앙에 있는 앙상블의 인원도, 사운드도 더욱 풍성했다. 술래도, 술래에게 지목되지 않은 아이들도, 탈락했지만 악기를 연주할 수 있었던 아이들도 모두가 만족스러운 얼굴로 활동에 참여했다.

정신없이 수업을 진행하다 드디어 마지막 턴의 시간이 왔다. 마지막 턴은 지목된 탈락자들이 아무것도 못 해보고 게임이 끝나면 너무나 아쉬울 듯해서 임기응변으로 덧붙여

본 순서였다. 탈락자들과 나머지 아이들이 노래를 한 번 더 부르며 마무리하면 어떨까. 마지막 탈락자들이 정해지고 나머지 큰 원의 아이들을 모두 제자리에 앉혔다. 중앙에 선 아이들의 악기 연주를 온전히 감상하며 모두가 큰 소리로 노래를 두어 번 반복해 불렀다. 탈락한 아이들이 신나게 악기를 연주하고 나머지 아이들이 한목소리로 노래를 불렀던 마지막 순간은 뭉클하고 따뜻한 기억으로 내게 남아있다.

지금 생각해도 어떻게 그렇게 임기응변을 발휘할 수 있었는지 의아하다. 곰곰이 생각해 보면 변수가 많았던 우간다의 상황에서 순간순간 빛을 발했던 것은 나의 상황 판단과 융통성이었다. 첫 번째 학교에서 아이들이 돌림노래에 익숙하지 못해 활동이 꼬이는 모습을 보고 순간적으로 리더를 바꾸어 진행했던 것도, 인원수가 부족하여 뒤에 서 있던 선생님들을 적극적으로 끌어들여 3개의 원으로 이루어진 캐논 활동을 한 것도, 수건돌리기를 할 때 부를 노래가 바닥나자 아이들이 즐겨 부르던 우간다 노래를 이용하여 하모니를 만든 것도 그런 경우였다. 수업 후 동료들에게 우간다 수석교사 황장군이란 별명을 얻은 것도 모두 이 때문이었으리라.

미처 몰랐던 나만의 특성을 발견하니 오랜 시간 고민했던 문제들이 '아하!' 하고 해결되는 기분이었다. 나는 너그러움과 융통성을 담고 있는 교사다. 그리고 그것을 빠른 상황 판단으로 적재적소에 활용할 수 있는 역량을 가진 교사임에 자부심을 느낀다. 우간다에 와서 오래 묵은 고민을 해결하고 갈 줄이야. 이제 더 이상 '혹시 내가 다른 선생님들에 비해 아이들에게 줄 수 있는 것들이 적은 것은 아닐까, 나만이 가지고 있는 특별한 색이 없으면 어떡하지?'라는 생각은 하지 않는다. 그 자리는 '나와 함께 하는 아이들에게 내 특유의 너그러움과 융통성을 보여주고 그렇게 한 해를 보내다 보면 날이 서 있는 아이들의 생각도 조금은 부드럽게 돌려놓을 수 있겠구나' 하는 희망으로 채웠다. 우간다 프로젝트 이후 교사로서 내가 변화했다고 여기는 가장 큰 부분은 바로 이것이다.

[체험/놀이] 가위바위보, 경쟁문화가 생소한 우간다

최미설

아멘학교에서의 '지아 & 미셸 팀' 오후 놀이는 '가위바위보' 진화 놀이로 정했다. 원래는 오픈학교에서와 같이 아이들과 노래하면서 수건돌리기를 하려고 했으나 우간다에 와서는 상황에 맞게, 혹은 마음의 변화에 따라 계획을 갑자기 변동하는 일이 많아졌다. 가위바위보 놀이도 계획에는 없었지만 갑자기 정한 프로그램 중 하나였다. 이유는 두 가지였다. 먼저 수건돌리기를 하려면 바닥에 동그랗게 앉아서 활동해야 하는데, 아멘학교 교실을 살펴보니 돌바닥에 흙먼지가 가득하여 아이들이 앉아서 활동하기 불편할 것 같았다. 특히 테소 부족 - 이쪽 소로티 지역에 살고 있는 여러 부족 중 주류를 차지하고 있는 부족 - 문화에 따르면 여학생들은 항상 치마를 입기 때문에 양반다리를 하고 앉지를 못해 더더욱 불편할 것이 분명했다. 그리고 또 다른 이유는 바로 이것이었다. 오전에 내가 진행했던 음악 수업 '엔진 엔진 넘버 9(Engine Engine Number 9)'에서 아이들과 가위바위보를 하며 기차를 이어 나가는 활동을 했는데 꽤 많은 아이들이 가위바위보를 몰라 헤매는 모습을 보였기 때문이다. 나와 지아 선생님은 '아니, 세계 여러 나라 아이들이 어렸을 때부터 하는 놀이인 가위바위보를 모르다니! 지금 가르쳐주면 나중에도 많이 하면서 놀 수 있겠지? 꼭 가르쳐줘야겠다!'라는 마음에 이번 놀이 시간을 즉흥적으로 '가위바위보 진화 놀이'로 바꾸게 되었다.

가위바위보 진화 놀이는 가위바위보를 응용한 놀이로, 한국에서 학생들과 여러 가지 버전으로 즐겁게 했던 놀이다. 모든 학생들이 '알'에서 시작하여 머리 위로 알 동작을 하며 돌아다니다가 만나는 친구와 가위바위보를 하는 것이다. 대결에서 이긴 사람은 알에서 진화하여 '병아리'가 되고, 진 사람은 그대로 '알'에 머무른다. '병아리'는 삐약삐약 우는 소리로 돌아다니다가 가위바위보 대결에서 이기면 한 단계 더 진화하여 '닭'이 되고, 지면 '알'로 내려간다. 이런 식으로 진화를 하다가 마지막 승자는 선생님과 가위바위보를 해서 가위바위보의 왕이 되는 활동이다. 우리는 이미 각자 네 시간에 걸쳐 다져놓은 수업 스킬이 있어서 더 이상 스크립트를 짜고 뭘 말해야 할지, 어떻게 가르쳐야 할지에 대한 걱정은 하지 않았기에(티칭 스킬 혹은 영어 능력이 단기간에 성장했다기보다는 보디랭귀지와 능청스러움이 성장한 것에 가깝다. 지난번에 언급하였듯 영어는 궁지에 몰리면 튀어나오기 때문에

가위바위보 칠판 그림 by 미셸

미리 고민하는 것은 덜 효율적이라는 것도 터득한 상태였다.) 당당하게 오후 놀이를 하러 들어오는 아이들을 맞이했다.

우선 가위바위보를 가르쳐야 하기에 나는 먼저 칠판에 그림을 그렸다. "주먹과 가위의 대결에서는 주먹이 가위를 깨부숴 버려서 주먹이 이겨요. 가위와 보자기가 만나면 어떻게 될까요? 가위가 보자기를 잘라버릴 수 있어서 가위가 이겨요. 마지막으로 주먹과 보자기가 만나면 보자기가 주먹을 덮어버릴 수 있으니 보자기가 이깁니다!" 까마득한 어린 시절 내가 처음 가위바위보 규칙을 배웠을 때를 더듬더듬 기억해 보며 설명했고, 아이들은 고개를 끄덕였다. 그럼 연습을 한 번 해볼까?

그런데 아이들이 생각보다 가위바위보 게임 자체를 받아들이는 시간이 오래 걸리는 것 같다! 일단 주먹과 가위, 그리고 보자기를 만들어서 내밀긴 했는데, 내밀고 나서 두리번두리번 우리를 쳐다보는 것이다. 규칙이 어려웠나? 싶어서 또 한 번 설명하고, 이번에는 아이들을 두 명씩 짝지어 준 뒤 가위바위보 대결을 하게 해 보았다. 그러나 이번에도 마찬가지. 아이들이 누가 이기고 누가 진 것인지 도무지 판별을 하지 못해서 우리가 아이들에게 직접 다가가 '너는 가위, 너는 보자기니까 가위가 이겼다!' 라고 설명해 주며 승자를 판별해 주어야 했다. 그러던 중 빠릿빠릿한 지

가위바위보의 승자는 누구?

아 선생님이 귓속말로 "미셸, 가위바위보 진화 놀이까지 하기엔 시간이 모자라겠어. 어떻게 할까?" 하고 물었다. 아이들이 스스로 승패를 판별하여 한 단계씩 진화를 해야 하는 가위바위보 진화 놀이는 정해진 시간 안에 도저히 할 수 없을 것 같았다.

그래서 또 한 번의 급작스러운 계획 변경을 시도했다. 그것은 바로 오늘 오전 내가 수업했던 '엔진 엔진 넘버 9' 기차놀이와 가위바위보 놀이를 엮어서 활동해 보는 것이었다. 아이들과 '엔진 엔진 넘버 9' 챈트를 복습한 뒤 활동을 시작했다. 먼저 한 명씩 선생님이 제시하는 박에 맞춰 '엔진 엔진 넘버 9' 챈트를 외치며 교실 안을 돌아다니다가, 챈트가 끝나는 동시에 모두 함께 "Rock-paper-

scissors!(가위바위보!)"를 외친다. 대결에서 진 친구는 이
긴 친구의 어깨 위에 손을 얹고 기차를 만들어 또 챈트를
외치며 돌아다닌다. 이 놀이를 반복하자 아이들도 어느새
가위바위보 룰을 익혀가는 것 같았다. 아이들은 집중하며
침착하게 기차 줄을 만들어 나갔고, 드디어 마지막 두 팀이
남았다!

두 줄의 기차가 마주 보고 섰다. 선봉에 선 두 아이의 표
정은 떨리는 듯 결연해 보였고, 우리는 아이들에게 마지
막 가위바위보는 함께 외치자고 말했다. "Rock-paper-
scissors!" 그리고 마지막 승자가 나왔다. 이긴 아이의 손
을 힘차게 들어주며 "You win!"이라고 말해 주자, 놀라운
일이 일어났다. 교실에 있던 모든 아이들이 함성을 지르고
콩콩 뛰면서 박수를 치는 것이었다.

이건 무슨 일이지? 한국에서 수업을 할 때 게임 활동을
진행하면 이긴 학생들과 진 학생들의 반응이 극명히 달라
서 경쟁이 과열되지 않도록 항상 유의했던 나로선 승패와
상관없이 모두 함께 기뻐하는 이 광경이 머리가 띵할 정도
로 놀랍고 감동적이었던 것이다.

나중에 알고 보니 우간다에서는 경쟁 체제가 거의 없으
며, 그렇기에 이기고 지는 놀이 문화 자체가 생소하다는 것
이었다. 이런! 우리가 이 아이들에게 괜히 경쟁을 가르쳐
준 것인가 하는 생각이 잠시 스쳤으나 우간다의 아이들이

라면 가위바위보 놀이를 하면서 지금처럼 친구의 승리를 모두가 함께 기뻐해 주지 않을까 하는 생각이 들었다.

짧은 시간 안에 많은 고민을 하고 의미 있는 깨달음을 얻게 해준 가위바위보 놀이. 행복이란 무엇인가? 어쩐지 풍족한 환경 속에서 치열한 경쟁을 견디며 자라나는 우리나라 아이들의 모습이 뇌리를 스치는 순간이었다. 한편으론 우리나라에서 내가 누려왔던 풍족한 교육시스템과 발전된 문화·기술 등을 나누려는 생각으로 이곳에 발걸음을 한 스스로가 부끄러워진 시간이기도 했다.

'엔진 엔진 넘버 나인'을 외치는 아이들의 사랑스러운 목소리는 평화로운 아멘학교의 운동장에서 다음날까지 계속 울려 퍼졌다.

즐거운 활동을 마치고

[체험/강강술래] 적도의 열기만큼 뜨거운 열정

양미정

  우간다 교육 나눔 프로젝트의 오전 활동이 영상 콘텐츠를 활용한 주지 교과와 음악교육의 실효성을 점검해 보는 것에 목적을 두었다면, 방과 후 활동은 우간다 학생들에게 한국의 전통 놀이나 문화를 소개하는 시간으로 진행했다. 그중 내가 맡은 역할은 강강술래를 소개하는 것이었다. 한국에서 학생들과 종종 운동회나 학예회를 위해 지도해 본 경험을 살려 한번 해보겠다고 호기롭게 말은 했지만, 막상 언어도 다르고 문화도 다른 머나먼 땅 우간다 학생들에게 가르칠 생각을 하니 앞이 깜깜하기만 했다. 그렇지만 어쩌겠는가? 죽이든 밥이든 지어야 하는 상황이다. 혼자 이리저리 머리를 굴리며 어떻게 해야 할지 나름 티 안 나게 고민해서 내린 결론은 우선 언어와 문화를 초월해 누구나 쉽게 따라 할 수 있는 놀이만 골라 진행해 보자는 것이었다. 그러면서도 한편으로 강강술래 노래 가사를 학생들이 따라 부를 수 있을까 걱정이 되었다. 하지만 '걱정한다고 걱정이 사라지면 걱정이 없겠다'는 티벳 속담처럼 미리 걱정해서 해결할 수 있는 문제가 아니니 일단 부딪혀 보기로 했다. 물론 강강술래 음원을 준비해 가기는 했으나, 상황에 따라 놀이별 시간이 달라질 수 있어 놀이를 하나씩 배워가며 내가 직접 노래를 선창하는 방식으로 진행하기로 했다. 물론 나에게는 모험이었다.

우선 놀이에 참여한 학생과 교사들 모두 손을 잡은 채 한 줄로 선 후 강강술래를 선창하며 천천히 큰 원을 만들었다. 이때 처음으로 설명한 것은 메기고 받는 개념이었다. 어설픈 영어 실력으로 내가 먼저 노래를 부를 테니 학생과 교사들은 무조건 '강강술래'를 외치라고 설명했다. 다행히 학생과 교사들은 나의 뜻을 잘 이해해 주었고, 몇 번의 연습을 통해 메기고 받는 것이 순조롭게 이뤄졌다. 내가 "강~강~술~래~"라고 천천히 선창하자 학생과 교사 모두 제법 명확한 발음으로 강강술래를 따라 불렀다. 다행히 강강술래가 우간다 사람들에게 어려운 발음은 아니었던 모양이다. 이에 힘을 받아 천천히 걷기, 보통 속도로 걷기, 빠르게 걷기, 높이 뛰며 걷기 등 네 단계로 노래 속도를 점점 높이는 가운데 '강강술래' 단 네 글자를 메기고 받으며 조금씩 조금씩 흥을 돋워 올렸다. 때로는 원으로 걷다가 사이사이 태극진을 만들기도 하고 진행 방향을 바꿔 두 겹에 싸인 원을 만들기도 하는 등 손을 잡고 이리저리 뛰어다니는 동안, 이들과 내가 오랫동안 잘 알고 지냈던 사이가 아닌가 할 정도로 우리는 금세 하나가 되었다.

이제 제대로 흥이 올랐으니 제대로 놀아보기로 했다. 두 번째로 도전한 놀이는 '남생아 놀아라'였다. 내가 메기는 부분은 '남생아 놀아라'였고, 그들이 받아야 하는 부분은 '쫄래쫄래가 잘 논다'였다. 하지만 '쫄래쫄래'에서 막혀버렸다. 이들에게 겹자음은 아무래도 무리였다. 순간 '쫄래쫄래가 잘 논다'를 우간다풍에 맞춰 '울랄랄라 play'로 바꿔 보았다. 내가 "남생아 놀아라" 하면 그들이 "울랄랄라 play"로 답하며 제법 호흡이 맞아 들어갔다. '남자들만 놀아라', '여자들만 놀아라', '선생님만 놀아라', '치마 입은 사람 놀아라' 등 내가 어설픈 영어로 동작을 주문하면 고맙게도 학생들과 선생님들이 알아듣고 원 안으로 들어와 두 팔을 흔들며 신나게 놀다 나온다. 야호! 강강술래가 여기서도 통한다 생각하니 더더욱 신이 났다. 이젠 긴장감도 영어 울렁증도 없이 대문 열기에 도전했다. 더 이상 설명도 필요 없고 직접 몸으로 보여주었다. 두 명을 마주보게 한 후 대문을 만들고 다음 사람들은 줄줄이 그 문을 통과해 다시 두 명씩 짝을 지어 문을 이어 만들게 하니 기다란 터널 대문이 만들어졌다. 재미를 더하기 위해 터널 대문을 지나갈 때 지나가는 사람의 등을 톡톡 건드려 주라고 하자 대문을 만들고 서 있는 사람도, 터널을 통과하는 사람도 모

두 함께 마냥 즐거워했다. 그 와중에 나는 계속 '문지기 문
지기 문 열어라'를 목청 높여 선창했고 학생들과 교사들은
'강강술래'로 화답했다.

　강강술래를 시작한 지 30분 정도가 지나 목도 아프고 지
칠 만도 할 텐데 학생들과 교사들의 표정은 여전히 밝았고,
그들의 노랫소리는 변함없이 힘이 넘쳤다. 이 열기를 이어
대문 열기로 나뉜 두 줄을 그대로 마주 보게 세운 후 '꼬리
따기'로 연결했다. 원활한 활동 진행을 위해 각 줄의 선두

를 온음 선생님들의 도움을 받아 진행했다. 앞 사람의 어깨를 꽉 잡은 채 선두를 따라 상대의 꼬리를 잡으러 가는 단순한 활동이었음에도 모두가 깔깔깔 웃느라 잡아도 잡혀도 그저 즐겁기만 해 보였다. 그 속에 서 있는 나 또한 보고만 있어도 행복한 사람이 되고 말았다. 꼬리잡기로 다소 어수선해진 분위기를 다잡아 강강술래를 메기고 받으며 큰 원으로 다시 둘러섰다. 마지막 놀이는 '덕석몰기'였다. 이 놀이는 내가 선두가 되어 원 안으로 몰아들어 갔다 모두가 겹겹이 원을 만들었을 때 방향을 틀어 다시 돌아 나오는 활동이다. 내가 메기는 부분을 '몰자 몰자 덕석몰자', '풀자 풀자 덕석 풀자'로 바꿨을 뿐 그들은 계속해서 '강강술래'로 받았다. 덕석을 다 풀고 놀이공간에서 퇴장함으로써 강강술래 놀이는 자연스럽게 마무리되었다.

놀이를 끝낸 후 나는 털썩 의자에 주저앉아 가쁜 숨을 몰아쉬며 동료가 가져다준 물로 땀을 식혔다. 뛰는 동안 바닥에서 올라온 먼지로 목은 칼칼하고, 다리는 후들거려 힘이 빠져버렸지만, 너무 흥겹고 좋아서 방학이 끝나면 아이들과 꼭 다시 해보고 싶다고 한 어느 여교사의 덕담과 여기저기 들려오는 아이들의 '강강술래' 노랫소리 덕분에 소진된 체력이 순식간에 충전되는 기분이었다.

각 놀이를 단계별로 익힌 후 전체를 연결해서 놀아보는데 한 시간이 걸렸다. 한 시간 동안 노래와 놀이를 한다는 것은 사실 내가 가진 체력으로는 어림도 없었다. 그럼에도 나는 한 시간 동안 신들린 사람처럼 생목으로 노래를 선창했고, 그들은 끊임없이 강강술래를 반복했다. 무엇이 나를, 그리고 그들을 지치지 않게 했을까? 그들이 내게 보여준 강강술래에 대한 뜨거운 열정 덕분이었다. 어릴 적 보았던 영화에 나오는, 아프리카 부족들이 모여 집단으로 노래 부르고 춤을 추던 장면이 떠올랐다. 그때나 지금이나 이들은 여전히 적도의 열기만큼 노래와 춤에 뜨거웠다. 지금도 조용히 그 순간을 떠올리면 우간다 학생들과 선생님들이 외쳤던 강강술래 노랫소리가 아른하게 귓가에 맴돈다. 그때의 뜨거웠던 열정만큼 강강술래는 오랫동안 나의 아름다운 추억으로 남아있을 것이다.

[공연] 미스터 옥, 저와 춤추지 않으실래요?

옥중기

교직 생활을 하면서 아이들을 진심으로 사랑하고 싶은 마음 못지않게 나 역시 학생들에게 사랑받고 싶었다. 그렇기 때문에 내가 맡았던 아이들이 나의 이름을 기억해 주기를 바랐다. 그리고 나도 내가 맡은 아이들 이름을 하나하나 기억해 주고 싶었다. 인간의 기억에는 한계가 있기 때문에 모든 아이들의 이름을 기억하진 못하지만 적어도 내가 아이들을 가르칠 때는 '아이들'이라는 한 집단이 아니라 이름을 가지고 있는 '하나의 인격체'로 대우하고 싶었다. '내가 그의 이름을 불러주었을 때, 그는 나에게로 와서 꽃이 되었다.'라는 김춘수 시인의 시구절처럼 나와 아이들이 서로에게 꽃이 되기를 바랐다.

우간다에서도 마찬가지였다. 비록 나와 30분이라는 짧은 시간 동안만 수업을 하더라도 그 아이들의 이름을 한 번이라도 불러주고 싶어서 수업 전에는 항상 아이들의 이름을 한 명 한 명 물어보고 불러주었다. 수업 시간에 학생들에게 발표의 기회를 줄 때도 수업 전에 메모장에 적어둔 학생들의 이름을 불러주려 노력했다. 지금도 몇몇 우간다 아이들의 모습과 이름이 내 기억에 남아있지만, 그중 한 명은 나에게 더욱 특별한 의미로 남아있다.

두 번째 활동지인 아멘학교에 도착한 날이었다. 이틀 전 방문했던 오픈학교를 떠올리며 오픈학교와 같은 학생 수와 시설 수준을 기대하고 왔던 나의 예상은 여지없이 깨져버렸다. 오픈학교에서는 60명이 올 것이라 예상해서 2개의 학급을 운영하려 했지만, 수업을 시작할 때는 30명의 학생만 도착하여 1개의 학급으로 수업을 시작했다. 하지만 아멘학교는 수업을 시작하기도 전에 예상했던 30명을 넘어 100명 정도의 학생이 학교에 도착했다. 3학년 이상은 영어로 의사소통이 가능하고 수업에 참여할 수 있지만 3학년이 안 된 학생들은 수업을 이해하기 어렵기에 따로 보육반을 만들어 영화를 보여주기로 했다. 하지만 그 어린 아이들이 3시간 동안 집중하며 영화를 볼 리는 만무하다. 싸우는 아이들을 말리고, 돌아다니는 아이들을 자리에 앉히고, 중간중간 놀이로 주의를 끌어주며 힘겹게 시간을 보냈다. 마침내 3시간이 지나고 돌아온 점심시간! 영화에 집중하지 못하던 저학년 아이들은 이때다 싶어 썰물처럼 밖으로 빠져나갔다. 나 역시 끝났다는 안도의 한숨을 쉬고 있는데 갑자기 눈이 큰 한 아이가 다가왔다.

아이: 선생님, 영화 재미있었어요! 내일 또 볼 수 있나요?

나: 응? 넌 영화가 재미있었니? 처음부터 끝까지 다 봤어?

아이: 네

나: 혹시 너 몇 학년이니?

아이: 3학년이요.

나: 아~ 늦게 와서 어디인지 모르고 이곳으로 왔구나. 내일은 영화 보지 말고 수업에 들어와! 너 그런데 이름이 뭐니?

아이: ~~~요!

나: 응?

아이: ~~~요!

나: 응? 뭐라고?

아이: 제가 써 줄게요. 종이와 펜을 주세요.

[엔티구]

나: 이름이 엔티구구나. 반갑다. 나는 미스터 옥이야. 이제 밥을 먹어야 하니까 나중에 또 보자, 엔티구!

인사를 하고 교실 뒷정리를 하는 동안 엔티구는 밥을 먹으러 갔다.

다음날, 아멘학교를 떠나기 전의 마지막 일정인 한국 선생님들의 공연 시간이 다가왔다. 공연 예정 시간은 1시간. 공연 프로그램은 한국 선생님들의 공연과 아멘 학생들의 공연으로 구성되어있었다. 하지만 아프리카의 '흥'은 공연

1시간으로 부족했다. 아멘 학생들의 공연 중 관객들의 열기가 점점 뜨거워지더니 아멘학교 운영자이신 박신화 선교사님의 공연, 현지 학교 선생님의 공연 등이 이어지며 네버 엔딩 콘서트가 펼쳐지게 되었다. 관객들이 하나둘씩 일어나서 공연 음악에 맞추어 춤을 추기 시작했을 때 '똑똑'하고 누군가 내 등을 두드렸다.

?: 미스터 옥, 저와 춤추지 않으실래요?
나: 좋아. 그런데 네 이름은 뭐니?
?: 저 엔티구예요, 미스터 옥!

아, 엔티구! 어제 나를 바라보던 큰 눈망울이 다시 기억났다. 그리고 시작된 댄스 타임. 현란한 발동작의 엔티구의 춤을 따라 하면서 나 역시 신나는 공연의 분위기에 푹 젖어들었다. 엔티구와 춤을 추다가 관객들 모두가 하나 되어 만든 기차놀이에 참여도 하는 등 공연은 무르익어 가고 있었다. 또한 엔티구가 사진 찍기에 관심을 보여 내 핸드폰으로 함께 사진도 실컷 찍었다.

어느덧 아멘학교를 떠날 시간이 다가왔고 공연은 마무리되었다. 아멘학교의 선생님과 학생들에게 인사를 한 뒤 한국 교사들은 쿠미로 가는 버스에 몸을 실었다. 버스에 시동이 걸리자 우리를 배웅하기 위해 나온 아멘학교 사람들. 밝은 얼굴로 우리를 배웅하는 모습들 한가운데 큰 눈망울로 우리를 아쉬운 듯 바라보고 있는 엔티구의 얼굴이 보였다.

'엔티구! 행복하게 잘 살길 바라!'

작아지는 엔티구의 모습을 보는 순간 나는 '엔티구'라는 이름이 나에게 소중한 의미로 남게 될 것이라는 걸 느꼈다. 그렇게 엔티구를 한참 생각하는 동안 버스는 다음 행선지인 쿠미를 향해 달리고 있었다.

엔티구와의 댄스 타임

Goodseed Primary School
[intro] 교육콘텐츠 활용 수업을 해야 하는데
기자재가 없다면?

최은아

　우간다에서 세 번째로 방문한 초등학교는 굿씨드학교
다. 학교는 우간다의 수도 캄팔라를 막 벗어난 키시쿨라 지
역에 위치하고 있는데, 이 지역은 대부분 수도에서 밀려나
정착한 빈민들이 사는 곳으로 발전의 혜택을 많이 받지 못
한 곳이라고 한다. 그래서 경제적으로 어려운 학생들이 많
은 편이고 학교가 이사한 지 얼마 되지 않아 수업이 제대로
이루어지기 어려운 형편이라고 하니, 이 학교야말로 교육
콘텐츠가 필요한 학교겠다는 생각이 들었다.

　듣던 대로 발전이 잘 이루어지지 않은 곳이어서인지 학
교에 가는 길도 평탄하지 않았다. 오르막길과 좁은 골목길
로 이어져 있어 무언가 편안하지 않은 기운이 감도는 버스
안에서, 누군가 말을 던졌다.

　"그런데, 학교에 노트북과 모니터가 없으면 어떡하지?"

순간 '아, 정말 그러면 어떡하지?' 하는 생각이 들었고, 잠시 웅성거림이 있었지만 교육콘텐츠를 활용해서 수업을 한다고 했으니 준비되어 있겠지 싶었다.

버스에서 내려 학교를 둘러보니 이전에 방문한 학교들과는 외관부터 달랐다. 건물들은 두 구역으로 나누어져 있었고, 각 건물은 벽이 없이 개방된 교실의 형태로 이루어져 있었다. 두 구역은 비탈길을 사이에 두고 있는 데다 거리가 꽤 멀어서, 각 구역에서 진행되는 수업을 모두 참관하기는 쉽지 않겠다 싶었다. 이런저런 생각을 하면서 수업할 교실의 준비 상태를 체크하는데, 이게 웬일인가. 누군가의 걱정대로 교실에는 노트북과 모니터가 없었다.

그러나 걱정하고 있을 시간이 없었다. 굿씨드학교의 교장이신 이경옥 선교사님을 중심으로 현지에 연락이 닿는 분들이 노트북과 모니터를 구하기 위해 순발력 있게 움직였고, 당장 수업을 진행해야 하는 선생님들은 교육콘텐츠 없이 수업할 방법에 대해 급히 의견을 나누며 만일의 상황에 대비했다. 그리고 얼마 후, 다행히 굿씨드학교 근처의 신학교에서 노트북과 모니터를 빌려와 큰 문제 없이 준비한 수업들을 실행할 수 있었지만, 이 일은 교육콘텐츠 활용 수업을 위해 필요한 기자재 문제에 대해 깊이 생각해 보게 하였다.

2021년 김성한 교수님과 우간다 초등학교 운영자들이

Zoom으로 만난 자리에서 한 운영자가 한 말은 기자재의 필요성과 그것을 못 갖춘 현 상황을 잘 드러낸다.

> "교육콘텐츠가 만들어지면 교사가 칠판에 교과서 내용을 옮겨 쓰는 수준을 벗어나면서 학생들의 학업 수준 향상에 크게 도움이 될 것으로 기대합니다. 이와 함께 음악, 미술 수업 교재 개발이나 교사 교육도 이루어지면 좋겠습니다. 그런데 빔프로젝터나 TV 등이 없는 상황에서 20여 명의 학생들이 하나의 노트북을 사용하기는 현실적으로 어렵기 때문에 빔프로젝터와 스크린 또는 모니터를 마련해야 할 것 같습니다."

사실 우리가 이전에 방문한 두 개 학교에서 있었던 교사 간담회에서도 대부분의 교사들은 교육콘텐츠가 흥미롭고, 이해하기 쉽고, 반복할 수 있는 장점이 있어 매우 유용하지만 불안정한 전력, 기자재 부족 등의 어려움이 예상되니 교육콘텐츠를 활용하기 위해서는 이러한 문제를 해결해야 한다고 언급했었다. 기자재의 부재는 단지 굿씨드학교만의 문제가 아니었던 것이다.

교육콘텐츠가 많이 개발된다 하더라도 이를 활용할 방법이 마땅히 없다면 어쩌겠는가. 교육콘텐츠는 기본적으로 제대로 교육을 받기 어려운 교육 소외 지역의 아이들을 위하여 만들어진 것이다. 그런데 그런 아이들이 다니는 학교에 전기가 아예 들어오지 않거나 전기가 들어와도 컴퓨

기부금을 통해 구입한 기자재 사진

터나 모니터가 없다면 큰 문제일 것이다. 만약 교육콘텐츠를 활용할 수 있는 곳이 어느 정도 교육 인프라가 갖추어져 있는 곳으로 한정된다면 교육콘텐츠를 만든 취지, 즉 어려운 상황 속에서 살아가고 있는 학생들에게 도움을 주겠다는 의도가 퇴색되어 버리고 말 것이다.

이 문제는 그리 간단하지 않다. 그렇지만 교육콘텐츠 활용과 보급을 위해 간과할 수는 없다. 다행히도 우간다에서 전기가 안 들어오는 곳에 솔라(solar) 시스템을 구축하려는 노력이 이루어지고 있다니 전망이 아주 어둡지는 않은 것 같다. 전기나 솔라 시스템 구축 다음에 필요한 것은 노트북과 모니터다. 이를 위해 꾸준한 지원이 이루어져야 할 텐데, 나눔에도 창의적인 발상이 필요한 것 같다. 각 학교에서 잠자고 있는 낡은 사양의 노트북이나 모니터를 모아 보내기, 나눔 음악회, 나눔 전시회, 각종 바자회를 통해 기부금 지원하기 등처럼 말이다. 지난해 전주교대 관현악단이 나눔 연주회를 통해 모은 후원금 전액을 기자재 구입을 위해 기부한 것은 이러한 노력의 작은 예가 될 것이다.

'카무카무 구웨 무간다(kamu kamu gwe muganda)'라는 우간다 속담이 있는데, 이는 '하나하나가 모여 다발을 이룬다'는 뜻이라고 한다. 굿씨드학교에서 마주친 문제, 교육콘텐츠 활용 수업의 관건이라 할 수 있는 기자재 구비의 문제에 대해서도 이런 마음으로 함께 고민하며 뜻과 지혜를 모아야 할 것이다.

굿씨드 학교의 모두와 함께

[수업/영어] 마지막 수업

송정주

프로젝트 마지막 날이 밝았다. 오늘 수업을 끝으로 내일 새벽 비행기를 타야 하지만 우간다를 떠난다는 사실이 실감이 나지 않았다. 매일 늦게 잠자리에 들고 아침 일찍 일어나다 보니 하루살이처럼 그날 하루에만 온 정신을 집중해서 시간이 가는줄 몰랐는데 벌써 끝이 다가온 것이다. 오늘 마지막으로 방문할 학교는 굿씨드. 오늘은 어떠한 씨앗을 뿌려야 할까 하는 생각으로 버스에 올랐다. 러시아워를 피하기 위해 아침 일찍 출발했는데, 벌써부터 길거리엔 사람도 차도 많았다. 역시 수도는 혼잡하구나. 차창 밖으로 풍경을 보는 것도 이제는 마지막이니 나는 우간다의 풍광을 눈에 담기 위하여 길거리의 사람을, 건물을, 물건들을 유심히 바라보았다. 그렇게 몇십 분을 달렸을까? 어느덧 버스는 학교에 도착해 있었다.

이른 아침에 도착해서 그런지 현지 선생님들의 책상 배치와 청소로 건물 안이 어수선했다. 그런데 문제가 생겼다.

콘텐츠를 재생시킬 어떠한 기자재도 준비되어 있지 않은 것이었다. 굿씨드학교 교장인 이경옥 선교사님은 우리가 기자재를 찾자 당황한 기색을 보였다. 뭔가 소통이 잘못된 것 같았다. 선교사님은 기자재를 구하기 위해 연락을 하러 가면서 "만약 못 구하면 콘텐츠 활용 없는 수업을 해주셔야 해요."라고 말하고 자리를 뜨셨다. 노트북과 연결할 모니터도, 빔프로젝터도 없었다. 다들 기자재가 없으면 어떻게 수업을 해야 하지? 하며 급히 대체 수업을 구상하기 시작했다. 우리는 일단 놀이를 앞으로 당기고 수업을 뒤로 미루기로 했다. 기자재가 없으면 없는 대로 수업을 진행하고, 만약에 오게 되면 활용하는 것을 보여줘야 하니 콘텐츠 수업을 뒤로 미루기로 한 것이다.

아이들은 이곳에서도 어김없이 밀려들기 시작했는데, 기자재 도착은 늦어져 우리의 강강술래 장인 양미정 선생님(애칭 미미)이 아이들을 이끌고 강강술래를 시작했다. 텅 빈 예배당 안에서 강강술래가 시작되었고 아이들은 곧잘 강강술래를 따라 하며 놀았다. 강강술래가 끝나고 잠시 쉬는 시간을 가지는 사이 기자재를 구해 오고 있다는 소식이 전해졌다. 막간을 이용하여 우리의 미미는 지치지 않는 체력으로 아이들과 밖에서 '무궁화꽃이 피었습니다'를 시작했다. 피리 부는 사나이처럼 미미는 아이들을 이끌고 동네 길목에서 무궁화꽃 놀이를 진행했다. 술래가 된 아이는 발음이 어려워 '무궁화, 무궁화'만 외치고 뒤를 돌아보았다. 술래에게 움직임이 포착된 아이들이 대거 나오자 미미는 나를 호출했고 난 술래가 되어 열심히 '무궁화꽃이 피었습니다'를 외치며 뒤를 돌아보았다. 아이들이 순식간에 뒤에 다 몰려 있었다. 왜 이렇게 빠른 거야? 움직이는 몇 명을 잡고 나니 그다음엔 나를 치고 우루루 도망갔다. 너무 빨라 잡질 못했다. 또 술래가 되었다. 수업도 하기 전에 벌써 기진맥진한 상태가 되었다. 더 지치기 전에 다행히 기자재가 도착했다는 소식이 들렸고 우리의 무궁화꽃 놀이는 여기서 막을 내렸다.

예배당으로 돌아오니 기자재 설치가 완료되어 콘텐츠가 잘 재생되었다. 문제는 소리였다. 뒤까지 전달되려면 소리를 조절해야 하는데, 크게 하니 울리고 작게 하니 들리지 않아 총체적 난국이었다. 일단 콘텐츠 재생이 되는 것에 만족하며 서둘러 수업을 시작했다. 무궁화꽃으로 지쳤지만 다시 힘을 내서 시작하려는데, '어라, 얘들 봐라? 계속 떠드네?' 60명 이상의 아이들이 앉아 있어 그런지 쉽게 집중이 되지 않았다. '내 눈을 바라봐'를 외치며 떠드는 소리가 잦아들기를 기다렸다. 수업을 시작하는데, 딱 한가운데 앉은 남자아이 하나가 옆에 앉은 아이에게 계속 말을 거는 게 보였다. 옆 아이는 수업에 집중하고 싶은데 말 거는 애가 계속 대답을 요구하니 마지못해 대답하는 것이 눈에 띄었다. 수업을 진행하는 내내 계속 떠드는 것이 눈에 걸려 설명을 하는 중에 그 아이 근처에 가서 손가락을 튕기며 주의를 주었다. 그러나 맹랑한 요 녀석은 아랑곳하지 않고 계속 떠들 뿐이었다. 급기야 난 그 애 앞에서 손뼉을 짝! 하고 치고 말았다. 그 녀석은 깜짝 놀랐지만 아무렇지도 않은 척을 하며 또 옆 아이한테 말을 걸었다. 보통 녀석이 아니군! 눈으로 레이저를 쏘며 수업을 진행하니 그제야 떠드는 것을 멈췄다. 떠들던 맹랑한 녀석은 그다음부터는 자신이 언제 그랬냐는 듯 발표하겠다고 손도 들고 수업에 적극적으로 참여했다. 한국이든 우간다든 어딜 가나 이런 아이가 있는 것 같다. 그렇지만 난 교사가 아닌가! 손 든 맹랑이를 발표시키고 칭찬해 주며 마지막 수업을 진행했다. 우여곡절 끝에 우간다에서의 마지막 콘텐츠 활용 수업은 아이들의 적극적인 발표로 성황리에 막을 내렸고 수업 중 손뼉을 친 일은 수업이 끝나자마자 우리 팀원들에게 회자되는 사건이 되었다.

한국에서는 콘텐츠 활용 수업이 지나치게 많아 이에 대한 우려를 하고 있지만 우간다에서는 이 수업이 낯선 신문물을 활용한 혁신적인 교육으로 여겨질 것이다. 교육의 질은 교사의 질을 능가할 수 없다고 한다. 아무리 좋은 기자재가 비치되어 있더라도 그것을 활용할 능력을 지닌 교사가 없다면 그것들은 무용지물이 될 것이다. 우간다의 사회적 여건과 교사의 수준이 한국의 그것에 비하면 턱없이 부족할지라도, 우리가 뿌린 씨앗이 그 사회 안에서 작은 반향이라도 일으킬 수 있게 된다면 그것만으로도 족하다는 생각을 하며 우간다에서의 마지막 수업을 끝냈다.

'무궁화꽃이 피었습니다'를 설명하는 피리 부는 미미

[수업/수학] 우간다에서의 수학 수업

양미정

처음 우간다 프로젝트 합류를 제안받았을 때 내가 했던 질문이 생각난다.

"온음 선생님들은 음악 수업을 하는데, 나는 그럼 뭘 해야 하지?"

누구나 자신이 속한 무리에서 할 일 없이 서성대는 건 즐겁지 않을 것이다. 나 또한 단순한 호기심에서 출발했지만, 프로젝트가 진행되는 내내 할 일 없이 구경꾼으로만 10일을 보낼 수는 없었다. 그런데 다행히 전주교대 김성한 교수님이 우간다 학생들이 스스로 공부할 수 있도록 수학, 과학, 영어 영상 콘텐츠를 만들었고, 내게는 수학 영상 콘텐츠의 효과성을 검증하기 위한 수업을 진행해야 하는 역할이 주어졌다. 물론 한국말이 아닌 영어로 말이다. 내 주변 지인들이 하나같이 묻는다. "양미정, 그렇게 영어를 잘

해?"

답은 '그럴 리가'다. 다행인 것은 교사 주도의 수업이 아니라 학생들 스스로 영상을 보고 학습을 따라갈 수 있는지 검증하는 과정이기 때문에 교사의 발문은 최소화한 채 단지 영상 콘텐츠 진행을 멈추거나 진행시키며 학습 속도를 조절하는 일이 중심이라는 점이다. 그럼에도 불구하고 부족한 영어 실력을 발휘해서 학생들과 소통하고 싶은 욕구도 컸던 것은 사실이다. 하지만 그것은 그저 바람일 뿐이어서 나는 가장 기본적인 영어 단어 3~4개로 활동 안내만 하는 정도로 수업을 진행해야 했다.

수업을 시작하기 전 살짝 긴장된 상태로 영어로 어떻게 수업을 진행할지 혼자 주절거리며 교실에 들어가 보니, 아이들 눈 속엔 수학 수업에 대한 기대감이 제법 담겨 있었다. 그리고 나중에 알게 된 사실이지만, 우간다 아이들은 수학을 좋아하는 학생들이 많았고 수학 문제 풀이에 대한 스트레스 지수가 높지 않았다. 물론 한국 초등학생들의 수학 문제 풀이 속도에 비하면 우간다 학생들의 계산 속도는 마치 덧셈, 뺄셈을 이제 막 배우기 시작하는 한국 유아들의 계산 속도만큼 느리다. 게다가 짝수의 배열을 풀기 위해 2만큼 가감을 하는 과정도 손가락을 세거나 점을 찍거나 그림을 그려가는 등 구체적 조작 활동이 진행되어야 가능했다. 무엇보다 우간다 수학교육은 빠른 문제해결보다 꼼꼼히 풀이 과정을 나타내는 것을 중시하기 때문에 2씩 가감하는 짝수를 구하는 과정에서 주어진 문제의 빈칸에 암산으로 답만 채우는 학생은 없었다.

무엇보다 인상적인 장면은 수업 시간 내내 학습활동을 어려워하는 학생은 있어도 지루해하는 학생은 없었다는 점이다. 저마다 배움에 대한 열의가 높았고, 교사의 일거수일투족에 집중하며 주어진 과제를 어떻게든 풀어가려는 모습들이 기특했다. 이런 풍경은 1970~80년대 초등학교를 다녔던 나의 어린 시절 모습과 많이 닮아 있었다. 학생과 학부모의 배움에 대한 열의는 크지만 그것을 충족시켜 줄 곳은 학교밖에 없고, 교재나 교과서가 없는 우간다에서 유일한 배움의 원천은 교사인 것이다. 우간다 학교에서 교사의 교육적 권위는 말 그대로 하늘을 찌른다. 그러다 보니 교사가 특별한 교수법을 발휘하지 않아도 배움에 목마른 학생들은 수업 시간 내내 학습 동기가 충만해 있다. 실제로 학교를 운영하는 현지 선교사님들의 말씀에 따르면 대부분 교육활동은 교사가 칠판에 학습할 내용을 가득 기록하면 학생들이 공책에 똑같이 따라 쓰는 방식으로 진행되며 지식과 내용 중심의 학습활동이 전개된다고 한다. 그래서 준비해 간 수학 콘텐츠 영상을 보고 짝수의 배열을 배우는 과정 또한 지루할 수 있겠다는 예상과 달리 학생들의 집중하는 모습을 볼 수 있었다. 우리가 방문한 세 학교의 학생들 모두가 이러한 모습이었다. 물론 학교마다 약간의 특징들이 엿보이긴 했으나 전반적으로 학생들이 교사에 대한 절대적 신뢰, 교육에 대한 성실한 태도를 기본태도로 갖추고 있다는 점에서는 큰 차이가 없었다.

그중 아직도 내게 생생함으로 기억되고 있는 수업 장면은 우리의 마지막 여정으로 방문했던 굿씨드학교에서의 수학 수업이었다. 이미 두 번의 수학 수업을 진행했던 터라 세 번째 학교에서의 수학 수업 또한 큰 어려움이 없을 것이라 예상하며 편안한 마음으로 학교에 도착했다. 하지만 세상은 인간의 예상을 보기 좋게 날려버리곤 한다. 굿씨드학교에서의 모든 상황이 그랬다. 수업 영상을 틀어야 할 기자재는 준비되어 있지 않았고, 참여하기로 한 30명의 학생 수는 60명을 훌쩍 넘었으며, 사전에 4~5학년 학생들을 대상으로 수업하겠다고 공지를 했건만 학교 근처 마을에 살고 있는 굿씨드 학생들은 학년에 상관없이 신기한 한국인 무리를 보기 위해 몰려들었다. 그러다 보니 그들에게 전해주려고 가져온 공책과 연필, 지우개는 턱없이 부족해서 나눠줄 수가 없었고, 등교한 학생들을 모두 수용한 채 수업을 진행하려면 책상 없이 의자만 놓고 앉기에도 공간은 빠듯했다. 다행히 영상 도구는 선교사님의 발 빠른 노력으로 준비가 되었지만, 필기구와 책상이 없는 학습 환경은 맨손 수업으로 교사가 무엇인가 주도해서 수업을 진행해야 한다는 것을 의미했다. 수업 시작 10분 전 이래저래 나의 머리는 엄청난 속도로 돌발상황을 어떻게 타개할 것인지 방법을 찾느라 분주했다. 결국 결론은 지금까지 해온 콘텐츠 대신 더 쉽고 간단한 짝수, 홀수 개념을 알아보는 활동으로 변경한다는 것이었고, 학생들이 공책에다 문제를 푸는 대신 교사가 칠판에 적어가며 학생들과 함께 살펴보는 방식으로 한다는 것이었다. 어찌 보면 난감한 상황이었지만 내 방식으로 수업을 진행할 수 있는 기회라는 점에서 내심 기뻤다.

10분 정도로 구성된 영상 콘텐츠의 흐름에 따라 학생들에게 홀수와 짝수의 개념을 차근차근 설명하고 짝수와 홀수의 개념을 이해했는지 알아보기 위해 영상에서 제시하고 있는 여러 가지 형성평가 문제를 함께 풀어보기도 했다. 그렇게 수업은 시간 가는 줄 모르고 순조롭게 흘러가는 듯했다. 그런데 별안간 준비된 10분의 영상이 끝나고 말았다. 수업 종료 10분을 남겨 놓고 말이다. 이제 남은 10분은 영상도 책상도 필기구도 없이 칠판과 내 몸으로 채워야 한다. 어쩔 수 없이 본격적인 활동 중심 수업이 시작됐다. 칠판에 숫자를 쓰고 학생들에게 머릿속으로 짝을 지어보게 한 후 몇 쌍으로 이뤄졌는지, 남은 숫자는 0인지 1인지 확인하고 제시된 숫자가 홀수인지 짝수인지 두 팔을 사용하여 신호로 알리기로 했다. 불편한 의자에 빼곡히 앉아 듣고만 있던 학생들이 자신의 몸을 활용하며 수업에 참여하는 과정이 무척 즐거웠나 보다. 대답 소리는 점점 커지고 웃음소리가 넘쳐났다. 그렇게 남은 10분은 학생들의 열정과 환한 미소, 그리고 그들의 목소리로 채울 수 있었다. 이때 찍힌 수업 장면에서 내가 수업 내내 웃고 있는 걸 보면 나 또한 무척 신이 났던 것 같다. 수업을 마치고 의자에 앉아 이제 나의 역할은 다 끝났구나 생각하고 있는 순간 조워시라는 키큰 남자 선생님이 다가와 말을 걸었다. 자신은 수학 선생님이고 나의 수업을 인상적으로 보았다며 자신도 다양한 교수법에 관심을 가져야겠다는 말을 전한다. 참 고마운 말이다. 누군가 나로 인해 선한 자극을 받았다니 말이다. 결국 굿씨드학교에서의 결핍은 나에게 채움의 기쁨을 선사하며 행복한 추억으로 남게 되었다.

"당신에게 평화를", 풍가 알라피아

이혜영

굿씨드학교에서 내가 진행할 수업은 '풍가 알라피아 (Funga Alafia)'였는데, 이 노래는 아프리카 서쪽에 위치한 나이지리아의 민요로 누군가를 환영할 때 부르는 노래였다. 알라피아(Alafia)는 건강과 평화를 뜻한다. 이 노래는 "Funga Alafia(당신에게 평화를)"로 시작하고, 뒤이어 "Ashay, Ashay(감사합니다)"라고 대답하는 형식이 반복되는 노래이다. 단순한 가사에 비해 율동은 좀 더 다양한데, 처음에는 머리를, 다음에는 입을, 그 다음에는 가슴을 두 손으로 가리키며, "나의 생각으로, 나의 말로, 나의 마음으로 당신의 평화를 빕니다."라는 뜻을 표현한다. 마지막 동작은 특이하게도 손으로 X자를 만들며 내 소매 안쪽에는 아무것도 없다는 것을 상대방에게 보여준다. 이것은 내가 당신을 해칠 어떤 무기도 가지고 있지 않다는 것을 상대방에게 보여주는 행위이다. 밝고 신나는 리듬과 선율 속에 당신과 적대관계가 아니라는 것을 온몸으로 표현해야 하는

환영가라니. 늘 전쟁과 테러의 위협에 노출되어있는 서아
프리카의 실정을 생각하니 씁쓸해졌다.

　우간다에서 음악 수업을 할 때 우리가 주로 사용한 음악
들은 케냐, 가나, 나이지리아, 잠비아 등의 아프리카 민요
였다. 나는 우간다의 음악을 활용하고 싶어 동요, 민요, 대
중가요 등 장르를 망라해서 검색해 보았지만, 내가 찾을 수
있는 건 우간다 국가밖에 없었다. 현지 선생님을 만나거나
학생들을 만났을 때에도 항상 우간다에서 자주 부르는 노
래가 뭐냐고 물어보았다. 대부분 알고 있는 '돈 도 빼까'라
는 노래가 있었는데 가사가 다소 선정적이어서 수업에 활
용하기에는 부적합해 보였고, '오 우간다~'로 시작하는 또
다른 노래는 우간다 사람들이 모두 알고 있을 만큼 널리 알
려진 곡은 아닌 것 같았다. 분명, 우간다에도 예부터 불려
오던 노래가 있을 텐데 그들의 노래는 다 어디에 숨어 있는
걸까 하는 아쉬운 마음이 들었다.

　2교시 과학 수업이 끝나고 3교시 음악 수업을 할 차례가
되었다. 수업은 노래 부르기, 신체 악기로 반주하며 노래
부르기, 일어나서 원 만들고 율동하기의 순서로 구성되어
있었다. 우간다 아이들은 노래를 정말 금방 배운다. 긴 가
사도 곧잘 외우고, 음정도 정확하다. 율동은 말할 것도 없
다. 알려주지 않아도 음악이 흘러나오면 자연스럽게 몸을
흔들고 춤을 춘다. 전에 아멘학교에서 마지막 날 공연 때

댄스 파티가 벌어졌는데, 3~4살 아이들도 현란한 스텝을 밟으며 춤을 추는 것을 보고 걸을 수 있는 모든 아프리카 사람들은 춤을 출 수 있나 보다고 생각하게 될 정도였다. 이 수업은 우간다 아이들의 주특기인 노래와 춤이 주요 활동이니 수업은 어렵지 않게 마무리 되었다.

한국 아이들과 음악 수업을 할 때 가장 힘든 부분은 표현이다. 특히 고학년 아이들에게 노래와 율동은 고난도 미션이다. 6학년 아이들에게 어찌어찌 노래까지는 시켰다해도, 일어나서 원을 만들고 선생님을 따라 춤을 추라고 하면 서로가 민망해질 것이다. 하지만 우간다 아이들과 수업할 때는 노래와 춤에 대해 걱정할 필요가 없다. 노래를 배운 뒤 춤을 추지 않으면 서운해 할 정도다. 이렇게 적극적으로 표현하는 아이들과 한국에서 공개 수업을 한다면 대성공이겠다는 생각도 들었다. 심지어, 아이들이 춤을 추면 참관하던 교사들도 일어나서 질세라 같이 추니, 우간다에서의 매 수업은 축제와 같았다.

우간다 아이들은 음악적 재능이 풍부하고 표현력도 뛰어나다. 그들의 삶 속에는 이미 음악이 녹아들어 있다. 하지만 학교에서 음악이 정규 과목으로 존재하지는 않는다. 음악을 잘하지만 음악을 교과로 배우지는 않는 아이들. 그런 아이들이 처음으로 음악 수업을 받고 있다. 물론 잘 하는 부분이 많지만 교사의 눈으로 볼 때에 더 배워야 할 부분도 분명 있다. 박을 일정하게 치는 것, 정확한 음정으로 소리를 내는 것, 화음을 이루는 것, 계이름을 아는 것, 악보를 읽는 것, 악기를 연주하는 것 등이다. 음악 수업을 마칠 때마다 이렇게 음악을 좋아하고 잘 하는 아이들에게 체계적인 음악 교육을 제공하면 어떻게 될까를 생각해 본다. 지금은 비록 우간다의 고유한 음악이라는 것이 명확히 보이지 않지만, 이 아이들이 만들어갈 수도 있지 않을까.

그런 고민은 차치하고라도 우간다 아이들과의 음악수업은 나에게는 매 순간 힐링이었다. 음악에 맞추어 박수를 치는 간단한 활동도 깔깔거리며 참여하는 아이들. 교사가 무엇을 요구하든 초롱초롱한 눈빛으로 흥미를 가지고 따라하는 아이들. 작은 가르침도 큰 행복으로 받아들이는 아이들과의 수업이 내게는 그 자체로 평화의 시간이었다. Funga Alafia(당신에게 평화를)! 우간다에서 만났던 모든 아이들, 선생님들, 선교사님들에게 평화가 함께 하기를 빌어 본다.

학생들보다 신이 난 선생님들

수업이 끝나고 아이들과 함께

[공연] The Power of Music

김유리

Who can live without it? I ask in all honesty
What would life be? Without a song or a dance,
what are we?
So I say thank you for the music
For giving it to me
-〈Thank you for the Music〉ABBA

스웨덴 팝 그룹 아바(ABBA)는 노래한다. 누가 음악 없이 살아갈 수 있을까? 노래와 춤이 없다면 우리는 무엇일까? 그래서 그들은 음악에 감사하다고 말한다. 우리는 즐거울 때나 슬플 때나 음악과 함께 한다. 사랑에 빠졌을 때 음악을 듣고 실연의 아픔에 고통스러울 때도 음악을 듣는다. 가사의 의미를 이해할 수 없는 다른 나라의 구슬픈 노래를 들을 때도 눈물이 흐른다. 음악은 공기 중의 파동을 타고 우리의 고막을 때리며 심장에 내리꽂힌다. 음악, 그것은 언어, 나이, 인종을 넘어 인간의 원초적인 감정을 증폭시키는 메커니즘을 가지고 있다. 따라서 음악은 인간이 만들어 내는 어떤 형태의 예술보다 직관적이고 원초적이다. 전국초등음악수업연구회 온음 교사들이 음악을 선택한 이유도 이와 크게 다르지 않을 것이다.

음악이 정규 필수 교육과정에 속해있지 않은 나라 우간다에서 교육 나눔 활동에 참여한 우리 팀은 음악 수업 외에도 학생, 교사, 학부모들을 위한 공연을 준비했다. 많은 회의를 거쳐 프로그램을 선정하고, 편곡하고, 연습하는 전 과정을 바쁜 일상 속에서도 해내야만 했다. 전국 여러 지역의 초등학교, 중학교, 대학교에서 자신의 매일을 살아가다 보니 한국에서의 마지막 연습에서도 여러 가지 부족한 점이 보였고 수정 사항이 발생했다. 공연 MC를 맡은 나로서도 걱정되는 상황이었다. 우리가 공연을 업으로 하는 전문 음악가는 아니지만 다른 나라 교육자와 학부모, 학생들 앞에서 공연할 만큼의 연습량이 절대적으로 부족했던 것이다.

우간다 현지에서 틈틈이 짬을 내어 공연 연습을 하기란 쉬운 일이 아니었다. 이른 새벽, 우간다 공항에 도착하자마자 대사님과의 만남 일정이 잡히는 등 우간다에서의 강행군이 시작되었다. 우리의 하루하루는 인기 아이돌 가수의 스케줄처럼 바쁘게 짜여 있었다. 버스로 이동하는 중간중간 졸린 눈을 비비며 악보를 펴고 음을 맞추고 수정 사항을 점검해야 했던 터라 휴식 시간은 숙소에 도착해서 잠을 자는 시간뿐이었다.

계획된 수업 일정이 끝나고 굿씨드학교의 모든 교사와 학생이 강당에 모여 앉았다. 수십 개의 커다란 눈동자들이 우리를 지켜보고 있다. 입이 바싹 마른다. 마이크를 들고 무대 앞으로 나갔다.

"Yoga(테소 부족어: 안녕하세요)~ 오늘은 한국에서 온 선생님들과 수업과 놀이 활동을 진행했어요. 모두 즐거운 시간이었나요? 지구 반대편, 한국에서 날아온 선생님들이 여러분들을 위해서 음악공연도 준비했답니다. 첫 번째 공연은 사물놀이라는 한국의 전통 음악입니다. 한국 전통악기인 꽹과리, 장구, 북, 징 등 네 가지 악기로 연주해야 하지만 이 먼 곳까지 큰 악기들을 가져올 수가 없어서 우간다 현지 악기들과 교실 악기들로 각색해서 들려드릴게요."

양병훈 선생님의 꽹과리 신호에 맞추어 인사굿 장단을 두드린다. '덩 덩 덩덩 따따' 하며 본격적인 동살풀이 장단이 어우러지기 시작했다. 재즈 밴드의 연주자처럼 서로의 눈으로, 박자로 교감하며 악기 소리를 쌓아갔다. 때로는 느슨하게, 때로는 단단하게 직물을 만들듯이 씨실과 날실을 교차하여 한 올 한 올 짜갔다. 낯선 장단에 신기해하던 아이들은 풀어지고 당겨지는 박자에 매료되었다가 마지막

소리가 끝나자 소나기 같은 박수를 보냈다.

스치는 안도감과 경탄도 잠시, 바로 무대로 올라갔다. 중등 영어 교사인 내가 베이스 파트에 참여하는 아카펠라 가 두 번째 공연 순서였다. 한승모 선생님의 피치 파이프가 첫 음을 불었다. "위이이이이이 이이이이이 위엄멈머웨~." 우리가 부른 'The lion sleeps tonight'의 첫 소절이다. 머릿 속은 이미 과탄산소다에 12시간 담가 둔 티셔츠처럼 하얗 게 되었지만 약 100여 개의 눈동자 앞에서는 긴장한 티를 내면 안 된다. The show must go on! 여유롭게 음악을 느 끼는 척 어깨를 흔들고 손가락을 튕기며 박자를 맞추었다. 아이들은 목소리만으로 음을 표현하는 아카펠라를 처음 들었는지 신기해하다 각 파트마다 반복되는 우스꽝스러운 발음 소리에 웃음을 터트리기도 했다. 입으로 연주하는 아 카펠라 '놀람 교향곡'이 오케스트라 같았는지 팔을 휘저으 며 지휘자 흉내를 내는 아이들도 있었다. '윌리엄 텔 서곡' 으로 이어져 점점 고조되는 클라이맥스 부분에서 우리 모 두는 손가락을 입에 대었다. "쉿!" 큰 실수 없이 아카펠라 공연이 끝났다.

최미설 선생님이 해금을 꺼내 들었을 때 사람들은 처음 보는 악기에 집중했다. 해금은 우리나라 전통 찰현악기로 한국 사람들도 직접 본 사람이 드물다. 원통 모양의 울림통 과 오동나무 판으로 이루어져 있으며 명주실로 된 2개의 현을 손가락으로 누르고 활대로 그어 소리를 낸다. 따로 정해진 손의 위치가 있는 게 아니라 현의 적당한 부분을 잡아서 음을 찾기 때문에 절대음감이 없으면 손의 위치를 찾고 정확한 음을 내기가 어려운 악기로 유명하다. '섬집 아기'와 '밀양 아리랑'을 연주할 때 해금 특유의 애가 끓게 우는 듯한 소리가 구슬픈 음악과 잘 어울렸다. 학생들도 눈을 감고 조용히 음악이 표현하는 애처로움을 느끼고 있었다. 말이 통하지 않아도 음악이 스며드는 그들의 얼굴이 내 동공에 새겨진다.

우간다에서 어떤 곡을 연주하면 좋을까 고민하다 우간다의 국가인 '오, 우간다! 아름다운 나라여!(Oh Uganda, Land of Beauty)'를 리코더 합주로 편곡하여 연주하기로 했다. 익숙한 멜로디가 연주될 때 아이들의 얼굴에 기쁨이 한가득 피었다. 우리의 리코더 소리에 우간다 국가를 따라 부르는 아이들의 목소리에 자랑스러움이 묻어났다. 왠지 눈시울이 뜨겁다.

비가 오면 우간다는 어김없이 전기가 끊긴다. 때문에 공연 중에 비가 오지 않기를 빌고 또 빌었다. 그러나 계획대로 되지 않는 것이 인생이라고 했던가. 후드득 소리가 나는가 싶더니 곧 쏴아 하는 소리가 강당을 덮었다. 비가 오고야 말았다. 우간다에서 내리는 비는 우리나라의 보슬보슬 내리는 봄비, 한여름에 한바탕 내리는 소나기와 다르다. 수

문을 열어젖힌 것처럼 하늘에서 물이 쏟아진다. 음악공연에는 전기가 필요하다. 하다못해 공연 소개를 하려면 마이크가 필요하다. 백여 명이 모인 장소에서 마이크 없이 해야 하는 음악 공연은 답이 없다. 정전이 언제 될지 모르는 상황이라 빨리 공연을 끝마쳐야 한다.

공연의 마지막 순서는 초등학교 음악 시간에 배우는, 교실 악기로 연주하는 기악합주였다. 우간다에 와서 알게 된 사실이지만 우간다 초등학생은 리코더, 실로폰, 캐스터네츠나 트라이앵글도 연주해 본 적이 없다. 학교에는 음악 교과가 없고 이런 악기가 우간다에서 생산되지 않기 때문이다. 우리에게는 익숙한 '학교 가는 길'을 마지막 곡으로 연주하며, 우간다 아이들도 밤새 리코더를 연습하다가 엄마에게 뺑 나온다 핀잔 듣는 날이 오기를 기도했다.

공연 중에 내내 비가 내렸지만 정전이 되지 않았다. 우리가 마지막 곡을 마치자 마지막 빗방울이 땅에 떨어졌다. 영화처럼, 마치 하늘의 누군가와 미리 약속이라도 한 것처럼. 한 치 앞을 알 수 없었던 여정의 순간들, 교과서가 없어도 눈을 반짝이며 교사를 바라보는 아이들이 있는 교실, 30명분의 수업과 간식을 준비했는데 60명이 수업을 듣고 100여 명이 공연을 보러오는 날들. 무엇을 준비하든 항상 새로운 일들이 도사리고 있는 곳, 우간다.

우리는 그들의 심장을 음악으로 두드렸고 음악으로 우

리는 한데 어울렸다. 그들은 우리의 심장의 한 조각을 차지했다. 큰일이다. 우리는 이 나라의 매력에 빠져버렸다.

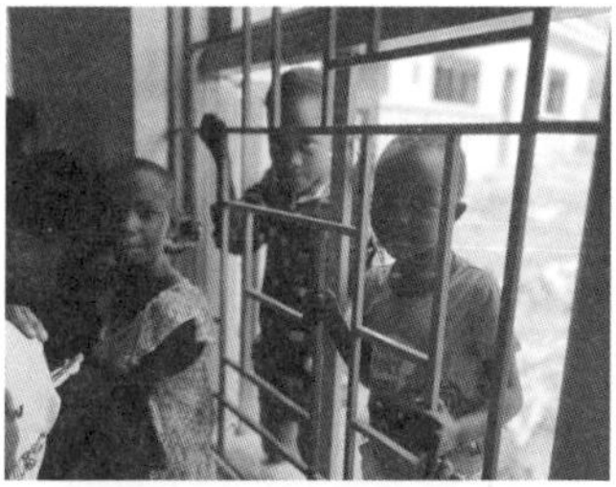

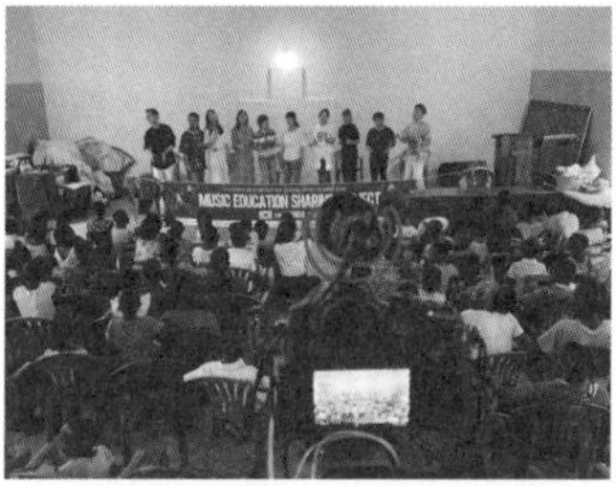

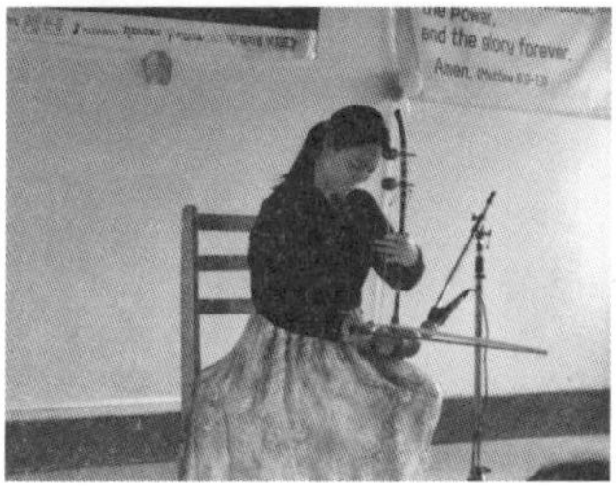

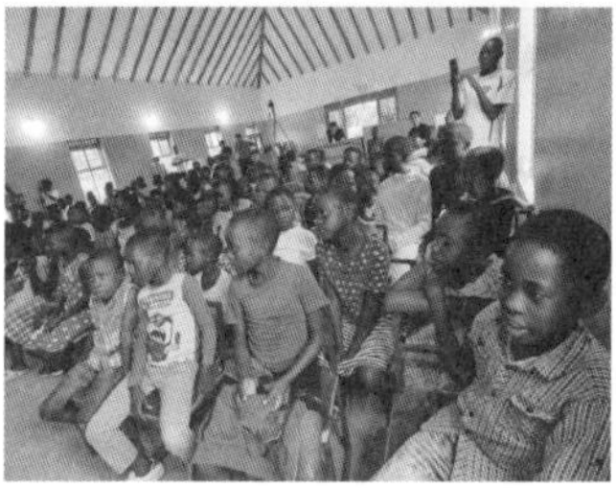

Kumi University

[intro] 일출을 닮은 그들

~~~~~~~~~~

황지아

우간다의 풍경 중 가장 기억에 남는 것을 고르라면 단연 일출이다. 새벽부터 시작되는 일정을 소화하며 마주했던 일출들. 우간다의 하늘은 평소 우리가 마주했던 하늘과는 다른 오묘한 느낌이 있다. 붉은빛을 띠는 태양은 지구 어디에서나 비슷할 테지만 어쩐지 우간다에서 만난 일출은 눈 따가운 날카로움이라기보다는 뜨거운 에너지가 감싸 안는 듯한 두툼하고 밀도 있는 붉음이랄까. 아프리카의 대지가 벌건 속살을 드러낸 것처럼 내면의 무엇인가를 꺼내어 따스하게 감싸 안는 듯한 온기를 가진 붉은색이다. 주황빛으로 슬며시 하늘을 물들이며 차츰 붉게 떠올랐다가 진홍빛으로 아스러져 가는 하늘을 멍하니 보다 보면 '색감으로 치유하는 미술치료가 괜히 나온 것이 아니구나'라는 생각까지 하게 된다.

쿠미대학교를 방문하던 날의 새벽녘에는 숙소 옆 돌산에 올라 우간다의 일출을 온전히 맞이할 수 있었다. 덜컹이

는 차 속이 아닌 야트막한 돌산에 올라앉아 고요한 초원을 내려다보며 해가 떠오르길 기다리던 그 순간, 그리고 옆을 든든히 지켜주던 셰퍼드 길동이(홍세기 총장님네 반려견)와 서서히 밝아오던 하늘. 그 경이롭던 빛깔들. 아름답다는 단어로는 절반도 채 표현하지 못할 하늘, 그 특별함. 아침의 강렬한 경험 덕분인지 쿠미대로 이동하는 동안 마음이 계속 일렁였다. 어디로 눈을 돌려도 자욱한 흙먼지뿐인 붉은 황톳길을 바라보며 한참을 달리다 보니 푸른 나무와 연녹색의 들판이 눈에 들어왔다. 순간 대비되는 색의 느낌이 강렬해 이질감에 눈을 질끈 감았다 떴다. 흙먼지가 묻어 얼룩덜룩한 간판 위에 파란색으로 적혀 있는 'Kumi University'와 그 아래 함께 자리 잡은 우리나라 국기와 우간다의 국기. 두 국기 모두 대비가 뚜렷한 색으로 이루어졌기에 새삼 잘 어울린다는 생각을 했다.

쿠미대학교 곳곳에는 우간다의 젊은 에너지를 느낄 수

있는 흔적이 가득했다. 그중 인상 깊었던 것은 도서관 앞에 서 있던, 아이패드를 들고 있는 청년의 조각상. 신문물이라고 할 수 있는 태블릿을 손에 들고 어느 먼 곳을 응시하고 있는 조각상의 인상이 유독 건강하고 미래지향적인 쿠미대의 이미지를 대변하는 것 같았다. 도서관에 들어가서 설레는 마음으로 만나기로 했던 현지 교사들을 기다리다 보니 어느덧 왁자지껄 활기찬 말소리와 웃음소리들이 가까워졌다. 반가운 마음에 문 옆에 붙어 빼꼼 얼굴을 내밀었다. 각양각색의 차림을 한 젊은이들이 저마다 노트, 가방, 책 등을 들고 다가오는 것이 아닌가! 처음 만난 이들이었지만 같은 교사라는 동질감에서였을까, 들어오는 이들과 손 인사도 하고 간혹 하이파이브도 하며 오래간만에 만난 이들처럼 인사를 나누었다. 줄지어 들어오며 우리를 발견하곤 밝게 미소 짓던 교사들. 옷차림과 국적도 다르고 그들의 부족도 다양했지만, 그 환한 웃음과 반가움은 우리를 금세 하나로 만들었다.

우리가 준비한 교육콘텐츠 소개와 두 개의 수업 시연이 진행되는 동안 행사장에는 진지한 눈빛과 서걱거리는 필기 소리가 가득했다. 먼 나라에서 제작된, 익숙하지 않은 교육자료임에도 거부감이나 어색함보다는 흥미로움과 새로운 것에 대한 궁금함, 우간다 내에서 어떻게 활용할 수 있을지에 대한 설렘으로 가득한 눈빛들에 나 또한 새로이

쿠미대학교 선생님들과 함께

감명받았다. 함께 활동을 해보며 웃음이 끊이지 않았던 와
중에도, 옆에 서 있었던 내 일행들에게 궁금한 것들을 수없
이 물어보던 교사들. 교육콘텐츠와 같은 새로운 교육 방법
이나 한국의 학교 시스템에 대해 알고 싶고, 차후에도 꾸준
히 교류하고 싶다는 이야기들. 초등학교에서 만났던 현지
교사들의 에너지와는 또 다른 젊고 싱그러운 느낌에 나 또

한 더 나누고 함께할 수 있는 것이 없을까 자꾸만 생각하게 되었다. 짧은 만남에 서로가 아쉬워하며 연락처를 주고받은 후 언젠가 다시 만날 수 있을 것처럼 환한 웃음을 머금고 떠나가는 연수 교사들의 뒷모습을 바라보다 문득 익숙한 느낌이 스쳐 지나갔다.

아, 그렇다. 새벽녘 숙소 옆 돌산에서 마주했던 그 일출, 태양 빛의 따스한 기운. 그 태양의 온기를 닮은 정열적이고 따스한 사람들. 쿠미대학교에서 만난 선생님들의 환한 웃음과 뜨거운 열정에 담겨 있는 그 붉은빛을 발견하곤 새삼 반가운 마음이 들었다. 우간다의 일출에서 보았던 붉고 따스한 에너지는 비단 아침에만 볼 수 있는 것이 아니구나 싶었다. 그 붉디붉은 기운에 함께 담아본 우리의 마음, 하나되었던 그 순간을 나는 오래오래 간직하려 한다.

[수업] 우간다 선생님들의 미래를 응원하며

양병훈

2023년 1월 13일, 우리는 쿠미대학교를 방문했다. 이날은 쿠미대학교에서 계절제 수업을 듣고 있는 50여 명의 초등 교사들을 대상으로 짧은 연수를 진행하는 날이었다. 현직 교사 대상인 만큼, 그들이 교육콘텐츠의 취지와 필요성에 대해 충분히 느낄 수 있는 계기를 만들어 주는 것이 중요했다. 그래야 이후 다양한 학교 현장 및 교육기관에서 이 콘텐츠들이 적절히 활용되고 보급될 수 있기 때문이다. 아이들을 대상으로 진행했던 다양한 놀이 체험 활동은 생략하고, 교육콘텐츠가 무엇인지 소개하는 것에 중점을 두어 이를 적용한 시범 수업 일부를 직접 시연하기로 했다. 우리 팀을 대표하여 옥중기 선생님이 과학 수업을, 내가 음악 수업을 한 꼭지씩 맡아 각각 콘텐츠 시범 수업을 진행하게 되었다.

지금에 와서 생각해 보면 사실 나는 이날 아침 거의 반수면 상태였다. 밤을 꼴딱 새워 새벽 5시 반이 되어서야 취침을 했기 때문이다. 전날 저녁, 우리는 12일까지 소로티에서 진행된 모든 일정을 무사히 마치고 쿠미로 넘어왔고 오랜만에 팀원 전원이 한 숙소에 같이 머물게 된 기념으로 다 함께 가볍게 회포를 풀었다. (따지고 보면 일주일 정도밖에 지나지 않았던 셈이지만, 체감상 우간다에서의 일주일은 정말이지 한 달 같았다! 그만큼 일정은 빡빡했고 우리는 그 짧은 시간 안에 협력하여 최대한의 열정과 에너지를 쏟아냈다.) 많은 이야기가 오고 가다 그동안 미처 나누지 못했던 서로의 깊숙한 속마음까지 하나둘 꺼내게 되었고, 결국 이야기가 길어지는 바람에 늦게 잠자리에 들게 된 것이다. 몇몇 팀원들은 아침 일찍 쿠미대학교 홍세기 총장님을 따라 뒤쪽 언덕에서 멋진 일출을 보고 왔다는데, 나중에 사진을 보니 그 풍경이 정말 장관이어서 그때 따라가지 못한 것이 두고두고 아쉬움으로 남는다. 하긴, 원래 아침잠이 많아 제시간에 잤어도 못 일어났을 가능성이 크지만….

그렇게 비몽사몽 상태로 쿠미대학교에 도착한 나는 최대한 눈을 부릅뜨고 허벅지를 때려보며 피곤함을 조금이라도 날려보려 노력했다. 교육콘텐츠 수업에 대해 많은 우간다 선생님들께 소개하고 그 핵심을 잘 보여드려야 하는 중요한 자리였으니 말이다. 프로그램이 진행될 공간에 들어가자마자 수업 장소의 환경과 특성을 재빨리 훑어보며 머릿속으로 수업 진행 시뮬레이션을 돌렸다. 곧이어 도착한 우간다 선생님들과 반갑게 인사를 나누었고, 홍세기 총장님과 최은아 교수님의 공식적인 소개로 교사 연수의 본격적인 시작을 알렸다.

먼저 진행된 중기 선생님의 과학 수업. 앗, 그런데 이건 뭐지? 중기 선생님의 PPT에는 이전에 보지 못했던 멋들어진 자기소개 슬라이드들이 새롭게 추가되어 있었고, 그것을 활용해 도입부터 분위기를 아주 휘어잡는 것이었다! 분명 나랑 같이 새벽 5시 반쯤 잠든 것 같은데 그 와중에 언제 저런 걸 만들었대? '역시 대단해!' 싶다가도 '아니, 그럼 나는 이따가 어떻게 시작해야 하지?' 싶어 정신이 번쩍 들기 시작했다. 이내 나는 중기 선생님의 과학 수업에 몰입하고 빠져드는 우간다 선생님들의 모습을 지켜보며 미소를 지을 수밖에 없었다. 소로티에서의 어느 날 밤, 김유리 선생님과 함께 셋이서 머리를 맞대고 '어떤 방식으로 이 수업을 진행해야 우간다 아이들에게 유의미할까?' 고민했던 게 생각나서다. 그도 그럴 것이 중기 선생님의 과학 콘텐츠 수업 주제는 '개인위생(Personal Hygiene)'이었는데, 주제가 주제인 만큼 아이들이 개인위생과 관련된 지식을 이론적으로만 이해하는 데 그치고 이것이 삶의 실천으로는 이어지지 않는다면 이 수업이야말로 무의미하지 않을까 싶었던 것이다. 비록 한 번의 시범 수업이긴 하지만 이왕이면 이 학습 내용이 아이들의 실제적인 삶으로까지 잘 이어질 수 있도록 고민하는 것이 중요하겠다고 의견을 모았다. 이런 맥락에서 중기 선생님은 아이들이 '손 씻기 5단계 동작'을 보다 쉽고 재미있게 잘 기억할 수 있도록 특별히 음악 활동과 연계된 아이디어를 더했다. 예를 들어 수도꼭지 트는 동작을 흉내 내며 "끼이익"하고 재미있는 효과음 소리내기, 1도 화음(도-미-솔)의 음 하나하나에 손 씻기 동작을 얹어 노래로 외우기, 마지막으로 "Dry~" 하고 동시에 외치며 손 말리기 등으로 말이다. 쿠미대의 우간다 선생님들도 학창 시절로 돌아간 것처럼 너무나 재미있어하며 손 씻기 동작을 하나하나 따라 했고, 다 함께 "Dry~"를 외칠 때는 묘한 쾌감까지 느껴졌다. 그동안 고민한 결과가 중기 선생님의 수업 재구성 및 교수법적 역량을 통해 멋지게 펼쳐지는 순간이었다.

나는 이 수업을 보면서, 새삼 교육에서 교사의 중요성을 다시 한번 생각해 보게 되었다. 똑같은 교과서나 콘텐츠 내용이라도 교사의 교수법적 역량이 더해져 재구성될 때 더 즐겁고 의미 있는 수업을 만들 수 있기 때문이다. 물론 교육콘텐츠를 활용한 수업은 교과서나 교사의 역할을 보완하여 최소한의 교육 기회를 최대한 많은 아이들에게 제공할 수 있는 방식으로서, 교육 소외 지역에 있는 아동들에게는 그 자체만으로도 절실히 필요하다. 그러나 장기적이고 지속 가능한 양질의 교육으로 이어지기 위해선 결국 교사

과학 시범 수업 중인 중기 선생님

의 역량이 강화되어야만 한다. 너무나 당연하면서도 참 쉽
지 않은 얘기이긴 하지만, 우간다에서도 교사 처우 개선을
비롯한 체계적인 교사 양성 시스템 구축, 지속적인 교사 교
육 등이 이루어져야 할 것이다.

이후 바통을 이어받아 진행된 나의 '오뷔사나' 음악 수
업. 중기 선생님이 만들어 놓은 수업 분위기를 잘 끌고 가
기 위해 나도 분발해야겠다고 마음을 다잡았다. 피곤한 상
태여서 그런지 오히려 긴장하지 않고 수업을 진행했던 것
같다. (평소 같았으면 영어도 조금 더 검열해서 구사하려고 했을 텐
데, 이날은 정말 내뱉는 대로 튀어나오는 다소 원초적인 영어를 구사
했다.) 이날의 '오뷔사나' 수업에서는 돌멩이, 지우개 등을
활용할 수 없는 환경이었으므로 예비로 챙겨온 에그 셰이
커를 활용하여 간단히 옮기기 놀이를 진행했다. 인원수에
비해 수량이 충분하지 않아서 나머지 선생님들은 각자 가

지고 있는 물건 중 하나를 골라 박에 맞추어 옆으로 옆으로 전달하도록 했다. 이론적 학습 내용이 중심이 되는 주지 교과 수업이 아니고, 애초에 음악 교육콘텐츠 내용과 활동 자체를 복잡하지 않게 구성했던 터라 중기 선생님처럼 특별한 교수법적 아이디어를 반영하여 진행하지는 않았다. 그러나 첫 학교였던 오픈학교에서와 마찬가지로 쿠미대학교 선생님들의 참여도와 반응이 참 좋았다. 수업할 맛이 났다고 해야 할까? 피곤한 상태였다는 것을 잊게 할 정도로 그들이 노래와 미소를 통해 전해주는 에너지가 참 좋았다. 수업을 마친 후에는 한 선생님께서 내게 따로 찾아와 어린이들이 쉽고 재미있게 참여할 수 있는 좋은 노래, 좋은 놀이 활동이었다며 즐거웠다고 참여 소감을 전해주었다. 그렇게 콕 집어 말씀해 주시니 참 감사하고 뿌듯했다.

선생님들께 더욱 다양한 교육콘텐츠를 맛보여 드리면 좋았겠지만, 교육콘텐츠 활용 수업에 대한 관심과 기대를 불러일으킬 수 있었다면 그것만으로도 그날 우리의 만남은 성공적이었을 것이다. 향후 김성한 교수님께서 우간다에 몇 달 더 남아 우간다 선생님들께 교육콘텐츠에 대해 좀 더 자세히 전달하고 오기로 했으니, 앞으로 그들이 교육 현장에서 이 콘텐츠들을 어떤 방식으로 활용할지 참 기대가 된다. 이번 프로젝트를 계기로 우간다의 여러 학교, 선생님들, 선교사님들과 네트워크가 잘 형성되어서 다양한 방식으로 교육 나눔 활동을 이어갈 수 있으리라 믿는다. 특히 우리 '온음'은 우간다의 음악교육을 위해 분명 앞으로 할 수 있는 역할들이 더 있을 것 같다. 계속 고민을 이어 나가야겠다. 부디 더 많은 우간다 선생님들이 교육콘텐츠를 잘 활용하게 되고, 그들만의 방식으로 더욱 '맛있는' 수업을 펼쳐가게 되길 소망한다. 결국 그로 인한 교육적 혜택은 고스란히 아이들에게 돌아갈 테니 말이다.

노래 '오뷔사나'와 함께 놀이를 해보는 쿠미대학교 선생님들

[공연] 음악과 연극, 춤에 담긴 삶

최은아

우간다 사람들의 유전자에는 역동적인 리듬감과 음악적 감수성이 깊숙이 새겨져 있는 것 같다. 이에 대해서는 익히 들어 어느 정도 알고 있었지만, 우간다 초등학교에서의 음악 수업과 강강술래, 우간다 학생과 교사들의 공연 등을 통해 새삼 확인할 수 있었다. 그들은 음악이 흘러나오면 몸부터 들썩이기 시작했고, 누구라 할 것 없이 자연스럽고 흥겹게 음악에 맞추어 몸을 움직였다. 특히 두 번째 방문 학교인 아멘학교에서의 공연은 그 지역 주민들의 축제와 같았다. 사람들은 음악에 맞추어 신나게 춤을 추었고 우리도 무언가에 홀린 듯, 이런 순간을 기다렸다는 듯 그들과 함께 몸을 움직였다.

이와 같은 우간다 음악과 춤을 보다 잘 경험할 수 있었던 것은 쿠미대학교에서였다. 우리는 쿠미대학교에서 교육콘텐츠를 활용한 수업 시연, 교사들과의 간담회 및 간단한 공연을 마친 후 그간의 경험을 바탕으로 흥과 끼가 넘치

다양한 크기의 아코고   아코고 연주

는 우간다 선생님들의 공연이 펼쳐질 것을 예상하며 기다
리고 있었다. 그러던 중 낯익은 악기들이 눈에 들어왔다.
'아니, 저 악기들은 칼림바?' 악기들의 크기가 다양하고
디테일은 다르지만, 우간다 선생님들이 들고나온 악기들
은 최근 코로나 이후 한국의 교육 현장에서 많이 활용되고
있는 악기인 칼림바와 크게 다르지 않았다.

　반가운 마음에 몇몇 선생님들이 가서 물어보니 악기 이
름이 '아코고(Akogo)'라고 한다. 친절하게 메모지에 적어
주어 인터넷으로 검색해 보니 아코고는 우간다에서 가장
인기 있는 악기 중 하나이고, 쿠미 지역이 속해 있는 테소
(Teso) 왕국의 민족이 수세기 전에 만든 것으로 테소 문화
를 살아있게 하는 악기라는 설명이 나온다. 나무판에 금속
으로 만든 작은 음판을 연결한 악기로 양손 엄지손가락으
로 튕겨 연주하기에 엄지 피아노라고도 한다는 이 악기.
'아, 칼림바의 기원이 우간다의 아코고였구나!' 낯선 땅

우간다에서 낯익은 악기를 만난 것이 반가웠고, 뭔가 연결된 느낌이 들어 한국으로 돌아가 학생들에게 알려줄 생각에 괜스레 기분도 좋아졌다.

우간다 선생님들의 공연이 시작되었다. 첫 순서로 한 선생님이 아코고 반주를 하며 노래를 불렀다. 무슨 내용인지는 알 수 없었지만 풍부한 가창력과 소울 넘치는 노래가 마음을 울렸다. 우리나라와 달리 우간다 학교 교육과정에서 음악은 필수교과가 아니다. 그렇지만 짧은 기간의 경험으로도 우간다 사람들이 리듬감이 뛰어날 뿐 아니라 노래 또한 잘 부른다는 것을 알 수 있었고, 오히려 우리가 그들에게서 배워야 할 부분이 적지 않다는 생각이 들었다. 다만 일반 학교에서 그들이 잘하고 좋아하는 음악을 마음껏 표현하며 나눌 수 있도록, 그래서 음악적 재능을 더 잘 발휘할 수 있도록, 무엇보다 그들에게 학교가 보다 즐거운 곳이 될 수 있도록 돕는 것이 우리의 역할이 아닐까 싶다.

노래가 끝나고 연극이 시작되었다. 홍세기 총장님의 설명에 따르면 남편이 일을 안 하고 놀러만 다니니까 집안에 먹을 것이 없고, 먹을 것이 없으니까 아이들이 도둑질을 하게 되고, 그러다 아이들이 붙잡혀 오고, 그때에야 비로소 남편이 반성하면서 일을 하겠다고 하는 내용의 연극이라고 한다. 일종의 계몽극으로 우간다 사람들 대부분이 알고 있으며 평소에도 이러한 내용의 연극을 많이 한다고 한다.

▲연극 공연
▼춤 공연

보고 있자니 우리나라의 탈춤, 창극 등이 오버랩되었다. 시
공간과 맥락, 구체적인 방식이 달라도 사람들은 음악, 연
극, 춤 등을 통해 자신들의 슬픔과 고통을 풀어내 왔구나,
때론 풍자와 해학의 방식으로 웃어넘기며 그렇게 애써 균
형을 잡아 삶을 지탱해 왔구나 싶었다.

마지막 순서는 춤이었다. 춤은 음악이나 이야기와 분리되어 있지 않기 때문에 마법 같은 몸짓으로 말로 표현할 수 없는 것들을 담아낸다. 특히 춤은 아프리카 문화의 본질적인 부분으로, 문화적 정체성의 핵심이라고도 할 수 있다. 어쩌면 말이나 글로 표현하는 것이 여의치 않았던 그들에게 음악과 춤은 더욱 간절한 의사소통의 통로이지 않았을까. 우간다의 여러 민족 또한 부족별로 고유한 춤의 전통을 갖고 있다. 이 중 테소 민족의 춤은 아코고로 반주한다고 해서 아코고 춤이라고도 하며, 상대방을 유혹하는 몸짓이 주를 이루기에 구애춤이라고도 부른다고 한다. 구애춤답게 선생님들은 남녀가 짝을 이루어 한 쌍씩 차례대로 춤을 추는데, 남자 선생님들은 발을 구르거나 몸을 하늘로 향한 채 허리를 흔드는 등 다양한 방법으로 에너지를 과시하며 유혹의 몸짓으로 말을 건네었고, 여자 선생님들 또한 각자의 방식으로 마음껏 매력을 발산하며 그 몸짓들에 응수했다. 한 쌍씩 춤을 추는 동안, 또는 그 직후에 다른 선생님들은 '호로로로~', '히리리리~' 하는 특유의 추임새를 넣으며 흥을 돋웠다. 이 추임새는 쿠미대학교뿐 아니라 우간다 곳곳에서 들을 수 있었는데, 우리는 글자로는 정확하게 표현하기 어려운 우간다 특유의 그 소리를 따라 하곤 했고 우리끼리 있을 때도 때때로 그 소리를 흉내 내며 함께 웃곤 했다. 지금도 그 소리를 생각하면 우간다의 풍경이며 공기의 냄새, 웃음소리 등이 함께 떠오른다.

　테소 민족에게는 "씨앗을 자라게 하라(Let the seed grow)"는 뜻이 담긴 '에무리아 콜리아이(Emuria Koliai)'라는 철학이 전해져 왔다. 이 철학은 별풀(star grass)이 뿌리 줄기의 얽힘을 통해 영토를 차지해 가는 것과 같이 테소 민족의 영향력과 가치를 확장해 가는 토대가 된다고 한다. 아마도 테소 민족의 전통적인 음악과 춤, 연극은 그들의 정체성과 뿌리를 지키면서 서로를 북돋아 주도록 돕는 힘의 원천이지 않을까. 쿠미대학교 선생님들의 공연이 우리의 눈뿐만 아니라 몸과 마음을 사로잡은 것은 비록 짧은 공연이었지만, 그들의 음악과 춤과 몸짓 속에 오랜 세월 전승된 그 민족의 슬픔과 기쁨, 간절한 기도와 가벼운 일상 등이 역동적이고 생생한 모습으로 담겨 있기 때문인지도 모르겠다.

[한 걸음 더] 지속 가능한 농업만이 살길이다:
MOU다운 MOU를 꿈꾸며

소병철

우간다에 오기 직전 쿠미대학교 방문 계획이 잡혔을 때 내 맘속엔 하나의 막연한 기대가 생겼다. 그것은 사람의 존엄을 지키는 뜻있는 사람들의 사업에서 생초보인 내가 (대학 교수로서) 맡을 역할의 실마리를 그곳의 체험에서 찾을 수도 있겠다는 기대였다. '보편적 인간 존엄'을 떠들어 온 입만 산 서생으로서 이른바 '공적 개발 원조'(ODA)에 관한 글도 쓰고 강의도 해 봤지만, 차가운 머리로 만들어 낸 차가운 글과 말은 금세 잊혀 먼지만 쌓일 뿐 세상에 스며들지 않았다. 이제는 더운 가슴이 더운 배움을 얻으러 길을 나설 차례였다. 이것이 내가 우리 온음 선생님들을 따라 책상머리를 떠나 보기로 결심한 이유다. 그러나 나는 이번 한 번만 '옵서버'여야 했다. 이번의 배움을 바탕으로 독립적인 '일꾼'이 되려면 나는 내가 내 길 위에서 내 깜냥으로 할 일을 찾기 위해 방문지의 이런저런 생활상과 그 지역 사람들의 아픈 곳, 시린 곳을 꼼꼼히 주시하지 않으면 안 되었다.

이러한 각오로 쿠미에 온 나는 1월 12일 저녁, 홍세기 총
장이 베푼 조촐한 만찬 자리에서 그의 순수한 인류애가 묻
어나는 '의외의' 환영사를 듣고는 그가 있는 쿠미대학교와
내가 있는 순천대학교 사이에 이른바 '양해 각서'(MOU)의
형해화된 의미를 뛰어넘는 인도주의적 협력과 연대가 알
차게 오가는 미래를 꿈꾸듯 그려 보게 되었다. 그의 말이
의외라고 느낀 건 기독교 선교사인 그에게서 식전 기도 같
은 일상의 루틴 외엔 으레 그러려니 할 만한 그 어떤 편향
적 종교색도 찾아볼 수 없었기 때문이다. 그는 오직 아프리
카와 우간다의 불행했던 과거와 안타까운 현재와 꿈틀대
는 잠재력에 대해서만 잔잔하나 힘 있는 웅변을 들려줬다.
특히 그가 수많은 우간다 부족들의 습속(춤과 노래, 음식과 의
상, 언어와 풍물 등)이 다채롭게 전시되고 교류되는 쿠미대학
교의 '문화 축제'(Cultural Gala) 전통을 자랑삼아 소개할 때
에는 학생들의 '아프리카적' 자부심을 지키고 자양하려는
교육자의 진심이 느껴져 잠시간 마음이 찰랑했다. 그러한
자부심을 말살하는 '문명화'란 사실상 획일적인 '서구화'
를 분식하는 허언이요, 결국엔 고질화된 열등감의 근원이
되고 말 터였다.

이렇게 그날 밤 홍 총장은 조곤조곤 질문에 답하되, 과
시적인 좌장질은 안 하는 어질고 겸손한 인품을 우리 앞
에 그윽이 드러내고 있었다. 우리의 가이드요 매니저요 멘

토인 정붕진 목사님이 그의 절친인 건 하나도 이상하지 않았다. 솔직한 얘기로 그 두 사람의 말과 삶은 한국에서 흔히 보던 '신앙의 독신(瀆神)'을 준엄히 꾸짖는 불호령처럼 내게는 느껴졌다. 왜 우리 주변에는 예수를 약자의 친구가 아니라 권력의 방패로, 인류애의 전령이 아니라 근본주의의 수괴로, 인류의 스승이 아니라 천국행 브로커로 떠받드는 거짓된 복락의 상인들만 차고 넘칠까? 왜 그렇게 교회는 커지고 예수는 작아졌을까? 왜 이리도 십자가를 진 사람은 극소수고, 십자가에 올라탄 자들은 온 사방에 널렸을까? 만일 예수가 오늘을 사는 이삼십 대 청년이라면, 그는 무슬림을 크리스천으로 개조하고 법당에 불이나 놓는 데 온몸을 바칠까, 아니면 '국경 없는 의사회'나 '적십자회'의 튼실한 일꾼으로 맹활약을 펼칠까? 어느 쪽이 2000여 년 전 팔레스티나의 원본 예수 모습일까? 홍 총장과 정 목사, 이 두 분은 우리와 대화할 때 단 한 번도 하나님의 일꾼을 자처하며 으스대지 않았다. 대신에 하나님의 일꾼이면 마땅히 할 일을 바로 하고 있었을 뿐이다. 그런 그들의 천연스런 '유유상종'은 보기에 참 맑고도 높아서 (내 고향 사투리로) 솔찬히 부러운 생각만 자꾸 드는 것이었다.

홍 총장은 쿠미대에 교육학과, 경영학과, 사회과학과, IT학과, 농학과, 신학과 등 6개 학과가 있다고 소개했다. 학교 규모는 한국의 평균적인 종합 대학 수준에 비하면 턱없

▲쿠미대학교 방문 전야, 홍세기 총장과의 좌담
▼같은 곳을 바라보는 홍세기 총장과 정붕진 목사

이 작지만 1999년 종합 대학 승격 이후, 우간다는 물론 남수단, 부룬디, 르완다의 청년들도 찾아와 자립의 역량을 키우는 북동 지역 신흥 명문대로 성장했고 최근에는 교내 전 건물에 현대적인 컴퓨터 설비와 전산망을 완비하는 등 수업 기반 면에서 착실한 선진화와 내실화의 발걸음을 내디

더 왔다고도 말했다. 하지만 급여가 적어선지 박사 학위를 소지한 우수 전문 인력을 교수로 임용하기 어려운 애로점도 있는 것 같았다. 그런데 나로서는 쿠미대학교의 6개 전공 학과 중 독보적인 '우간다다움'을 개발할 여지가 제일 많아 보이는 농학과에 자꾸만 관심이 가는 것을 느꼈다. 이것은 아마도 내가 일하는 순천대가 원래는 일제 강점기 농업 학교를 모태로 해 발전한 지역 중심 국립대로서, 짧지 않은 역사에서 시종일관 '농업 분야 특성화 대학'의 정체성을 검질기게 지켜 온 탓이기도 할 것이다.

특성화 수준을 보자면 순천대는 지금 생명산업과학대에 농림, 축산, 원예 및 식품 관련 15개 전공 학과를 두고 있고, 사범대에 유관 학과로 환경교육과와 농업교육과를 두고 있다. 말하자면 다양한 식재료와 식품의 안전한 생산과 가공, 저장과 유통 등을 총망라한 교육 편제를 확보한 셈이다. 이것은 자랑이 아니라 잠재력과 책임에 관한 얘기다. 오늘날 한국의 거의 모든 대학에서 '농학'이 예컨대 '농생명과학'으로, '축산학'이 '동물자원과학'으로 둔갑한 데에는 어떤 한 '문명적' 시각, 즉 자연과 생활 세계의 모든 동식물을 마음껏 흡입하고 적출하고 털어먹을 노다지로 치부하는 산학 협동체의 음험한 속셈이 영향을 준 것으로 보인다. 그러한 사고방식이 지구와 인류의 지속 가능성을 담보할 수 없음은 물론이다. 우간다는 농업 부문에서 무한한 성장 잠재력을 지닌 나라란 말을 우리는 쿠미에 오기까지 여러 번 들어 둔 터였다. 그러나 유휴지를 경작지로 만들어 그 소출을 거두는 방법이 반드시 선진국의 공장식 영농법을 흉내내는 것일 필요는 없을 것이다. 이미 서구가 경험했듯 대규모 토건과 기계화, 다량의 농약과 화학 비료가 떠받치는 대량 생산 방식은 서서히 토양을 불모화하고, 하천을 더럽혀, 온 생명의 젖줄인 광범한 야생을 죽음으로 내몰고, 끝내는 '침묵의 봄'을 불러오는 자멸적 망거가 될 것이 틀림없다.

그렇다면 순천대와 쿠미대는 미래 세대에게 건강한 하늘땅을 물려줄 '지속 가능한 농업'을 함께 연구하고 실험하는 지성적 동반자가 되어도 좋지 않을까? 자본이 아니라 사람을 자양하는 농업, 사람을 먹어 치우지 않고 먹여 살리는 농업, 그것은 올곧게 꿈꾸는 지성만이 성취할 가장 값진 노력의 결실이 아닐까? 우간다인이면 누구라도 넓고 휑한 들판에 기계의 엔진음만 울려 대는 '자본의 농사'보단, 가난한 사람들을 들에 세워 작물처럼 그들의 희망도 자라게 할 '우리의 농사'를 훨씬 더 아끼고 사랑할 것이다. 순천대와 쿠미대가 그러한 농사의 철학과 기법을 숙의하고 안출할 학술 공동체를 함께 만들어 가동할 수 있다면 정말로 좋겠다. 그러면 순천대는 쿠미대에 농학 분야 박사 후 연구원과 방문 교수를 파견해 그들을 유연하고 전향적인 농업 기술 전문가로 키워 내게 될 것이며, 쿠미대도 순천대에 교환 학생과 방문 교수를 파견해 그들을 지속 가능한 농업의 유능한 감별사로 키워 내게 될 것이다. 그리고 이를 통해 발견된 모종의 지속 가능한 영농법이 마침내 우간다의 농촌에 새로운 번영의 모델로 안착되면, 이것은 한두 명의 엘리트가 아니라 마을 주민 모두에게 영예가 돌아가는 새로운 종류의 성공 신화가 될 것이다. 그것은 '개천에서 용 났다'는 이야기가 아니라 '개천이 맑은 물이 되었다'는 이야기일 테니까 말이다.

그런데 이런 꿈은 나 혼자 감히 꿔도 되는 꿈일까? 확신은 없지만 일단은 꿔 봐야 하겠다. 꾸지도 않은 것이 꿈일 리는 없으니까. 말만 요란한 교류 협정문에 두 기관 대표가 서명하고 카메라 앞에서 악수하면 잊히기 시작하는 불모의 MOU가 아니라, 공동의 사명과 어젠다에 책임 있게 헌신할 것을 진정으로 약속하는 MOU다운 MOU를 향해 걸어는 가 봐야 하겠다. 첫걸음을 떼야 하는 부담이야 오롯이 내 몫이겠지만, 걷다 보면 길동무도 생기고 잘한다는 성원도 들려올지 모른다. 물론 그딴 걸 뭐하러 하냐는 비아냥도 듣게 될지 모른다. 그러나 기득권과 돈에만 굴복하지 않으면 내 양심은 떳떳할 것이다. 지금의 내 양심은 '좋은 데' 취직 못 해 자괴하던 한국 청년이 우간다의 망고 농장에서 일하며 자존을 되찾는 상상으로 감미로운 설렘을 느낀다.

자괴감이 자존감으로 바뀌는 이 상상의 기적은 내 일에서 '가격'이 아니라 '가치'를 얻겠다는 청년의 도덕적 용기에 기인한 것이다. 내 양심은 또한 북미나 유럽의 '문명적' 안락을 동경하던 교수가, 우간다의 황톳길 흙먼지 속에서 지난날의 권태를 반성하는 상상으로도 뭉클한 설렘을 느낀다. 이 또한 '가격'과 '가치'의 위계가 역전되는 기적이 아닐까?

사람의 존엄을 지키는 것보다 더 가치로운 일은 세상에 없을 것이다. 우리가 우간다에서 한 일도 그 귀한 사람을 위하는 일이었다. 그 일이 어디에서 얼마만큼 성공했건 실패했건, 우리가 잊지 않고 서로에게 일깨워야 할 것은 사람이 사람답게 살도록 돕고 또 스스로도 사람다워지려고 우리가 그 일을 했으며 그 일은 끝나려면 아직도 멀었다는 사실이다. 그래서 함께했던 10여 일이 우리 생의 이색적인 막간에 그치지 않도록 우리들 모두는 원래의 삶터로 돌아가 그때의 다짐들을 각자의 일상 속에 깜냥껏 녹여 내야 할 것이다. 이제 나도 귀환한 내 삶에서 조심스런 첫발을 떼야 한다. 엉뚱한 비유인지 몰라도 소로티에서, 쿠미에서, 캄팔라에서 나를 매혹한 우리 온음 선생님들의 열띤 표정과 몸짓과 발걸음은 순천만 개흙에 우글대는 짱뚱어들의 소리 없는 아우성을 닮았다. 그것은 마치 연극이나 콘서트 무대의 페이드인(fade-in) 같아서 눈 밝고 귀 밝은 사람들은 멀리에 있다가도 그것을 점점 더 또렷이 보고 듣고 다가와 마침내 그 외침에 진정 어린 공명을 표하게 될 것이다. 그러니 나 또한 짱뚱어처럼 꿈틀거려 봐야겠다. 내 몸이, 내 넋이 살아 있는 티를 내게 해야겠다. 연구실에서도, 강의실에서도, 내가 걷는 모든 길에서도. 고독한 산책자가 될망정 걸으면 길이 될 흙바닥이 내 눈앞에 있는 한 그 위로 의젓한 첫걸음을 내디뎌는 봐야겠다.

다양해서 더 아름다운 땅

홍세기 (쿠미대학교 총장)

* Cultural Gala

2022년 11월 우리 쿠미대학교에서는 학생들이 자기 부족의 문화를 다른 사람들에게 알리는 Cultural Gala라는 행사를 주최했다. 학교에서는 각 부족들에게 천막을 하나씩 주며 20여 개의 천막으로 큰 원을 만들었다. 학생들은 각각의 천막에 부족 나름의 전통 음식과 생활 도구들을 전시하고 부족민들은 고유의 의상을 차려입었다. 찾아오는 손

님들에게 음식을 맛보게 하고, 부족어 한두 가지를 가르쳤다. 'Sukuran, Yalama, Apoyo…' 그리고 순서에 따라 부족의 춤과 노래, 연극을 마당 한가운데서 발표했다. 이 한바탕 마당놀이는 그날 해가 진 이후까지 계속됐다.

* 부족마다의 고유 언어와 문화

아프리카에는 셀 수도 없는 많은 부족이 있고 각각의 부족은 모두 고유의 언어와 문화를 가지고 있다. 문화를 이야기할 때 가장 중요한 요소는 언어이다. 그래서 사람들은 사용하는 언어를 기준으로 동족을 구분한다. 우간다에 40여 개의 언어가 있다는 것은 40여 개의 문화를 가진 다양한 부족이 있다는 뜻이다. 각각의 부족들은 모두 나름의 역사와 전통을 자신들의 언어로 노래하며 춤으로 표현한다. 몹시 가난했던 과거를 가진 부족은 열심히 일하자는 뮤지컬로 사람들을 계몽하고, 분쟁에 시달린 부족은 '전사들이여 싸우자'는 춤을 춘다. 우리 테소 부족은 'Ejokaorida, Ikon Ikoku Eauni Emali Ore'라는 노래를 부르며 몸을 흔든다. 아이들이 크면 그들이 부모를 돕는 전통이 있기 때문에 '아기를 낳으면 복이 온다'는 뜻의 이 노래가 자주 불리고, 그래서인지 실제로 아기를 많이 낳기도 한다.

언어와 함께 부족성을 가름하는 중요한 요소는 음식과

의복, 그리고 주거 형태이다. 차이는 지역마다 다른 생태환
경에서 온다. 바나나가 많이 나는 곳, 쌀이 많이 생산되는
곳, 우리 지역처럼 건조해서 옥수수와 수수류의 작물이 많
이 생산되는 곳이 있고, 이에 따라 주요 음식이 다르다. 고
유 의복 역시 지역에서 생산되는 것들을 소재로 하기 때문
에 각기 다르다. 현대로 접어들어서는 국외에서 유입된 비
슷한 옷가지를 입고 생활하지만 고유 의상을 입어야 할 경
우 이들의 의상은 매우 다양한 패션을 선보인다. 동물의 가
죽을 걸쳐 입은 사람들, 섬유질 식물을 엮어서 둘러 입은
사람들, 그냥 중요 부위만 대충 가려 입고 나타나는 사람
들 등 각양각색의 패션을 볼 수 있다. 주거 형태 역시 그렇
다. 집을 짓는 소재와 형태는 가족을 어떻게 구성하는지에
따라서도 다르고 이들의 삶의 방식에 따라서도 다르다. 아
프리카는 과거 유목 수렵 시대에 만들었던 주거 형태가 남

아 있는데 이는 쉽게 짓고 쉽게 해체하는 토담집 형태이다. 우리가 살고 있는 테소 지역은 일부다처제 문화가 있어서 하나의 집터에 각각의 부인이 스스로의 집을 짓고 그곳에서 자기가 낳은 아이들을 키우는 형태의 주거 공간을 만든다. 이런 문화의 차이는 '다름'으로 해석해야 한다. 편리성이나 속도, 재화의 양을 기준으로 발달이 덜 되었다느니 뭐가 부족하다느니 하는 평가 잣대를 붙이는 것 자체가 오류다. 다양성은 하나님의 창조 세계에서 아름다움을 규정하는 중요한 요소이다. 부족마다 미를 규정하는 기준, 가치롭게 여기는 것이 다른 것은 창조 섭리와 잘 어울린다.

* 부족사회와 국가의 다른 점

부족사회는 상호 평등의 성격이 강하다. 부족을 구성하는 가족들과 여러 친족들은 기본적으로 혈연 공동체다. 부족 사람들은 서로에 대한 친밀감으로 살아가며 서로의 안위를 위해 노력한다. 하나의 혈통, 하나의 언어를 공유하는 사회가 가지는 강점이다. 힘이 지배하는 사회가 아니라 상부상조의 공동체이며 고유의 동질 언어문화 집단이다.

왕을 중심으로 만들어진 국가는 기본적으로 힘과 권력이 작동한다. 힘과 부, 그리고 권력이 일부 사람들에게 집중되며 그에 따라 계층이 나뉜다. 국가는 안위를 이유로 국민들에게 애국의 정신을 강조하며 충성을 요구한다. 국제 관계에서 제 역할을 해야 하거나 이권과 관계된 어떤 힘을 사용해야 할 때가 있으니 당연한 일이다. 성경 사무엘상에서 이스라엘 사람들이 왕을 요구할 때 하나님이 불편해하신 것도 국가가 가지는 어쩔 수 없는 권력 남용의 생태를 아셨기 때문이다. 성경이 말하는 '의, 평강, 희락' 같은 '하나님 나라'의 속성은 국가보다는 부족사회와 어울린다.

* 부족문화와 자존감

교육을 받는 학생들에게 반드시 필요한 것은 자존감이다. 자존감이 낮은 사람들을 교육하는 것은 어렵다. 이런 사람들은 공부하는 동기도 분명하지 않고 열심히 하지도 않는다. 반면에 스스로를 존중하는 마음이 있는 사람들을 가르치거나 같이 일하는 것은 즐거운 일이다. 이들의 자존감을 부추기며 공부하고 일하면 묘한 재미가 솟는다.

그래서 근대 역사에서 아프리카를 변방으로 보는 역사가들의 시각에 반하여 나는 부지런히 이들의 역사와 문화를 배우며 교육의 지렛대를 어디에 세워 움직이게 해야 하는지 탐구하고 있다. 그래서 찾아낸 그 첫 번째 방법은 과거 아프리카의 역사로 현재를 해석하고 미래를 희망적으로 예측하는 것이다. 두 번째는 이들이 가진 고유 부족 문

화를 격려하는 것이다. 첫 번째 시도 영역은 말과 설득이
필요했으나 두 번째 부족 문화의 자긍심 세우기는 별 노력
이 들지 않았다. 이미 거기 있는 것이기 때문이다. 수업 시
간에 각자의 언어로 기도하게 하거나(우간다에서 기도는 아무
때나 한다) Cultural Gala라는 날을 하루 정하고 각 부족 별로
천막을 하나씩 배정한 후 그곳에 부족의 고유 의식주, 춤과
노래와 연극을 펼쳐 보도록 자리를 마련하기만 하면 충분

했다. 학생들은 이 행사를 매우 열심히 준비했다. 부족끼리 학교 이곳저곳에 모여서 춤과 노래 연습을 했다. 결과적으로 나는 우리 학생들의 가장 행복한 표정을 보았다. 이것은 그들의 자존감의 발로였다.

* 나의 시행착오

사실 이 Cultural Gala 행사는 코로나 봉쇄 이전에 한 번의 시행착오가 있었다. 더 열심히 해보자는 의미에서 이 행사를 경쟁 구도로 진행했다. 외부에서 심사위원도 모셨고 당시 참여한 다섯 개의 부족들은 대단히 열심히 준비했다. 그런데 당황스런 일이 생겼다. 발표회 후, 2등으로 선정된 '아촐리 부족'이 시상을 거부했다. 왜 우리 부족이 2등이냐는 것이 이들의 거부 이유였다. 전사의 후예들이 시상을 거부한 후 망고나무 아래서 씩씩거리며 웅성대는 것을 보며 내가 실수했다는 것을 알게 되었다. 나는 얼른 다시 부족 대표들을 불러 모두에게 1등 상금을 주었다. '내가 심사위원이라면 이렇게 심사하지 않았다'는 말로 둘러댔고 모두 1등이라는 말로 겨우 위기를 모면했다. 수습은 했지만 부족의 자존심을 건드리는 치명적인 실수를 저지른 것이다.

지난해 대회는 '전시회'의 성격으로 행사를 치렀다. 구

성원의 수가 적은 부족도 참여하게 하자는 제안에 따라
20여 개 부족이 행사에 참석했다. 짝짓기 춤을 추는 Teso,
농사를 열심히 짓자는 Sebei, 껑충껑충 뛰면서 자신들의
큰 키를 자랑하는 Dinga, 최후의 전사답게 전쟁놀이를 하
는 Acholi와 Lango 등등. 우리 한국 부족들도 사물놀이와
태권도 돌려차기 격파 시범 공연을 했고, 나와 아내는 연극
무대에서 쓰는 조선시대 왕족의 화려한 옷을 입고 행진도
했다. 모든 족속을 한 혈통으로 만드심(행 17:26)을 생각할
때, 우리는 서로 다른 다양한 존재이면서도 하나됨을 느끼
며 묘한 행복감을 가질 수 있었다.

* 부족 자긍심을 위하여…

우간다 애국가는 1절만 부르고 부족 노래는 꼬박 4절까

지 열심히 부르는 이들에게 나는 대학생인 여러분이 부족 문화와 언어를 보존하고 발전시킬 책임이 있다고 열심히 강조한다. 이 험악한 힘겨루기 세상에서 부족들이 가지고 있는 공동체 의식과 평등, 그리고 이들의 자존감에서 시작되는 생동감은 어려움을 이기는 기본이 되리라 믿기 때문이다. 그리고 가능하면 자본주의, 개인주의 사회로 돌변하고 있는 현 상황에서, 이들만은 그 부족 중심의 인간적인 공동체적 생활 양식을 유지하기를 바란다. 그 어떤 지배자들에 의해 훼손된 이들의 자존감이 서서히 되살아나 춤추는 모양 그대로 세상을 주름잡고 뛰어다니는 모습을 보게 될 날도 오리라 믿는다. 올해 나는 학교 안에 동아프리카 각 부족의 전통 기물들을 전시하는 박물관을 만들고 싶다. 각 부

족의 전통을 전시하고 춤추며 노래하는 영상물들까지 사람들이 경험할 수 있도록 구비해 놓으면 좋을 것 같다.

인류학자들이 공통적으로 아프리카를 인류의 근원지로 지목하고 있다. 커피만 아프리카가 기원이 아니라 재즈나 랩 같은 여러 음악의 장르들 또한 아프리카가 원산지이며, 초기 기독교의 융성도 이곳 아프리카에서 시작되었다. 요즘 세계적으로 각광을 받고 있는 K-문화처럼 이들의 아름다운 언어와 인간미, 부족 문화가 세계인에게 영향을 주지 못할 이유가 어디 있겠는가?

Cultural Gala 행사가 끝나고 몇몇 학생들이 내게 글을 보내왔다.

'우리 부족 문화를 존중해 주셔서 감사합니다.' '우리 부족 자긍심을 높여 주셨습니다.' '보통의 학교에서 소수 부족은 조용히 지내야 하는데 저희를 존중해 주셔서 감사합니다.' '많은 부족들이 모여 있는 우리 학교 고유의 특별한 행사였습니다.'

학교 밖의 우간다

우리가 만난 사람들

나일강에서 만난 25살의 스승

이혜영

이집트 문명의 원천으로 알려진 나일강은 아프리카 동북부를 흐르는 세계에서 가장 긴 강이다. 나일강의 물줄기가 시작되는 곳은 두 곳인데, 하나는 에티오피아의 고원이고, 또 하나는 케냐, 탄자니아, 우간다 세 나라가 국경을 맞대고 있는 아프리카에서 제일 큰 호수 '빅토리아호'이다. 에티오피아의 고원에서 시작한 물줄기를 청나일(Blue Nile), 빅토리아호에서 시작한 물줄기를 백나일(White Nile)이라 부른다. 청나일은 우기에 수위가 너무 높아져 물이 짙은 청색에 가깝게 보인다고 해서 청나일이며 백나일은 물의 색이 회백색이라 백나일이라 이름이 붙여졌다고 한다.

백나일이 이집트로 향하는 약 6,700km의 긴 여정을 시작하는 지점인 나일강의 수원(Source of Nile)이 바로 우간다의 관광 도시 진자(Jinja)에 있다. 나일강의 수원은 빅토리아 호수와 백나일이 만나는 지점이다. 빅토리아 호수로부터 유입되는 물 때문인지 이곳은 유속이 빠른 편이다. 덕분에 악어가 살지 못해 카약, 제트보트, 래프팅 등의 수상 레포츠를 비롯한 다양한 관광 산업이 발달되어 진자는 수도인 캄팔라 다음으로 상업이 발전한 도시로 평가된다.

우리는 여러 수상 레포츠 중 나일강 래프팅을 체험하기로 했다. 시작하기 전에 미리 코스를 선택해야 했는데, 2~3시간 동안 11km를 타는 반일 코스와 4~5시간 동안 19km를 타는 종일 코스가 있었다. 두 코스는 통과해야 하는 급류의 개수도 달랐다. 반일 코스는 4개의 급류를, 종일 코스는 8개의 급류를 통과해야 한다. 우리는 종일 코스를 선택했다.

이곳의 직원들은 대부분 10대에서 20대의 청년들이다. 나중에 물어보니 진자의 관광 산업이 이 동네나 옆 동네 등 지역 청년들의 일자리를 창출하고 있었다. 여기에서 일하는 청년들은 대가족의 생계를 책임져야 하는 가장의 무게를 짊어지고 출근하겠구나 생각하니 대견해 보였다.

청년들은 자기들끼리 장난도 치고 웃고 떠드는 딱 10대 소년 같은 모습이었지만 우리에게는 수줍어하며 다가오지 않았다. 유일하게 먼저 말을 건 두 청년이 있었는데, 존과 샘이었다. 샘은 딱 봐도 성격 좋은 순박한 시골 청년 같았으며 존은 다른 직원들보다 영어도 유창했고 우리를 대하는 태도도 자신감과 여유가 넘치는 게 청년회장 같은 포스를 풍겼다. 장비를 갖추고 래프팅을 할 나루터까지 트럭을

▲출발 전 장비를 갖추고 직원들과 함께
▼아프리칸 마사지를 선사한 트럭

타고 10여 분을 이동하는데, 길이 포장되어 있지 않아 차가
계속 흔들리자 존은 "이게 바로 아프리칸 마사지야!"라며
너스레를 떨었다.

　선착장에 도착하면 각 보트마다 팀 리더가 배정된다. 나
는 사교적인 두 친구, 샘이나 존이 우리 보트를 맡아주기
를 바랐다. 내 바람대로 존이 우리 보트에 탑승했다. 나는

기쁜 마음에 존에게 반갑게 말을 건넸다. 그런데 보트에 탄 존은 아까와는 완전히 다른 사람이었다. 여유롭게 농담을 건네던 장난꾸러기 존은 사라지고, 군대 조교 같은 엄격하고 진지한 존이 타 있던 것이다. 그는 앞으로 가기, 뒤로 가기, 방향 바꾸기 등을 몇 번 연습시키더니 우리 보트를 제일 먼저 출발시켰다. 승부욕이 넘치는 존은 우리 배가 다른 배보다 뒤처지는 꼴을 못 봤다. 그래서 우리는 남들보다 더 열심히 노를 저어야 했다. 다른 배들은 화기애애한 분위기로 이야기도 나누며 노도 슬렁슬렁 젓는 것 같은데, 우리는 훈련병들처럼 구호에 맞춰 쉴 새 없이 노를 젓고 있었다. 저 멀리 여전히 순박하게 웃고 있는 샘의 보트가 부러워졌다.

존의 지시에 따라 정신없이 노를 젓다 보니 어느새 콸콸 콸 하는 물소리가 들려오기 시작했다. 첫 번째 급류 가까이에 온 것이다. 존은 우리의 자리를 꼼꼼하게 조정하며 배의 균형을 맞췄다. 그리고 급류를 통과하는 방법을 알려주었는데, 급류에 들어갔을 때 리더가 'Get down'이라고 크게 외치면, 팀원들은 패들을 보트 옆에 바짝 붙인 채 보트 가장자리의 줄을 붙잡고 잽싸게 몸을 숙이는 것이다. 그래야 빠지지 않는다고 했다.

존과 함께 'Get down' 하는 방법을 서너 차례 연습한 뒤, 우리 보트는 역시나 1등으로 출발했다. 코너를 도는 순간,

방금 전까지 넓고 잔잔했던 나일강이 갑자기 무엇이든 다 삼켜버릴 만큼 소용돌이치는 급류로 돌변했다. 갈까 말까 망설일 틈도 없이 우리 보트는 급류로 빨려 들어갔고, 존은 바로 "GET DOWN!"을 외쳤다. 우리는 연습한 대로 얼른 몸을 숙이고 보트의 줄을 꽉 붙잡았다. 곧이어 보트가 어딘가에 부딪히며 붕 뜨는 게 느껴졌고, 정신을 차리고 눈을 떠보니 나는 물속에 있었다.

이미 물을 몇 차례 들이마셨는지 호흡이 불안정한 채로 버둥거리던 나는, 위쪽에서 내려오는 빛줄기를 따라 힘껏 나아갔다. 수면 위로 얼굴을 내밀고 크게 숨을 들이마시려는 순간 하얗고 거센 물살이 다시 나를 덮쳤다. 물만 한 사발 들이켜고 다시 물속으로 가라앉았다. 숨이 점점 차오르자, '나일강에서 이렇게 죽는 건가'하는 절망적인 생각마저 들었다. 아수라장 같은 물 위와는 반대로 물속은 고요하고 평화로웠다. 백나일이라는 이름처럼 강물은 하얗고 투명했고, 그 위로는 햇살이 쏟아지고 있었다. 나는 눈을 감고 천천히 숨을 골랐다. 그 사이 몸이 서서히 떠올랐고 누군가 나를 낚아채는 느낌이 들어 눈을 번쩍 뜨자 파란 하늘과 함께 나를 구조하러 온 청년의 까만 얼굴이 보였다.

'살았구나!'

첫 번째 급류에서 물에 빠지고 나니 앞으로 남은 7개의 급류에 대한 두려움이 가득 찼다. 나는 뒤에 있는 존을 수시로 돌아보며 다음 급류는 얼마나 강한지, 우리가 통과할 수 있을지 등을 연신 물어보았다. 존은 몇 번은 웃으면서 대답해 주더니, 내가 계속 뒤돌아보며 보채자 "Lady!" 라고 하더니 단호한 어투로 긴 이야기를 이어 나갔다. 매일매일 이 곳에서 보트를 타는 존도 급류를 통과할 때에는 늘 긴장한다고 했다. 하지만 강에서는 아무것도 하지 않으면 뒤로 갈 뿐이니, 앞으로 나아가기 위해서는 노를 저어야 한단다. 자기도 그냥 가만히 여기서 풍경이나 바라보고 있으면 편하겠지만 그러면 집에는 언제 가냐며 빨리 여기를 통과하고 싶다면 노를 더 열심히 저으라고 했다. 그리고 급류에 빠지지 않는 비법을 알려주었는데, 급류에서 가만히 손 놓고 있으면 보트는 물살에 휩쓸려 버리지만, 다 같이 빠르게 노를 저으면 배가 급류를 통과해 버린다는 것이다.

두려움에 회피하고만 싶었던 나는 오히려 급류를 향해 최고 속력으로 돌진해서 빠르게 통과해버리자는 존의 말에 정신이 번쩍 들었다. 이미 급류는 코앞으로 다가왔는데 여기서 아무것도 안 하고 있으면 우리 보트는 또 뒤집어질 것이니, 지금 내가 할 수 있는 것은 최대한 빨리 노를 젓는 것뿐이었다. 존은 "Go fast!"를 외쳤고 우리는 모두 있는 힘껏 노를 저었다. 배가 심하게 휘청거리고 사방에 물이 튀며 우리 얼굴로 물이 한 바가지씩 쏟아져도 계속 노를 저었다. 그러자 우리 배가 어느 순간 급류를 타는 것이 느껴졌다. 급류에 빨려 들어가는 것이 아니라, 급류를 타고 붕 뜨면서 그 위를 지나가는 느낌이었다. 존이 'Get down'을 외쳤고 몸을 납작 숙였는데 순간 우리가 급류를 타고 날아가는 듯한 느낌이 들었다. 찰나의 순간에 쾌감이 느껴졌다. 대단할 것처럼 보였던 녀석을 우리 6명이 힘을 합쳐 물리친 것이다. 우리 배가 통과하자 주변에서 대기하고 있는 구조팀들도 일제히 환호하며 축하해 주었다.

존과 함께 우리는 남은 7개의 급류도 모두 잘 통과했다. 나중에 조금 낮은 난이도의 급류가 나오면 'Get down'을 하지 않고 통과하기도 하며 이번 건 별거 아니었다고 허세를 부리기도 했다. 작은 성공을 경험하는 것이 얼마나 중요한지 새삼 깨닫는다. 그 경험으로 인해 얻어진 자신감이 또 다른 도전을 이끌어내고, 그런 반복의 과정 속에서 우리는 인생의 큰 위기나 시련도 이겨낼 수 있는 큰 힘을 키우게 될 테니 말이다.

래프팅을 하는 4시간 동안 존은 나의 스승님이었다. 나일강에서는 회피라는 선택지가 없음을 알려주었고, 어떻게든 부딪혀서 나아가야 하며 어떻게 해야 하는지 차근차근 방법을 알려주었다. 나중에 우리가 급류를 통과하는 영상을 보았는데, 전사처럼 힘 있게 노를 젓고 있었다는 나

의 왜곡된 기억과는 다르게 우리는 물 위만 찰방거리는 빈약한 노질을 하고 있었다. 그럼 우리가 도대체 어떻게 남은 7개의 급류를 다 통과했을까 하고 자세히 살펴보니 우리 뒤에서 혼신의 힘을 다해 노를 젓고 있는 진정한 전사, 존이 있었다. 존이 있었기에 우리에게 나일강은 두려움이 아닌 성취감으로 기억될 수 있었다. 오늘도 어김없이 나일강에서 노를 젓고 있을 존을 비롯한 진자의 청년들, 모두 건강하기를!

깨어있는 청년들: 진자의 안내원 하킴

최미설

우간다에서의 2주 동안 우리는 네 곳의 학교를 방문하며 새벽부터 저녁까지 일정을 소화하고 그곳의 아이들, 선생님들과 교류하는 시간을 보냈다. 하지만 주말은 학교도 쉬고 우리도 쉬는 날! 그래서 정붕진 목사님이 안내해 주는 코스를 따라 우간다의 곳곳을 다녀볼 수 있었다. 우간다의 자연을 생생하게 느낄 수 있었던 모든 날들이 경이로웠지만 길을 다니며 만난 우간다의 사람들, 그리고 그들이 해준 이야기는 겉으로만 보았다면 알 수 없었을 우간다 내면의 모습까지 알게 해준 것 같다. 그중 나는 진자(Jinja)의 안내원 하킴과의 만남에 대한 이야기를 꺼내보고자 한다.

우간다에 처음 도착해서 수도 캄팔라에 진입할 때 가장 눈에 띈 간판이 있다. 바로 'NILE', 나일 맥주 광고였는데 우간다에 오기 전까지는 나일강 하면 이집트만 떠올렸던 나는 나일강의 시작이 우간다라는 사실에 첫 번째로 놀랐고 나일 맥주가 정말 시원하고 맛있어서 두 번째로 놀랐다. 우리는 처음 머물렀던 우간다의 수도 캄팔라에서 나일강의 발원지가 있는 진자로 향했다. 진자에 도착하니 도시 같았던 캄팔라의 모습과 사뭇 다른 풍경이 펼쳐졌다. 포장되지 않은 도로 위에 '보다보다'(우간다의 주 교통수단인 오토바이)가 달리면 붉은 흙먼지가 훅 일어나고, 그 위를 닭과 염소가 자유롭게 돌아다닌다. 마을 사람들은 문밖에 앉아 친구들과 이야기를 나누거나 각자의 일을 하고, 아이들은 강가에 삼삼오오 모여 방망이를 두둥둥 두들기며 빨래를 한다. 젊은 청년들은 동양인인 우리가 신기한지 나를 붙잡고 이런저런 말을 건네기도 했다.

선착장에 도착하니 나룻배 크기의 배가 정박해 있는 것이 보였고, 배에 타자마자 키가 큰 아프리카 청년 한 명이 우리를 향해 호쾌하게 인사를 건넸다. 바로 하킴이었다. 하킴은 우리와 함께 배에 올라타 가이드를 해주었는데, 원래 직업은 저널리스트이며 우간다에서 매우 드물게 대학 공부까지 마친 재원이라고 했다. 그래서 그런지 하킴의 설명은 나일강의 수원부터 빅토리아호, 아프리카 대륙의 역사, 우간다의 미래까지 넓고도 깊게 이어졌는데 매우 흥미롭고도 공감되는 부분이 많아 더더욱 기억에 남았던 것 같다.

하킴은 이곳 진자에서 백나일(White Nile)이 형성되며, 여기가 빅토리아호의 유일한 유출구라고 설명해 주었다. 빅토리아호는 세계에서 세 번째로 큰 호수이자 아프리카에서 가장 큰 호수이다. 1858년 영국의 탐험가 스피크가 이 호수를 발견하면서 여왕의 이름을 붙인 것이 이름의 유래가 되었다. 이름에서부터 아프리카 대륙의 아픈 역사가 느껴졌다. 배를 타는 동안 우리가 마주한 정말 다양한 생물들이 있었는데, 그중 가장 많이 보였던 생물은 부레옥잠이었다. 부레옥잠이 정말, 정말, 정말, 너무나 많았다. 하킴에게 물어보니 빅토리아호는 원래 생물의 다양성을 자랑했지만 현재는 오염과 외래종으로 인해 개체 수가 굉장히 감소했다고 한다. 정확한 이유는 모르나 부레옥잠은 토종이 아닌 외래종으로 들어왔다가 빅토리아호에 정착한 생물이라고 알려주었다. 이 부레옥잠은 빅토리아호에 도움이 되는 점도 있으나, 해가 되는 점도 많아서 여러 가지의 부레옥잠 퇴치 전략을 펼친 결과 현재는 줄어든 것이라고도 덧붙였다. 그 외에도 빅토리아호는 수많은 환경 이슈와 관련되어 있다고 한다. 그러고 보니 강물이 조금 탁한 것 같기도 했다.(이런, 래프팅할 때 1L는 마신 것 같은데…) 그럼에도 불구하고 양옆으로 펼쳐지는 자연의 경이를 감상하며 끊임없이 감탄사를 연발하다 보니 나일강의 수원지(Source of the River Nile)라 불리는 곳에 도착했다. 하킴의 설명에 의하면 이곳에서 많은 양의 물이 솟아나서 나일강으로 흐른다고 했는데, 강 표면을 자세히 살펴보니 보글보글 소리가 나면서 물이 솟아오르는 게 보이는 것이다! 마치 온천에서 물이 올라오는 것처럼 정말 보글보글 방울이 터지며 물이 솟구치고 있었다. 나중에 알아보니 이 물들은 빅토리아 호수에서 흘러나오는 것이었다. 이곳에 내려 잠시 사진도 찍고 시원한 음료도 마신 뒤, 우리는 다시 배에 올라 하킴과의 이야기를 이어갔다.

빅토리아호의 이름에서부터 느껴지는 슬프고도 동질감이 느껴지는 아프리카 우간다의 역사···. 유럽인들이 아프리카 대륙을 정복하면서 아프리카의 원주민, 다양한 부족들을 무시한 채 인위적인 직선의 국경선을 그어 네 땅과 내 땅으로 경계 지은 것은 익히 알고 있던 사실이었다. 이 때문에 한 나라에 여러 부족이 갈라진 채로 살고 있으며, 왕이 존재하는 부족들의 경우 한 나라에 여러 왕이 존재하기도 하고 대통령도 존재하는 기형적인 구조가 형성되었다. 우간다에서도 주류 부족인 테소 부족 외에 다른 부족들이 함께 살고 있고, 왕족의 경우 권력을 가지고 있지는 않지만 왕족으로 인정받으며 살고 있다고 한다. 그런데 이런 구조이다 보니 부족 간 갈등이 빈번하고, 심한 나라는 내전이 끊이지 않게 되는 등 나라의 발전을 굉장히 저해하는 요인이 되어버리는 것이다.

사실 이곳에 와서 우간다는 굉장히 발전 가능성이 높은 나라라고 느꼈다. 따뜻한 기후와 풍부한 자원을 가진 것은 물론이고, 출산율이 높아 청소년 및 청년들이 국민의 50%

▲진자의 거리
▼나일강의 수원

이상을 차지하는 활기가 넘치는 곳이 우간다였다. 새벽 5시부터 시작되는 우간다의 아침과 거리를 지나다니는 수많은 젊은이들의 모습을 보면 정말 역동적이라는 생각이 드는 것이다. 또 교육열은 얼마나 높은지! 아이와 어른 할 것 없이 배움 자체에 즐거움을 느끼고 목말라하는 그들을 보면 밝은 미래가 보였다.

그러나 하킴에게 들은 바로는 우간다의 현 상황이 그렇게 밝지만은 않았다. 현 대통령은 오랫동안 집권하면서 중앙집권적인 정치를 하고 있는데, 추진력도 좋고 잘하고 있는 점도 많지만 고위 관료들의 부정부패가 만연하고, 지식과 정보 측면에서 국민을 통제하는 상황이라는 것이다. 실제로 인스타그램 등 국제적으로 사용되는 SNS가 우간다에서는 막혀있거나 유튜브 또한 선택적으로만 볼 수 있는 것 같았다. 한 예로 내가 우간다에 다녀와서 유튜브에 올린 우간다 브이로그 콘텐츠도 우간다에서는 막혀서 볼 수 없다고 했다. 깨어있는 소수의 젊은이들이 사회운동을 하면 폭력적으로 진압하려고 한다는 이야기까지 들었을 땐 우간다의 역사(식민 지배를 하고 아직까지도 그 영향을 미치고 있는 유럽 국가, 그리고 우간다 현 정부의 모습이)가 여러모로 우리의 역사와 비슷한 점이 많다는 생각이 들어 경청하던 우리 일행 모두가 입을 모아 분노를 표출했던 것 같다.

그럼 우간다가 가난에서, 그리고 억압에서 벗어나 자유로워지려면 어떻게 해야 할까? 하킴이 이야기한 우간다의 교육은 정말로 똑똑한 소수의 엘리트를 선별하여 장학금을 주고 대학을 갈 수 있도록 지원해 주는 형태라고 했다. 그래서 초등학교 졸업 시험이 굉장히 중요하고, 아이들도 졸업 시험에 매진하기 위해 초등학생 때부터 굉장히 공부를 열심히 한다는 것이다. 하킴은 깨어있는 젊은이 그룹이 더 많아져야 한다고 주장했고 이를 위해서는 교육과 교류가 해답이라고 이야기하며 우리와의 교류도 이어가고 싶다는 의지를 보였다.

아프리카는 가난한 대륙, 빼앗긴 대륙이라고만 알고 있었던 때 현생인류가 발생한 최초의 대륙이 아프리카라는 연구 결과를 보고 충격을 받았던 기억이 있다. 하지만 내가 직접 본 아프리카는 그럴 만한 곳이었고, 앞서 말한 여러 가지 이유로 빛나는 미래를 충분히 꾀할 수 있을 것 같다. 우간다에서 한국으로 돌아온 현재 하킴과는 메일로 이야기를 주고받고 있다. 젊은 청년 지식인 하킴을 비롯해 우간다의 미래를 위해 고군분투하는 우간다 친구들을 마음 깊이 응원한다.

하킴

리코더의 분홍빛 꿈

이혜영

우간다 학교에서의 프로그램을 기획할 때 모든 학교에서의 마지막 일정은 공연이었다. 어떤 공연을 해야 할까 고민하다가 한국적인 리듬과 음색을 느낄 수 있도록 사물놀이와 해금 독주를 준비했고, 악기 없이 목소리로만 화음을 만드는 아카펠라, 그리고 한국 학생들이 사용하는 교실 악기를 활용한 합주곡을 준비했다. 교실 악기 합주에는 리코더, 멜로디언, 실로폰, 탬버린, 캐스터네츠, 트라이앵글이 선정했는데, 말하자면 우간다 교사와 학생들의 마음을 사로잡을 교실 악기 대표팀을 꾸린 것이다.

리코더 합주곡도 두 곡 준비했다. 리코더 합주곡의 편곡은 내가 맡았는데, 피아노나 전자 키보드가 없을 수도 있는 현지 상황을 고려하여 피아노 반주 없이 리코더만으로 연주할 수 있도록 편곡했으며 우간다 사람들이 잘 아는 곡을 연주하고 싶어서 우간다 국가를 선택했다. 리코더는 소프라니노, 소프라노, 알토, 테너, 베이스, 콘트라베이스 등 음역에 따라 다양한 종류가 있지만 테너나 베이스 리코더는 부피가 크기 때문에 가져가기가 번거로워 소프라니노 1대와 소프라노 5대, 그리고 알토 리코더 2대만 사용하기로 했다. 리코더 합주에서 내가 가장 우려했던 부분은 음량이었다. 리코더는 음량이 크지 않은 실내 연주용 악기이기 때문에 현지 공연장의 크기나 음향 기기, 관객 수 등 모든 게 불확실한 상황에서 8대의 리코더로 효과적인 연주가 가능할지가 미지수였다.

우리에게는 초등학생 때 불었던 악기로 친숙한 리코더는 사실 그 기원이 고대까지 거슬러 올라갈 만큼 오랜 역사를 지닌 악기이다. 학생들이 주로 사용하는 보급화된 교육용 악기야 가격이 저렴한 편이지만, 나무로 만들어진 전문가용 리코더는 100만 원을 호가한다. 중세 시대의 리코더는 인간의 목소리와 잘 어울린다고 해서 성악 반주를 위해 사용되었으며, 크기가 다른 리코더들이 앙상블을 이루며 합주하는 '리코더 콘소트'의 형태로 연주되기도 했다. 바로크 시대의 리코더는 기교와 테크닉이 현란해지면서 리코더 독주를 위한 소나타 곡이 작곡될 정도로 전성기를 맞이했다. 그러나 고전, 낭만의 시대로 넘어가며 대규모 오케스트라가 유행하기 시작했고, 음량과 음역의 범위에 제약이 많은 리코더 대신 플루트나 클라리넷 같은 목관악기들이 인기를 얻으며 리코더는 점차 잊혀져 갔다.

그러다 리코더가 다시 재기에 나선 건 20세기에 들어서 전 세계적으로 학교 교육용 악기로 리코더가 보급되면서 부터다. 앞면에 일곱 개의 지공과 뒷면에 엄지손가락 지공이 있는 단순한 형태의 이 악기는 다른 악기에 비해 연주법도 쉽고, 가격도 저렴해 교육용 악기로서는 안성맞춤이었다. 우간다에 들고 갈 악기로서도 리코더는 장점이 많았다. 일단 작아서 부피를 많이 차지하지도 않았고 전기를 연결하지 않아도 되니 아프리카 어디에서든 연주할 수 있었다. 서서도 앉아서도 심지어 누워서도 연주할 수 있을 만큼 휴대성이 좋은 악기이니 말이다. 그러나 리코더라는 악기가 생소한 아프리카 사람들에게 이 악기가 어떻게 받아들여질지는 알 수가 없었다.

첫 학교인 오픈학교에서 공연을 마치고 나니 나의 우려는 기우였음을 깨달았다. 공연이 끝난 뒤 우간다 교사들과의 간담회가 있었는데, 우리가 연주한 악기들 중 어떤 악기가 가장 흥미로웠냐는 질문에 교사들은 한 치의 고민도 없이 리코더를 택했다. 그들은 리코더라는 이름조차 몰랐지만 손가락으로 피리를 부는 시늉을 하며 리코더에 대한 엄청난 관심을 보여주었다. 그들은 학교에 한두 개 정도의 리코더가 있지만 연주법을 잘 알지 못해 사용하지 못했고, 학생들 개개인이 활용할 만큼의 리코더는 없다고 했다. 만일 한국에서 리코더를 지원한다면 활용하겠냐는 질문에 모두 기다렸다는 듯이 "Yes!"라고 말했다. 부드러운 음색에 소리도 작은 리코더가 우간다에서 이렇게 먹힐 줄이야!

생각해 보니 우간다 초등학교에서 본 악기는 커다란 북뿐이었다. 나중에 쿠미대학교에서 우간다 교사들의 공연을 관람했는데, 그때 우리에게 칼림바로 알려진 아코고(Akogo) 합주를 볼 수 있었고, 머치슨 폭포에 갔을 때 길에서 버스킹을 하고 있는 연주팀을 만났을 때는 해금처럼 생긴 한 줄로 된 악기와 작은 하프처럼 생긴 악기를 연주하는 것을 볼 수 있었다. 어디에도 관악기는 없었다. 그래서 이들에게 리코더가 더 매력적으로 느껴진 걸까. 리코더 연주법을 알려달라는 교사들의 요청에 잠시라도 짬을 내어 알려주고 싶었지만, 간담회가 끝나자마자 떠나야 하는 일정 때문에 아쉬움을 남긴 채 다음 학교로 향했다.

두 번째 학교인 아멘학교에서 나는 수업이 없었기 때문에 다른 선생님들의 수업을 참관하며 비교적 여유 있는 시간을 보내고 있었다. 어제 오픈학교에서 교사들이 보인 리코더에 대한 관심과 열정을 마음에 되새기고 있던 그때, 어디선가 리코더 소리가 들렸다. 깜짝 놀라 소리가 나는 곳으로 향하니 운동장 한쪽에 있는 나무 아래에서 17살 소녀가 분홍색 리코더를 불고 있었다. 소녀의 이름은 로빈이다.

로빈이 리코더를 배운 건 6개월 동안 우간다에 선교 봉사를 온 한국인 대학생 언니로부터였다. 몇 년이 지났지만 로빈은 자신에게 리코더를 알려준 대학생의 이름을 정확히 기억하고 있었고, 그녀가 알려준 '고요한 밤 거룩한 밤'을 기억해 리코더로 연주하고 있었다. 그런데 아무리 들어 보아도 내가 아는 그 곡이 아니었다. 이유인즉, "솔라솔 미~"로 시작하는 곡을 로빈은 계속 "미파미~"로 연주하고 있었기 때문이다. 나는 로빈에게 "솔라솔 미~"라고 말해주었다. 그런데 로빈은 계이름을 잘 모르는지 계속 '레, 미, 파' 사이에서 헤매었고, 내가 직접 손으로 '솔라솔미'의 운지를 짚어주자 그제서야 우리가 알고 있는 '고요한 밤 거룩한 밤'을 더듬더듬 연주하기 시작했다. 중간중간 막힐 때마다 나는 다시 계이름으로 노래를 불러주며 손가락 운지를 알려주었다. 두세 번 반복하자 로빈은 계이름도 운지도 다 외워 노래를 끝까지 연주해냈다. 나는 로빈이 악보를 볼 수 있다면 좋겠다는 생각을 했다. 악보를 볼 줄 알면 누군가 옆에서 알려주지 않아도 원하는 곡을 연주할 수 있을 텐데.

아프리카 사람들은 모두 음악성이 뛰어나다. 음악이 나오면 어디서든 춤을 추고 노래를 부른다. 그러나 그들 중 누구도 악보를 보면서 부르지는 않는다. 한 사람이 선창하면 다른 사람들이 따라 부르며 화음을 만들고, 그들 중 누군가는 멋진 대선율을 만들며 솔리스트가 되어 순식간에 멋진 아카펠라를 만들어 낸다. 같은 노래도 늘 같게 부르지 않는다. 부르는 사람마다 선율도 가사도 조금씩 다르고, 누가 노래를 시작하느냐에 따라 키(Key)도 달라진다. 그런데도 신기하게 모두 기가 막힌 화음을 만들었고 심지어 거기에 맞춰 악기 반주도 했다. 아프리카 사람들은 청음 능력과 상대 음감이 무척 발달해 있었다. 리듬도 정박보다는 엇박을 많이 사용하는데, 정확하게 딱 떨어지는 정형화된 리듬이 아닌, 약간씩 뒤로 밀리는 이들만의 자유로운 리듬 세계가 있었다.

어렸을 때부터 서구화된 음악교육에 길들여진 우리는 4/4박자 안에 4분음표와 8분음표가 딱 떨어지는 음악을 연주하는 것이 익숙하다. 반대로 이들은 정해진 틀 안에서 규칙에 맞추어 연주를 하는 것을 너무나 어려워했다. 오픈학교에서 최미설 선생님이 '잠보'로 음악 수업을 했을 때, 선생님이 4박자의 리듬을 치면 아이들이 듣고 따라 하는 간단한 활동이었는데도 아이들은 생각보다 4분음표와 8분음표 리듬을 잘 따라 하지 못했다. 리듬이 16분음표로 쪼개지기라도 하면 마치 수학 문제를 푸는 것처럼 어려워했다. 반면, 자유롭게 리듬을 만들라고 하면 아이들은 물 만난 고기처럼 팔딱거렸다. 우리가 따라 하지도 못할 만한 복잡한 리듬을 만들기도 했고, 친구들이 만든 리듬을 함께 따라 하며 음악을 즐겼다. 뭐가 맞는지는 모르겠지만 결과적으로 봤을 때 이들은 악보나 음악적 이론 없이도 이미 음악의 궁극적인 목표에 도달해 있었다.

정형화된 틀 안에 이들의 음악을 가두지 않았기 때문에 이렇게 자유로울 수 있었을까. 하지만 이들의 음악을 기록하고 보존하고, 전수하기 위해서는 기보가 필요해 보였다. 음악교육을 위해서도 계이름과 음표 같은 최소한의 음악 이론은 가르치면 좋겠다고 생각했다. 하지만 한편으론 그게 이들에게 약이 될지 독이 될지 알 수 없다는 생각도 들었다.

복잡한 생각은 뒤로하고 나는 로빈에게 왼손 엄지를 구부려 약간 바람이 새어 나가게 해 옥타브 위 소리를 내는 방법인 '써밍(thumbing)'과 혀를 대어 음을 깔끔하게 내는 '텅잉(tonguing)'을 알려주었다. 로빈은 설명을 듣자마자 스펀지처럼 흡수하며 바로 따라 했다. 아프리카의 따뜻하고 평화로운 오후의 풍경과 리코더 소리가 썩 잘 어울렸다. 다음 날, 이 학교에서의 마지막 공연이 펼쳐졌다. 전반부는 우리가 준비한 공연을, 후반부는 우간다 학생들이 준비한 공연을 선보였다. 이때 10살 정도 되는 3명의 아이들이 리코더를 가지고 올라와 멋진 연주를 선보였다. 알고 보니 이 학교를 운영하는 박신화 선교사님이 아이들에게 리코더와 피아노를 가르쳐 온 것이다. 박신화 선교사님은 혼자 리코더 독주를 하기도 했는데, 커다란 강당을 가득 채우는 선교사님의 혼이 담긴 연주에 나는 눈을 뗄 수 없었다.

　한국에 돌아온 뒤 우리는 앞으로 우리가 해나갈 일들에 대해 이야기했다. 온음에서는 리코더를 비롯한 악기 기부 캠페인을 진행하기로 했다. 전국에 뻗어있는 연구회 선생님들의 힘을 빌린다면, 리코더 몇백 개는 금방 모아지지 않을까 하는 기대감이 생겼다. 소병철 교수님은 일반인들을 대상으로 한 캠페인도 진행해 달라고 하며 '집에 딸아이가 쓰던 이빨 자국 난 리코더가 있는데 그거는 안 되겠죠?'라는 농담을 던졌고, 덕분에 우리는 다 같이 기분 좋게 웃기도 했다.

　나중에 온음에서 전국 모임이 있었는데, 그때 부산에서 리코더를 30여 년 지도하신 한 선생님께서는 이 이야기를 듣고 100여 대의 새 리코더 기부를 약속했고, 기회가 된다면 우간다에 가서 리코더 지도를 해보고 싶다고도 했다. 나는 한국에 돌아와 계이름이 어렵지 않은 쉬운 곡들로 리코더를 배울 수 있는 영상을 만들기 시작했다. 오선보를 모르는 우간다 아이들을 위해 그림 악보를 만들었고 한쪽에는 리코더 운지를 함께 넣었다. 영어로 계이름을 써 주는 것도 잊지 않았다. 뒤쪽에는 오선보로 된 악보를 넣었는데, 습득이 빠른 아프리카 아이들이 음악을 먼저 익히고 나서 악보를 접하면 자연스럽게 계이름을 읽는 법을 알게 되지 않을까 해서였다. 의외로 이 자료는 리코더를 처음 시작하는 한국 학생들 사이에서 반응이 좋았다. 리코더 운지를 보고 쉽게 따라 할 수 있다는 댓글들을 보며 우간다 아이들도 이 콘텐츠를 보며 리코더를 금방 배울 수 있겠다는 생각이 들었다.

언젠가 우간다에 다시 갔을 때 동네 꼬맹이들이 리코더를 빽빽거리며 부는 장면을 상상해 본다. 집집마다 방구석에 리코더가 굴러다니고, 아이들은 삼삼오오 모여 한국의 동요를 연주하고 있는 그림은 또 어떨까. 리코더의 제2의 전성기가 펼쳐진다면, 그게 아프리카에서였으면 좋겠다.

로빈

무엇이 이 사람들을 우간다로 이끌었을까?:
우간다 선교사 이야기

옥중기

"우간다? 우간다가 어디 있어? 아프리카에 있는 거지? 거기 못사는 나라 아니야?"

우간다를 다녀온 뒤 지인들과 이야기할 때 언제나 듣는 이야기다. 대부분의 사람들이 우간다에 대해 아는 것은 오직 아프리카에 있는 나라, 가난한 나라라는 것이다. 나 역시 우간다에 가기 전에는 이들과 다르지 않았다.

우간다에 가기 4개월 전, 양병훈 팀장님의 권유로 아무 생각 없이 우간다행을 승낙하고 나니 여러 가지 고민이 나를 덮쳐왔다. 가장 큰 고민은 우간다에서 에볼라라는 바이러스가 유행했다는 점이다. 난 선천적으로 걱정이 적은 편이어서 막연하게 '어떻게든 되겠지…'라는 생각을 가지고 있었는데, 걱정이 많으신 어머니는 내가 우간다행을 결심하고 우간다에서 한국으로 돌아올 때까지의 수개월 동안 강하게 반대를 하셨다. 부모님 댁에 갈 때마다 반복해서 어머니는 나를 불러 우간다에 가지 말라고 했고 1주일에 몇 번이나 전화를 걸어 우간다행을 반대하셨다. 두 번째 고민은 '외국에서의 단체 여정'이라는 점이었다. 해외여행을 자주 다녔지만 다른 사람이 정한 일정에 따르는 여행은 처음이었다. 그동안 경험했던 해외여행은 언제나 내가 일정을 짰기 때문에 힘들면 쉬어도 되고 내가 가고 싶은 곳이 있으면 일정을 변경해도 됐지만, 이번 여행은 정해진 일정에 따라야 한다는 게 마음에 걸렸다. 이런 고민들을 가진 채 일행들과 여러 번의 회의를 하며 우간다행을 준비했다. 회의를 하면서 우간다에서 우리를 도와줄 여러 한국인들이 있다는 것을 알게 되었다. '2주의 짧은 여정을 결심하는 데도 이렇게 고민이 되는데, 우간다에 거주하는 한국인들은 어떻게 평생을 우간다에 머무르기로 결정한 걸까?' 그곳에 있는 사람들에게 호기심이 생기기 시작했다.

2022년 10월 15일 우간다행 준비 회의에서 우간다 일정 내내 우리를 인도해 줄 정붕진 목사님을 처음 만나게 되었다. 정붕진 목사님은 꽤 오랫동안 우간다에 있었다고 했다. '왜 우간다에 가셨지? 왜 하필이면 우간다라는 나라일까? 왜 그렇게 오래 계신 거지? 교회의 명령으로 억지로 가신 걸까?' 나에게 '목사'라는 직업은 개신교를 이끄는 이미지로만 존재했기 때문에 정붕진 목사님 역시 교회 선교를 위해 오래 머물러 있었을 거라 짐작했다. 그리고 우리를 도와

주는 목적도 어쩌면 교회 선교를 위해서일 거라고 추측하기도 했다. 그게 아니라면 교회 선교 중 잠시 시간을 내서 우리를 도와주는 거라고도 생각했다. 하지만 예상과 달리 목사님과 이야기를 하면서 목사님이 모든 일정을 우리와 함께하실 계획이란 것을 알게 되었다. 우리가 우간다에 가 있는 동안 현지 교회를 방문하는 일도 없었다. 오래 이야기할 시간이 없었기 때문에 나의 궁금증은 여전히 풀리지 않았고 우간다에 도착하기 전까지 그 궁금증은 커져만 갔다.

우간다에 도착한 첫날, 정붕진 목사님은 우리를 맞이하러 공항에 나오셨고, 우리가 우간다를 떠날 때까지 한순간도 빠짐없이 우리와 함께해 주셨다. 버스에서 함께 이동하는 시간, 쉬는 시간 등 자연스럽게 목사님과 이야기할 시간이 생겼고 목사님이 단순히 교회 선교만을 위해 우간다에 온 게 아님을 알게 되었다. 남수단 사람들을 돕던 일, 난민촌에서 가축을 기르며 난민들을 도와주던 일 등, 신앙적인 면뿐만이 아니라 그들의 생활까지 도와주었던 일들을 들으며 목사님에 대한 감정은 '왜 교회 일을 하지 않고 우리를 도와주지?'라는 물음표에서 '우간다 사람을 위해 직접 행동하는 분이라서 우리를 도와주는구나!'라는 느낌표로 변하게 되었다. 정붕진 목사님은 머리로만, 말로만 사람들을 돕는 분이 아니라 우간다 사람들과 함께 살아가며, 그들에게 진정 필요한 것이 무엇인지 고민하고, 실천하는 분이었다.

우간다에는 정붕진 목사님뿐만 아니라 여러 선교사님들이 있다. 우리가 방문했던 오픈학교, 아멘학교, 굿씨드학교 모두 선교사님들이 운영하는 학교였기 때문에 선교사님들과 대화할 기회가 많이 있었다. 그중 아멘학교를 운영하는 이창원 선교사님, 박신화 선교사님 댁에 3박 4일간 머무르게 되면서 그 두 분과 많은 이야기를 나누었다. 이야기를 나눌수록 이분들도 정붕진 목사님과 같이 우간다 사람들과 함께 살아가며 행동으로 그들을 돕는 분들임을 알게 되었다.

박신화 선교사님은 선교사라는 직업 이전에 교사로 재직한 경력이 있어서 우간다의 교육에도 많은 관심을 가지고 있었다. 선교사님의 댁에 들어가자마자 눈에 띈 것은 여러 대의 리코더와 피아노였는데, 우간다 학생들을 위해 음악교육을 꾸준히 실천한 경험담을 듣고 왜 이렇게 악기들이 집에 많이 있었는지 알게 되었다. 그리고 우리가 있는 동안 물심양면으로 우리를 도와주었다. 새벽 5시에 우연히 눈을 뜨게 된 날이 있었는데 그 시간부터 식사를 준비해 주던 박신화 선교사님의 모습이 아직도 기억에 남는다.

이창원 선교사님은 우리에게 필요한 모든 것을 준비해 주었다. 콘텐츠 중심 수업을 하기 위해서는 노트북과 모니터가 꼭 필요하다. 한국에서 노트북은 준비해 왔지만 모니터를 들고 올 수는 없어서 어떻게 해야 할지 방법을 찾고 있었다. 선교사님은 집에 있던 모니터 2대를 손수 운반해 주었다. 또한 아멘학교에서 우리가 어떤 것이 부족하다고 말하면 어떻게든 그 물품을 준비해 주었다. 특히 학생들을 위한 음악공연을 할 때 마이크 받침대가 필요했는데 어디론가 가서 접착테이프와 걸레봉을 사 오더니 순식간에 받침대를 만들어 준 그 모습이 잊히지 않는다.

교회 일이 아닌 학생들의 교육을 위해 우간다에 온 우리를 조건 없이 도와주던 선교사님들의 모습은 그 어떤 말보다 우리에게 큰 감동을 주었다. 그리고 그 모습 자체가 그들이 우간다에 온 이유를 말해 주는 것 같았다.

'사람을 돕기 위한 진심.'

우간다에 간 우리, 우간다를 돕고 있던 선교사님들, 우리와 함께한 우간다 사람들을 하나로 모을 수 있었던 건 그 마음 때문이 아닐까.

우리가 느낀 우간다

우간다, 새벽 여명만큼 흥분된 첫 만남

양미정

나는 어릴 적 사회 시간에 사회과 부도 속 세계 전도를 펼칠 때면 늘 위도 0°에 해당하는 적도 부근의 나라들이 궁금했다. 지구상에서 적도에 위치해 있다는 것은 태양과 가장 가깝다는 것이고, 그만큼 작열하는 태양 빛에 익숙해져야 할 텐데 그 속에 살아가는 이들의 삶은 대체 어떤 모습일까? 하는 막연한 호기심과 궁금증으로 나름의 상상의 세계를 펼치곤 했다. 그러다 직접 만나게 된 적도 국가 '우간다'.

인생의 이력 중 80%가 우발적 사건으로 이뤄진다는 누군가의 말처럼, 나에게 이번 우간다 여행은 정말 즉흥적이고 단순한 호기심의 발동으로 벌어진 사건이었다. 평일 출장으로 전주를 가게 되었고, 간 김에 오랫동안 보지 못했던 최은아 교수님을 만나 점심을 먹으면서 그간의 생활들에 대한 이야기를 나누던 중 전국 온음 선생님들과 우간다 교육나눔활동 준비로 놀랍고 즐거운 나날을 보내고 있다는 이야기를 듣게 되었다. 그러면서 갑자기 나에게 우간다에 함께 가보는 건 어떻겠냐는 즉흥적 제안을 하는 것이 아닌가. 그 제안에 나는 긴 생각 없이 오케이 사인을 날려버린 것이다.

그렇게 합류한 우간다 프로젝트! 하지만 나의 우간다행을 알게 된 주변의 많은 지인들은 의아함, 불안함, 신기함 등을 담아 도대체 어떤 사람들과 무슨 목적으로 그 멀고 험한 우간다에 자비 부담을 해가면서 가려고 하는지 궁금해했다. 영어도 잘 못하고, 함께하는 일행들과도 아직 서먹한데다 아프리카라는 먼 나라에서 예상되는 여러 가지 열악한 상황들을 생각할 때마다, 전주에서 생각 없이 OK를 외쳤던 나의 단순함에 은근히 후회가 밀려오기도 했으며 출국이 가까워질수록 마음이 심란해지는 건 어찌할 수 없었다.

그렇지만 어찌하랴. 결국 1월 4일 종일 출장을 마치고 부랴부랴 나의 몸은 인천공항으로 향했다. 1월 5일 자정에 출발해 하룻밤을 하늘에서 보내고, 튀르키예 이스탄불을 경유하여 시내 관광을 한 후 다시 저녁 비행기로 두 번째 하늘 속 취침을 한 채 30여 시간의 이동을 마쳤다. 드디어 1월 6일 새벽 4시 15분에야 우간다 엔테베 공항에 도착하게 된 것이다. 참 멀고도 긴 여정이었다.

비행기에서 내려 맞이한 우간다의 첫 새벽은 상상했던 적도의 날씨가 아니라 겨울로 가는 가을 길목의 아침에나 느낄 수 있는 쌀쌀함이었다. 입국장을 향해 걸어가며 곳곳에 서 있는 무장한 군인들을 보고는 다소 긴장감도 느꼈지만 비행이 끝났다는 안도감에 일행 모두 입가에 웃음을 가득 머금고 도착의 기쁨을 누렸다. 안전하게 입국장에 들어서서 마주한 입국 심사장은 교실 두 칸 정도의 크기로 아담하고 소박해 보였다. 도착 시각이 새벽이라 외국인을 위한 입국심사는 두 군데만 운영되는 바람에 몇 명 되지 않는 외국인 입국자들이 긴 행렬로 서서 자신의 차례를 기다려야만 했다. 내 차례가 되어 입국심사를 받았을 때는 담당 직원이 나를 살폈고, 나 또한 처음 보는 우간다 사람을 살폈다. 내가 정말 우간다에 온 것이 맞나 확인하는 현실 자각의 한 과정이었다. 검은색 피부에 진한 쌍꺼풀, 커다란 눈, 짧고 강한 곱슬머리 등 익숙하지 않은 모습 속에서 드디어 우간다에 발을 딛고 서 있음을 확실하게 실감하는 시간이었다.

안전하게 입국심사를 마치고 나온 후 바리바리 싸 온 엄청난 짐들을 찾아 드디어 공항 출입문을 나섰다. 출입문을 나서자 비좁은 통로에 여기저기 여행객들이 무리 지어 시끌벅적 서 있었다. 그중 눈에 띄는 한 무리가 있었는데, 고급 원단으로 된 전통의상을 빼입고 한 방송사와 인터뷰하는 모습을 보아하니 아마도 우간다 상류층에 속한 사람들이지 않을까 추측할 수 있었다. 계속되는 낯선 풍경들을 호기심으로 바라보던 중 어디선가 귀에 익은 한국어가 들려왔다. 10일간 우간다 일정을 안내하기 위해 밤잠을 설치며

달려와 기다리고 있던 정붕진 목사님이었다. 사전 준비를
위해 두 번 정도 짧게 만남을 가졌을 뿐인 데다 만남 내내
근엄함과 진지함이 뼛속 깊이 배어 있는 분으로 느껴져 우
간다 활동 직전까지는 심리적 거리감이 있었다. 그럼에도
불구하고 우간다에서 유일하게 안면이 있는 한국 사람이
라는 점과 앞으로 한국말로 우리를 안내해 줄 분이라는 점
에서 그간의 심리적 거리감 따위는 순식간에 잊어버린 채
마치 막역한 지인을 만난 듯 반가움을 듬뿍 담아 환대의 마
음으로 인사를 나누었다. 하지만 이때까지 우린 몰랐다. 이
분이 풍기는 불편하고 딱딱한 겉모습 뒤에는 다정함과 따
뜻함, 올곧음과 정의감이 있었음을 말이다.

　어쨌든 우리는 우간다 도착을 기념하는 사진 촬영을 하
고 곧바로 정붕진 목사님을 따라 10일간 우리와 함께할 낡
은 봉고차를 타기 위해 주차장으로 이동했다. 공항을 드나
드는 차들의 매연과 경적 소리, 비포장이나 다름없는 울퉁
불퉁한 포장도로, 경사가 심한 비탈길을 따라 카트에 산적
한 짐들을 옮기는 작업은 최근 한국에서 경험하지 못한 불
편함의 연속이었다. 덜덜거리는 카트를 끌다 보니 탈출을
시도하는 짐들이 여기저기 발견되었고, 짐들의 탈출을 막
기 위해 너 나 할 것 없이 서로의 짐들을 잡아주고 끌어주
며 간신히 봉고차에 도달했다. 그때 엔테베 출국장 입구에
걸린 커다란 영문 현수막(한국, 엔테베 공항의 현대화와 자동화

작업에 참여하다)이 우리의 시선을 사로잡았다. 순간 애국심까지는 아니지만 내심 자랑스러움이 올라왔다. 타국에서는 누구나 애국자가 된다더니, 우간다에 도착하자마자 그런 기분을 느끼고 있었다.

드디어 봉고차를 타고 우간다 수도 캄팔라를 향해 출발했다. 다 같이 '출발'을 크게 외치며 차창 밖으로 이제 막 동터 오르는 우간다 새벽하늘의 붉은 기운을 맞이했다. 어찌 보면 한국과 그다지 다를 것 없는 새벽하늘이었건만 우리는 모두 마음속에 '라이온 킹'의 배경 음악을 깔아놓은 채 차창 밖으로 펼쳐지는 이국적인 풍경들에 환호와 감탄을 연발하며 특별한 의미를 찾은 듯 흥분했다. 그렇게 우리의 일정은 흥분과 설렘이 가득한 새벽의 여명과 함께 시작되었다.

우간다에서의 첫 날, 캄팔라로 향하는 길에서

냉정과 열정 사이: 우간다 음식 이야기

김유리

여행자가 현지 음식을 먹지 않는 것은 수영을 하기 위해 수영장에 가서 수영복을 입지 않는 것과 같다. 이처럼 여행에서 맛있는 현지 음식을 먹는 즐거움을 놓친다면 여행의 즐거움이 절반으로 줄어들 것이다.

난 음식을 가리지 않는다. 여행 중에 한식을 고집하기보다는 오히려 현지 음식에 집중하는 편이라고 해야겠다. 음식은 그 나라의 문화, 역사, 지리, 기후적 특징을 담고 있는 종합 예술이다. 현지의 음식은 그 나라의 문화와 사람들을 이해하는 중요한 경험이 된다. 또한, 해외에서 사 먹는 한식은 비싸기만 하고 질도 떨어진다.

우간다 교육 나눔 활동에 참여하기로 했을 때 나는 인터넷에서 우간다의 음식에 대해 알아보기 시작했다. 여행자 블로그를 찾아보고 유튜브를 시청하며 저건 무슨 맛일까 상상하는 즐거운 시간을 보냈다. 그리고 드디어 우간다에 도착해서 대망의 첫 끼를 맛보는 순간이 찾아왔다. 우리가 첫날 머물게 된 호텔에서 준비해 준 식사였다. 얼마나 이국적이며 낯선 맛일까. 설레는 마음을 안고 식당 안으로 들어갔다. 흰 쌀밥, 된장국, 잡채, 김치, 부침개. 어? 우간다 전통 음식이 한식과 비슷하네? 이것은 나의 커다란 착각이었다. 우간다의 첫 식사는 호텔 측의 배려로 한식으로 준비된 것이었다. 전통 우간다 음식을 먹을 기회를 날려버렸다는 아쉬움을 뒤로하고 식사를 시작한 순간 나의 서운함은 감탄으로 바뀌었다. 구수한 된장찌개는 오랜 비행과 건조한 기내식에 시달린 속을 달래주었고 딱 맞게 익은 김치는 입맛을 돋웠다. 우간다가 한식 맛집일 줄이야! 피곤함에 지친 우리는 모두 말없이 밥 두 공기씩을 비웠다.(나중에 알고 보니 우리가 묵었던 호텔은 한국인 부부가 운영하는 곳으로 한식을 오랜 기간 요리해본 현지 요리사를 고용했다고 한다.) 그렇다면 교육 나눔 활동 기간 내내 아프리카 정통(?) 한식만 즐겼는가? 아니다. 특별했던 교육 나눔 활동 경험을 뒤로하고 한국에 들어온 지 한 달 남짓 된 지금, 그리운 우간다의 음식 이야기를 풀어보려 한다.

*음식 편

우리가 수업을 진행하는 학교에서 준비해 준 점심이 우간다 전통 음식인 경우가 많았다. 짜파티(Chapati)에 달걀

을 추가하여 만든 전병 같은 음식이 유명한 간식이었다. 말아서 만든다고 '롤렉스'라고 부른다. 이 얼마나 허세 가득한 이름인가. 내 평생 한 번도 사 볼 일이 없는 롤렉스를 우간다에서 여러 번 맛봤다. 이제 당당히 말할 수 있다. 롤렉스? 내 뱃속에 있노라고. 곤자(Gonja)와 마또께(Matoke)는 우간다의 바나나 요리다. 익힌 바나나라는 어색함과 포인트를 알 수 없는 낯선 맛 때문에 시식 코너의 샘플 음식 정도의 양만 먹을 수 있었다. 특히 기억나는 음식은 카바사와 얌을 갈아서 떡처럼 쪄낸 요리인데, 미네랄을 섭취하라고 작은 돌조각, 모래알을 넣어 함께 조리한다고 한다. 무난한 곡식의 맛이었으나 해감을 하지 않은 조개를 씹는 듯한 식감은 마지막 날까지 적응할 수가 없었다.

* 음료 편

우간다는 비교적 일정한 기후와 풍족한 강수량 덕에 질

좋은 커피와 차가 생산된다. 우간다의 카페에서 마셨던 커피는 신선하고 구수한 맛이었다. 긴 회의와 바쁜 일정 사이에서 잠시 즐겼던 커피 브레이크는 하루의 달콤한 휴식이었다. 하지만 커피 가격은 다소 비싸기 때문에 우간다 현지 사람들은 자주 즐기지 못한다고 한다. 대신 현지 사람들은 'Ugandan Tea(Chayi)'를 즐겨 마신다. 우유에 홍차를 넣고 끓이는 밀크티로 지역에 따라 생강을 넣어 마시기도 하고 아침 대용으로 마시기도 한다. 고소하고 부드러운 차이는 쌀쌀한 아침에 몸을 따뜻하게 해주었다. 다양한 생과일주스도 빼놓을 수 없다. 냉동 과육이 아니다. 시럽의 단맛이 아니다. 잘 익은 생과일을 듬뿍 넣고 갈아 만든 망고주스, 패션프루트주스, 파인애플주스는 우간다를 다시 방문하고 싶게 만드는 이유가 될 정도였다. 게다가 한국에서는 상상할 수 없는 싼 가격으로 즐기는 생과일주스를 맛보고 나니 우리는 어떤 식당을 가도 모두 다 생과일주스를 주문하게 되었다.

우간다 음료 이야기에서 절대 빼놓을 수 없는 것이 있었으니 그것은 '노비다'다. 읽기에 따라 '평생 남에게 종속되어 있는 계급제 무보수 노동자입니다'라는 고백처럼 들리는 노비다라는 음료는 우간다의 대표 탄산음료다. 덥고 흙먼지가 자욱한 공기(우간다의 대부분의 도로는 비포장이다.)를 6시간쯤 들이마시고 난 뒤 마시는 차가운 노비다 한 병은

광야에서 먹는 만나, 가뭄의 단비, 봄날 황사 주의보 속에서 먹는 삼겹살인 것이다. 써니텐 파인애플보다 두 배 진한 액체가 내 식도를 타고 내려가는 순간 모든 것이 용서되고 모든 것을 다시 시작할 수 있을 것만 같았다. 교육 나눔 활동을 하는 내내 초록 매실 병을 닮은 녹색 플라스틱병에 노란색 띠지와 노란색 병뚜껑을 장착한 이 소다 음료를 우연히 보기만 해도 우린 모두 한마음으로 '나는 노비다'라는 주문을 외치게 되었다.

＊과일 편

우간다는 적도 근처에 위치해 열대 기후에 속하기 때문에 다양한 열대과일이 자란다. 과일 킬러이자 밥 대신 과일만 먹고 살고 싶다고 입버릇처럼 말하는 나로서는 여간 부러운 일이 아니었다. 물론 우리나라에서도 사과, 포도, 수박, 딸기 등 다양한 과일이 재배되고 꽤 질 좋은 파인애플, 바나나, 망고 등 수입 과일을 사 먹을 수도 있다. 하지만 문제는 가격이다. 우리나라에서 과일을 양껏 사 먹기에는 가격이 너무나도 비싸다. 그에 비해 우간다는 과일이 저렴하고 흔했다. 도로 주변 가로수가 망고나무고 공터에 빽빽하게 자란 바나나 나무에는 바나나 다발이 무성하다. 한국에서는 하나하나 개별포장으로 진열된 귀한 애플망고를 여기에서는 그냥 포대째 파는 것이다. 우유푸딩 같은 말캉한 식감과 눈이 번쩍 뜨이는 당도는 한국에서 먹어 온 망고와는 비교할 수 없는 맛이다. 바나나는 또 어떤가. 파란 바나나를 따서 후숙을 거친 후 판매하는 한국의 바나나와 달리 우간다의 바나나는 익었을 때 딴다. 우간다에서 과일을 먹을 때마다 입안에서 퍼지는 맛의 차이를 느끼고 나서 감동과 배신감이 함께 밀려오곤 했다. 내가 한국에서 먹었던 파인애플, 바나나, 망고, 패션프루트는 동굴의 그림자일 뿐이었다. 과일의 정수, 과일의 이데아는 우간다에 존재했다. 믿지 못하겠거든 우간다에 다녀오시라. 과일의 크기와 식감과 당도가 이 세상의 것이 아니다. 무릉도원에 과일이 있다면 우간다의 것과 같으리라.

사실 내가 우간다 과일의 열성 팬이 된 결정적인 사건이 있었다. 어느 날 목사님께서 수박보다 큰, 거대한 둥근 것을 식탁 위에 올려놓으시고는 진지하게 말씀하셨다. "오늘은 이놈을 잡을 겁니다." 초록색 파충류처럼 울퉁불퉁한 껍데기로 덮여 있는 것이 흡사 공룡의 알 같았다. 어느새 잘 벼려진 커다란 식칼을 가져온 목사님이 그놈을 반으로 갈랐다. 쩌억 갈라진 속에는 노란색 알집 같은 것이 가득 차 있었고 칼끝에는 끈끈한 진액이 묻어 나왔다. 정체를 알 수 없는 것에 경악하고 있던 우리에게 목사님이 말씀하셨다. "잭프루트 잡는 거 처음 보시나 봐요." 그렇게 한밤중에 잭프루트 잡기가 시작되었다. 잭프루트는 과육을 가르면 풀과 같은 끈끈한 진액이 나와 칼과 손에 들러붙었다. 이 천연 접착제는 물이나 비누로 씻어도 좀처럼 제거되지 않는다. 그러나 목사님은 우리와 같은 초짜가 아니었다. 칼로 과일을 자르자마자 묻은 진액을 준비해둔 종이로 닦아 냈다. 한참을 끈끈이 괴물과 싸우는 히어로처럼 자르고 닦아내고, 자르고 닦아내고, 자르고 닦아냈다. 하지만 본 게임은 식칼을 내려놓은 다음부터가 시작이었다. 거대한 잭프루트의 속은 수많은 노란 과육이 손톱만 한 까만 씨를 품고 있다. 과육을 손으로 일일이 까서 씨를 분리해야 비로소 먹을 수 있는 상태가 된다. 이 밤중에 엄청난 양의 과육을 언제 다 발라내지 싶었으나 백지장도 맞들면 낫다고 했던가. 식탁에 둘러앉아서 까기 시작한 잭프루트의 과육은 빠른 속도로 분리되기 시작했다. 문제는 다른 곳에서 발생했다. 잘 익은 잭프루트니까 맛보라고 말씀하신 후 씨를 발라내어 용기에 담는 과육의 양보다 내 입속에 들어가는 양이 더 많아진 것이다. 발라내는 족족 입으로 넣는 것을 멈출 수가 없었다. 처음 보는 과일, 처음 맛보는 식감, 낯설고 새롭고 짜릿했다. 껌처럼 쫄깃한데 맛은 망고랑 비슷하면서 상큼하게 달았다. 묘하게 중독성 있는 맛이었다. 거대한 잭프루트를 잡았으나 그릇에 담긴 양은 얼마 되지 않는 것을 깨달았을 때 나는 괜히 헛기침을 하며 자리에서 일어났다. 이날 이후로 건물 옆

나뭇가지에 성인 머리보다 크게 자란 잭프루트가 매달려
있는 것을 볼 때마다 군침을 삼키곤 했다.

아직도 눈을 감으면 혀끝에서 망고의 크리미하고 강렬한
단맛이 느껴진다. 운동장을 둥지 삼아 노닐던 닭들을 삶아
낸 우간다식 닭볶음탕의 진한 맛도. 한국에 돌아와서 맛볼
수 없는 우간다 음식의 그 풍미를 나는 아직도 그리워한다.

감질나는 물과 전기

양미정

  우간다를 가기 며칠 전, 겨울 방학 중임에도 학교에 출근해 행정실 분들과 수다를 떨다 보니 한 주무관님이 그리스에 있는 난민촌 봉사 활동 이야기를 전한다. 그러면서 동시에 우간다는 그리스보다 더 열악하고 힘들 텐데 괜찮겠냐며 겁을 잔뜩 준다. 갑자기 섣부른 판단을 했다는 후회가 밀려온다. 내가 너무 쉽게 생각했나 하는 자책도 하면서 말이다. 그래서 출국 전 나는 최악의 상황을 염두에 두며 제발 아프지만 말자는 각오로 우간다행 비행기에 올랐다. 내가 상상한 우간다의 모습은 우선 허름한 흙벽에 제대로 된 전기시설이나 수도시설도 없어 해가 지면 랜턴을 이용해 움직여야 하고, 고양이 세수는 기본일 것이며, 때때로 운동화에 전갈이 들어갈 수 있는 위험이 도사리고 있고, 벽에는 도마뱀들이 기어다니는 원시적 풍경들이었다.

  그렇게 될 대로 되라는 식으로 도착한 우간다에서 우리는 예상과 달리 정붕진 목사님의 계획된 배려로 한국인 선교사님들의 댁에 머물며 한국보다 더 한국스럽고 안락한 환경 속에서 생활할 수 있었다. 우간다 수도 캄팔라에서 주말을 보낸 후 첫 학교 방문을 위해 이동한 소로티에서 4일 동안 머물렀던 곳은 오픈학교를 운영하는 이상철 목사님 댁이었다. 이상철 목사님은 한국에서 오랫동안 중등교사로 재직했고, 사모님인 고유덕 선교사님은 초등교사로 재직하다 퇴직 후 우간다에서 선교사로 활동하며 교육 사역에 집중하는 분들이었다. 한국에서 우리와 같은 교직 생활을 했다는 말을 들으니 왠지 더 반갑고 친근하게 느껴졌다. 넓은 마당은 망고, 아보카도, 잭프루트, 바나나 등등 각종 과일나무로 풍성했고 집은 본채와 사랑채로 나누어져 있었는데, 우리에게는 방이 3칸에 양변기가 설치된 화장실 2개, 거실과 주방까지 있는 넓은 사랑채를 통째로 빌려주었다. 게다가 식사 때마다 형형색색 과일들이 가득했고, 준비해 준 음식들은 한국의 내로라하는 음식점보다 맛이 좋았다. 지금 생각해도 우리를 이렇게 기꺼이 환대해 준 소로티 선교사님들의 정성이 감동스럽기만 하다.

이렇게 소로티에서 머무는 동안 우리는 한국 못지않은 안락함과 편안함을 누리며 대부분 만족스러운 생활을 하고 있었다. 단 한 가지, 졸졸졸 감질나게 흐르는 수돗물만 빼면 말이다. 물론 우리가 우간다를 방문한 시기가 1월이었고 기후적으로 건기의 영향을 받아 그럴 수도 있겠지만,

근본적으로 물이 귀한 곳이다 보니 수도꼭지만 틀면 쏴 하고 물이 쏟아지는 익숙한 풍경은 펼쳐지지 않았다. 수도꼭지를 최대한 틀어도 초등학교 때 배운 '시냇물은 졸졸졸졸' 노랫말이 절로 떠오를 정도로 수압은 약했고, 원하는 만큼의 물을 쓰기 위해서는 양동이에 물을 받아 조금씩 덜어가며 사용해야 했다. 물론 나로서는 어릴 적에 간혹 겪었던 일이라 나름대로 향수를 자극하는 풍경이기도 했다. 그런데 문제는 화장실 사용이었다. 세수하고 샤워하는 건 조금의 인내만 발휘하면 충분히 감내할 수 있는 부분이었지만 화장실 양변기 사정은 인내한다고 될 문제가 아니었다. 누군가 자연스러운 생리현상으로 큰일을 볼라치면 물이 내려가지 않아 어떻게 해야 할지 난감했던 것이다. 그나마 내가 머무른 큰 방에 딸린 화장실의 수도 사정이 좋아서 옆 방을 쓰는 선생님들이 수시로 우리 방 화장실을 들락거리며 물을 퍼 나르거나 아예 우리 방 화장실을 사용하곤 했다. 지금 생각하면 절로 웃음이 나오는 진풍경이었다. 만약 샤워를 하려 하면 폴 세잔 그림에 나오는 목욕하는 여인들처럼 들통에 담긴 물을 바가지로 끼얹어 가며 해야 했다. 나처럼 어릴 적 경험이 있는 사람들에겐 익숙한 풍경이지만 함께 간 30대 젊은 선생님들에겐 아날로그 감성에 빠져볼 수 있는 신선한 경험이었을 것이다.

반면 걱정했던 전기 공급은 안정적이었다. 그럼에도 불

구하고 집주인인 선교사님은 언제 정전이 될지 모르니 충전이 필요한 전자 제품을 미리미리 충전하라는 당부를 했다. 그 말을 듣자마자 약간의 긴장을 한 채 핸드폰 충전에 신경을 썼지만 몇 시간째 특별한 일이 없어 금세 정전에 대비하는 마음가짐이 해이해졌다. 그러다 갑자기 돌풍과 함께 비가 내리는 순간 집안은 암흑에 휩싸였다. 정전이 시작된 것이다. 정전이 될 수 있다는 안내를 받았음에도 예고 없는 정전은 우리 모두를 당황하게 했다. 다행히 핸드폰 플래시를 손전등으로 사용하긴 했지만 가는 날이 장날이라고 이럴 때 배터리마저 간당간당 고갈 직전이었고, 다음 날 교육 활동 준비를 위해 분주했던 일행들은 모든 작업을 멈춘 채 강제 휴식 모드로 들어가야 했다. 이후 정전사태는 시시때때로 반복되었고, 어느새 정전은 우리의 일상을 누리는 데 그다지 걸림돌이 되지 않을 정도로 익숙해졌다. 아멘학교 첫 수업을 마치고 돌아온 날 저녁에는 식사 시간에 맞춰 정전이 되는 바람에 20여 명의 사람들이 촛불을 켜고 식사를 한 경우도 있었고, 다음날 교육 활동 준비를 위한 회의도 어둠 속에서 진행해야 했다. 겉으로 보기엔 꽤나 열악하고 청승맞아 보일지 모르지만 최소한의 빛 속에서 서로의 존재를 어렴풋이 감각적으로 느끼며 상대의 이야기에 차분하게 몰입할 수 있었다는 점에서 정전은 나름대로 매력이 있었다.

정전 속에서도 계속된 회의

　이후 주말에 머물렀던 숙소들에서도 정전은 정말 시도 때도 없이 발생했다. 머리를 감고 말리기 위해 드라이기 전원을 켤 때도, 저녁 시간 밥을 먹기 위해 식당에 가는 길에도 정전은 게릴라 작전을 펼치듯 수시로 아무때나 불규칙하게 찾아왔다. 이젠 모두 그러려니, 그럴 수도 있지, 그러라고 해 하는 심정으로 대하는 익숙한 생활의 일부가 된 것이다. 물론 이런 정전이 학교에서 교육 활동이 전개될 때 발생하면 상황이 다르다. 우리가 준비해 간 수업 영상으로 수업을 하던 중 정전이 된다면 수업 진행이 어려워지기 때문이다. 이에 학교마다 모터가 장착된 발전기로 전력을 공급하여 수업을 진행하기도 했다. 그러다 보니 안정적인 전기 공급은 할 수 있었지만 발전기에서 나는 소음으로 수업 시간 내내 불편함을 감수해야 했다.

　이렇듯 우리는 우간다에서 10일 동안 졸졸졸 흐르는 시냇물 같은 수돗물과 툭하면 나가버리는 변덕스러운 전기 상황으로 불편함을 겪긴 했지만, 한국에서 쉽게 경험할 수 없는 진한 추억을 만들었다는 점에서 그 또한 의미가 있었다. 앞으로 누군가와 우간다 이야기를 하게 되면 우리를 감질나게 했던 수돗물과 전기 공급을 말하며 웃을 수 있을 것이다. 글을 마무리하며 적지 않은 인원의 우리 일행에게 편안한 숙소와 정성 어린 음식을 대접해주신 선교사님들께 진심을 담아 감사를 전한다.

붉은 흙 위에서 손 흔드는 아이들

송정주

　여러 나라를 여행하다 보면 그 나라만의 특징적인 색깔이 보인다. 헝가리와 프랑스는 연한 회색빛을, 체코는 붉은빛을, 인도의 어느 한 도시는 푸른빛을 띤다. 이는 대체로 그 나라의 건물색에 의한 인상이었다. 우간다를 떠올리면 진한 붉은빛이 눈앞에 선하다. 이는 다른 나라와 달리 건물에 의한 것이 아니라 자연에 의한 것이다. 우간다 도착 후 처음 본 것이 여명과 함께 붉게 물든 하늘이었으며, 동이 튼 후 본 것은 붉디붉은 땅이었다. '흙에 철분이 많으면 땅색이 붉다고 했는데, 도대체 철분이 얼마나 많은 거야?' 하며 내가 가진 짧은 지식을 조합하며 덜컹거리는 차 안에서 그 땅을 바라보았던 기억이 있다.

　프로젝트를 진행하는 2주 동안 붉은 흙 위를 걸어 다니는 수많은 사람들을 보았다. 이 붉은빛에 대한 기억의 고리를 따라가면 그곳엔 항상 우간다 아이들이 있다. 방학 때만큼은 아이들보다 다른 것에 집중해야지 하면서도 늘 그럴

듯 눈에 들어오는 것은 아이들이다. 직업병인가 보다. 우간
다에서 처음으로 인사 나눈 이들도 아이들이었다. 아이들
은 붉디붉은 흙 위에서 낯선 이방인에게 거리낌 없이 손을
흔들어 주었다. 그중에는 부끄러워서 수줍어하며 손을 흔
드는 아이가 있는가 하면, 적극적으로 차가 달리는 방향으
로 뛰어오는 아이도 있었다. 멀리 떨어진 차 안에서 아이들
에게 손을 흔들며 우간다를 떠나는 날까지 그들과 먼발치
에서 인사를 나누곤 했었다.

　우간다 아이들과의 첫 접촉은 학교가 아니라 진자에서
일어났다. 나일강을 체험하기 위해 래프팅 장소로 걸어
가고 있는데 남매로 보이는 꼬질꼬질한 옷을 입은 두 명
의 4~5살 아이가 자신의 키보다 훨씬 큰 풀 앞에 서 있었
다. 여자아이는 수줍어하며 한 손을 입에 넣고 빨면서 나머
지 한 손으로 우리에게 인사를 하고 있었다. 그 모습이 너
무 귀여워 하이파이브를 해주었더니 옆에 있던 남자아이
도 얼른 자신의 손을 내밀었다. 우간다에서 에볼라 바이러
스 종식 선언을 한 지 채 한 달도 안 되었기에 현지인들과
의 접촉을 가급적 피하는 것이 좋겠다는 말을 들었지만 이
미 내 손은 아이의 손과 맞닿아 있었다. 우간다 아이와 손
이 맞닿는 순간 만남의 기쁨보다는 이 아이의 손이 왜 이렇
게 거칠지? 부모들이 얼마나 일을 시킨 거야? 하는 생각이
제일 먼저 스쳐 지나갔다. 나의 기우를 비웃기라도 하는 듯

두 아이는 까르륵 웃고는 부족어로 뭐라고 얘기하며 집을 향해 뛰어갔다.

아이들에 대한 두 번째 기억은 래프팅 후 돌아가는 트럭에서 바라본 동네 아이들의 얼굴과 눈빛이다. 에너지와 활력이 넘쳤던 우리 멤버들은 그 긴 래프팅을 끝내고도 래프팅 가이드와 함께 트럭 뒤칸을 광란의 무도회장으로 만들었다. 가이드에게 우간다 노래와 춤을 배우는 것으로 슬슬 시작했는데 어느새 트럭은 움직이는 클럽이 되어 우간다 동네 주민들과 나에게 즐거움을 선사했다. 사실 이들을 구경하는 것만으로도 너무 웃기고 신기했다. 이들의 모습을 영상으로 남겼어야 했는데 그러지 못해 너무 아쉬웠다. 나일강에 휴대폰을 제물로 바치지 않으려고 래프팅 기지에 두고 온 것이 천추의 한이 될 줄이야! 경이로운 이들의 모습을 배를 잡고 웃으며 넋 놓고 보던 것도 잠시, 비포장도로를 질주하는 트럭이 일으키는 붉은 흙먼지를 피하기 위해 오픈된 트럭 뒤칸에 마련된 의자 위로 올라갈 수밖에 없었다. 래프팅을 하느라 이미 익을 대로 익은 얼굴과 몸은 화끈하다 못해 아프기까지 했지만, 태양을 정면으로 바라보는 위치에 자리를 잡은 터라 우간다의 작열하는 태양을 오롯이 온몸으로 받아낼 수밖에 없었다. 의자 위에 올라가자 동네의 집들이, 그 안에 살고 있는 사람들이 눈에 들어왔다. 담장도 없고 전기도 들어오지 않는 것 같았다. 컴컴한 집안에서 갑자기 나오더니 손을 흔드는 아이, 마당에 엄마와 앉아있다가 뛰어다니며 손 흔드는 아이, 낯선 이방인이 신기해 멍하니 바라보다 우는 아이 등 각양각색이었다. 이들에게는 광란의 트럭에 탄 이방인들이 구경거리였겠지만 난 그들이 궁금했다.

그중 내 시선이 향한 곳은 노란 물통 하나를 머리에 인채 걸어가고 있는 호리호리한 중고등학생 정도로 보이는 여자아이였다. 온몸에 힘을 쭉 뺀 채 물통을 이고 안정적인 자세로 걷고 있는 여자아이 2명을 시차를 두고 보았는데 둘의 표정이 상반되어 아직도 기억에 남는다. 한 아이는 무거운 물통을 이고 있음에도 나에게 미소를 지어 보냈고, 다른 아이는 힘든 것이 역력한 표정으로 트럭과 나를 한 번씩 번갈아 보았다. 저 무거운 물통을 이고 뜨거운 햇볕 속을 하염없이 걷고 있는 소녀들을 보니 태양이 뜨거워 살갗이 아프다고 마음속으로 투덜대던 나 자신이 부끄럽게 여겨졌다. 그러다 문득 예전에 참석한 인도 배낭여행 설명회에서 가이드 한 분이 "자신이 메고 가는 배낭 무게가 자신의 업의 무게라고 생각하면 됩니다."라며 우스갯소리를 했던게 기억났다. 여행 도중 대부분을 쓰고 버려 여행 막바지에는 실제 배낭 무게가 4킬로그램이 채 되지 않았는데도 체력이 바닥나서 배낭의 무게가 상당히 무겁게 느껴졌었다. 그때 "인도에서 내 업을 다 떨어내고 가려 했는데, 갈수록

붉은 흙 위의 아이들

더 무거운 걸 보니 내 업보가 많은가 보다." 하며 웃었던 기억이 떠올랐다. 이 소녀들도 머리에 이고 있는 노란 물통을 자신의 삶의 무게로 느끼고 있는 건 아닐까 하는 생각이 들자 미소를 보여준 소녀도, 찡그린 표정의 아이도 모두 짠하게 느껴졌다. 그러다 이 아이들은 학교를 다니는 걸까? 아니면 벌써 시집을 간 걸까? 하는 별별 생각을 하기 시작했다. 그러는 사이에 소녀들은 점점 시야에서 멀어져 보이지 않았다. 나는 보이지도 않는 아이들이 있는 방향으로 고개를 돌리고는 '네가 머리에 이고 있는 물통이 너에게 너무 버거운 멍에가 되지 않았으면 좋겠어.' 하고 마음속으로 되뇌었다.

아이들은 경이(驚異)이다!

소병철

나는 아이들을 좋아한다. 보에 싸여 고물대는 갓난아이부터 웬만치 자란 코흘리개까지 두루두루 좋아한다. 그네들의 계산 없는 웃음과 빵 열린 눈에 속절없이 어리는 호기심이 난 참 좋다. 그렇다고 내 자식도 아닌 애들을 아무나 덥석덥석 안을 수는 없으니 나는 그저 우연히 눈 맞은 아이에게 장난스런 윙크나 미소를 보내고 '심쿵'할 화응을 기다리다 아이 엄마한테 들키면 멋쩍어서 곧바로 딴청을 피우는 편이다. 어쨌든 내가 아이들한테 그렇게 녹는 이유는, 아마도 아이들이 이래저래 세파에 닳아 있기 마련인 뭇사람 속에서 그래도 가장 덜 '사회화'된 순수의 정화를 보여주기 때문인 듯하다. 그 한 예가 어떻게든 내보이지 않고는 못 배기는 아이들의 철학적인 호기심이다. '쓸데없는' 질문을 무시로 훅 던지는 동심의 천진한 경이는 오로지 '짭짤한' 것에만 혼이 팔린 대다수 어른의 계산속보다 훨씬 더 순정하고 신선하고 솔직하다. 살가웠던 육친의 장례에서도 천진스레 죽는 게 뭐냐고 묻고 마는 철부지 상제(喪制)의 심상은 죽음의 뒤처리로 분망한 어른의 그것보다 훨씬 더 심오하고 형이상학적이다.

　이것은 몇 해 전 어느 가을날 저물녘, 내가 순천대 후문 앞 실개울을 건너다 새삼스레 떠올린 그 천하없이 경쾌한 진실과도 상통하는 면이 있다. 그때 그 개울 목교에는 내 쪽으로 건너오던 일고여덟 살쯤 된 두 여자아이가 있었다. 어디서 어떻게 신명풀이를 했는지 신발까지 벗어든 그 둘은 두 뺨엔 발그레한 경이를, 목소리엔 후련한 감탄을 듬뿍이 묻혀 놓고 조곤조곤 정답게도 말을 섞고 있었다. 양말이 해지는 건 양말 팔자였던 모양이다. 두 아이는 방금 끝낸 유희의 여운에만 흔연히 마음을 내맡긴 눈치였다. 내 옆을 지날 때 한 아이가 또랑또랑 노래하듯 말했다. "난 가을이 참 좋아." 친구의 화답도 영롱했다. "응, 나도 나도." 나는 끌리듯 돌아서서, 들썩이는 아이들의 뒷모습을 바래며 헤살헤살 웃고야 말았다. 아이들은 양말 하나 망가뜨려 해마다 가슴 열고 환대할 가을을 얻었으니, 그 가을에 묻어오는 오색의 광휘는 물론이고 그 가을을 고대하고 배웅하는 시간의 무수한 원소들과 그 시간을 여물리는 볏살이며, 눈비며, 바람까지 모두 다 그들의 영혼을 키워내는 보배로운 자양분이 될 것이다. 그렇다! 아이는 아이여야 자란다. 경이는 아이의 성장소다. 아이가 자란다는 것은 세상 물정에

▲아이들과의 설레는 첫 만남
▼웃음과 함성이 터진 교실

밝은 어른이 된다는 게 아니라 세상 갖은 경이와의 벽 없는
대면을 통해 영혼에 탄실한 배움과 영그는 생각이 쌓여 간
다는 것이다.

　내가 본 우간다의 아이들도 그랬다. 그들의 맑고 큰 눈
에는 먼 나라에서 온 낯선 외모의 남녀 어른들을 설레는 경
이로 대하는 새맑은 호기심이 똘망똘망 서려 있었다. 처음
에는 낯설어 쭈뼛하던 아이들도 얼마 안 가 친해지려 안달

난 우리 팀원들이 내민 손을 개성껏 슬쩍, 혹은 덥석 잡아 줬고 꿀 발린 미소에도 배시시 화응해 주었다. 그러더니 이내 교실에선 흑판 앞에 펼쳐진 경이를 응시하는 반짝이는 눈들이 되었고, 운동장에서는 짜릿한 유희의 너울에 풍덩 뛰어드는 신명의 함성과 몸짓이 되었고, 공연장에서는 촬영대 주위에 모여들어 (세상없이 진지하게) 이것저것 만지고 건드리고 참견하는 성가신 '골통'들이 되었다. 이 모든 아이다움의 표출은 호기심이 아롱진 이 얼굴 저 얼굴을 살가운 눈맞춤으로 환대한 우리 온음 선생님들의 너른 품과 처음 본 경이의 현장에 점점 더 흔쾌히 다가선 아이들, 그 둘이 꾸밈없이 어우러져 이뤄낸 애정과 신뢰의 결정(結晶)임을 나는 믿어 의심치 않는다.

하지만 이게 다는 아니다. 그렇게 훅 다가온 '아이들'에 더해서 내 가슴엔 하나하나 애틋이 갈무리된 '그 아이'의 기억도 몇 개쯤 담겨 있다. 1월 11일, 두 번째 활동지인 소로티의 아멘학교에서 일어난 일이다. 취학 연령 미만의 보육반 아이들에게 애니메이션 영화를 보여주려고 장비를 설치하고 책걸상을 정돈하던 어수선한 한때에 문득 내 시선을 잡아끄는 두 아이가 있었다. 딱 봐도 개구진 게 보통 아닌 한 아이가 심심한 두 팔을 저 혼자 구성없이 휘두르다 뒤에 있던 자그만 아이의 여린 뺨을 모르고 후려친 것이다. 때린 아이는 '내 사전에 사과란 없다'는 듯 빤질빤질 웃으며 딴청만 부렸고, 맞은 아이는 대들어도 소용없자 세상 억울한 두 눈에 곧 떨어질 닭똥 같은 눈물을 하염없이 모으고만 있었다. 나는 그것이 떨어지기 전에 닦아 줘야 하는 눈물인 걸 직감했다. 작고 힘없는 아이가 외로이 울려 하고 있었다. 나는 가만히 다가가 아이의 조그만 머리와 야윈 등을 부드럽게 쓰다듬고 도닥여 주었다. 그러자 아이는 고맙게도 위로받은 표정이 되었고, 크게 한 번 훌쩍하곤 옆 아이와 조잘대기 시작했다. 때린 놈에게는 부라린 눈알과 장난스런 미소를 번갈아 보여주니 멋쩍게 웃길래 이쁜 건지 미운 건지 모르라고 뒤통수를 벅벅 몇 번 긁어 줬다.

따지고 보면 별것도 아닌 이런 일이 내 가슴에 애틋이 새겨진 이유는 어쩌면 지금은 잃어버린, 내 어린 자식과의 살가운 스킨십이 못내 그리운 탓인지도 모르겠다. 그 여리고 무른 내 살붙이들은 커 가면서 차례로 내 품을 벗어났고, 내 애틋한 내리사랑도 '끌어안는 사랑'에서 '바라보는 사랑'으로 바뀐 지 어느새 십수 년이 되었다. 그사이에 그 옛날의 곰살갑던 우리 부녀 모습도 고향처럼 아득한 그리움이 된 것 같다. 보육반의 두 아이는 민숭한 맨머리의 따스한 감촉으로 그 시절 내 품에 안겼던 어린것의 맑은 눈과 야들한 맨살을 뭉클하게 상기시킨 것인지도 모른다. 그래서인지 그 일은 그때부터 나에게 눈앞의 아이들을 애만지듯 찬찬히 바라보게 만드는 뜻깊은 전환점이 된 것 같다.

　두 번째 '그 아이'도 아멘학교의 아이였다. 1월 12일, 나는 이 교실 저 교실을 오가며 우리 온음 선생님들과 우간다 아이들의 그 찰진 사귐을 두 눈과 카메라에 담던 중 늘 웃는 얼굴인 송정주 선생님이 보에 싸인 갓난아이를 품에 안고 사방 간데 미소를 뿌리며 교사 앞을 서성이는 모습을 보았다. 나는 걸음을 멈추고 그 빛나는 아기를 홀린 듯 바라봤다. 언니 등에 업혀 온 이 아기는 언니가 교실에 있는 동안 반짝이는 큰 눈으로 뭇사람을 홀리며 그들 품에 번갈아 안겨 가는 중이었다. 송정주 선생님이 (웃으며) 물었다. "한 번 안아 보실래요?" 아기를 받아 안은 나는 나를 빤히 겨눠 보는 그 깊은 호수 눈과 호면(湖面)의 눈부신 물비늘에 꼼짝없이 빠져들고 말았다. 그 호수엔 벌거벗은 호기심이 텀벙텀벙 헤엄치고 있었다. 나는 웃음과 함성이 터지는 교실 앞을 잠시 떠나 운동장 나무 그늘과 빈 교실을 오가며 아기와 고요한 눈맞춤의 시간을 가졌다. 아기는 평온히 자다 깨다를 반복하며 깰 때마다 저를 안은 곰 같은 덩어리를 번번이 겨눠 봤지만 다행히 한 번도 울지는 않았다. 나는 까꿍 하는 호들갑 대신에 쓰다듬는 눈을 계속 보여주었다. 그리고 덕담인 듯 독백인 듯 애정 어린 축언들을 자장가마냥 조곤조곤 들려주었다. 건강히 자라거라. 좋은 꿈을 꾸거라. 행복도 원껏 누리거라.

　생각해 보면 기막힌 일이었다. 사람의 존엄을 지키는 지

소로티 아기 아다싸의 호수 눈　　　　웃음이 많았던 캄팔라 아기

구적 연대! 이 말은 도덕적인 자만으로 들릴까 봐 섣불리 입에 담긴 두려운 표어지만, 그것을 겸손히 추구하는 사람에겐 설렘의 원천이고 분발의 유인(誘因)인 게 분명하다. 아무도 등 떠밀지 않는데 굳이 그곳에 간 나는 그때 땀에 젖은 내 품을 그 땅의 아기에게 오롯이 내주고 있었다. 우리 온음 선생님들이 오랫동안 땀 흘려 준비한 연대의 씨앗을 교실의 아이들과 나누고 있는 동안, 나 또한 그들 중 누군가의 막냇동생을 설레는 내 품안에 안전히 거두고 있었던 것이다. 나는 이 가슴 벅찬 나눔과 교감의 체험을 어느 순간에도 결코 사소히 여기지 않으리라 다짐했다.

　물론 팔은 아팠다. 데리고 있은 지 한 시간쯤 됐을까. 현지인 선생님이 환하게 웃으며 다가올 때 나는 그만 아기와 작별할 마음의 준비를 했지만, 선생님은 한낮이라 아기가

덥겠다며 아기 보만 벗겨 갔다. 중간중간 송정주 선생님과
최은아 교수님의 품도 빌리며 아기와 즐거운 시간을 보내
는데, 아까 그 선생님이 또 오더니 이번엔 아기를 조심스레
받아 안고 데려갔다. 아쉬움 반 뿌듯함 반이었다. 아픈 팔
을 주무르며 얼마간 쉬었을 때 현지인 선생님은 아기를 또
내게 데려왔고, 나는 그때부터 수업이 끝날 때까지 아기와
줄곧 함께 있게 됐다. 나는 지금도 현지인 선생님이 내게
보인 그 멀쩡한 신뢰감과 손님의 호의를 빌리는 천연한 당
당함을 생각하면 저절로 웃음이 나온다. 친구끼린 흔히들
그러지 않는가? 수업이 다 끝나고 간담회를 준비할 시간이
되어 나는 아기를 선생님 품에 안기며 내 하루를 뿌듯이 채
워 준 그 '어린 우간다'의 이름을 물었다. 아기 이름은 '아
다싸'였다.

세 번째 '그 아이'는 마지막 활동지인 캄팔라의 아이였
다. 1월 16일에 방문한 굿씨드학교에서 우리는 아다싸처럼
누나 등에 업혀 온 한 아기를 또 보고 어르며 즐거워했다.
아기는 웃음이 많았다. 우리 온음 선생님들의 익살스런 눈
빛과 표정과 몸짓 하나하나에 반응하며 구슬처럼 깔깔댔
다. 수업이 끝나고 공연을 준비할 때 한승모 선생님 품에
있던 아기는 선생님을 무대에 올리느라 내 품으로 옮겨졌
다. 공연이 한창일 때 내 품에서 쌔근대던 아기는 문득 깨
어 나를 한참 뜯어봤다. 아다싸 생각이 또 났다. 비슷한 호

수 눈이었고, 비슷한 물비늘이었다. 그 반짝임에 붙잡혀 얼음이 된 순간 내 가슴팍 부근이 별안간 뜨근해지더니 그 기운이 윗배와 아랫배로 연달아 번져갔다. 녀석이 내 배에 오줌을 싼 것이다. 질펀했다. 녀석의 호수 눈은 나에게 '괜찮겠어?'라고 묻는데 나 혼자 그것을 그윽한 교감의 응시로 착각했던 모양이다. 아무러면 어떤가? 나도 주위 사람도 모두 다 뭔지 모를 후련함에 헤벌쭉 웃었다.

아기를 누나에게 안겨 주고 나와서 물휴지로 셔츠를 닦을 때 현지 교사인 조워시 선생님이 뛰어나와 난처한 웃음을 보이며 연신 미안하다고 말했고, 나는 하나도 미안할 일 아니라고, 괜찮다고 말하며 환하게 웃었다. 출국 전야인 그날 밤 나는 지난 십여 일의 수고를 돌아보며 피로를 푸는 저녁 식사 자리에서 우리 팀원 모두에게 말했다. 마지막 날인 오늘에야 비로소 나는 '우간다에 젖었다'고. 우리는 다 함께 유쾌한 웃음을 터뜨렸다. 하지만 그 말은 농담도 비유도 아니었다. 나일강 급류에서 보트가 뒤집혀 곧 죽을 듯 허우적댈 때에도 젖은 것은 옷이었지 내 더운 가슴이 아니었다. 서로 닿고 맞붙고 부둥키는 사람들의 온기만이 내 가슴을 적실 수 있었고, 캄팔라의 아기는 소로티에서부터 서서히 열려 온 내 가슴에 뜨거운 생명의 물줄기를 아기답게 대어 준 것이다.

우간다의 아이들을 보는 일은 때로는 경쾌하고 때로는

뭉클하다. 아이들이 다 그렇듯 그들 눈에 반짝 어린 경이는 경쾌하기 그지없다. 그것은 순정하고 천연덕스럽고 때가 묻지 않았다. 하지만 그것은 또한 무방비의 순수이다. 그래서 뭉클하다. 무슨 얘기냐 하면 그들은 마음에 아무런 무장 (武裝)도 없다는 뜻이다. 그들은 의심도 경계도 없어서 손 내밀면 손을 잡고 쓰다듬으면 머리를 맡긴다. 나는 말이 적고 근엄한 편인데도 소로티의 아이들은 공연 도중 다리쉼을 하려고 잠깐 앉은 나에게 몰려와 천연스레 내 무릎을 차지하고, 내 다리를 비집고, 내 어깨에 손과 턱을 얹었다. 그들의 투항 같은 감겨듦은 나에게도 비무장을 명령하는 동심의 명징한 판결처럼 느껴졌다. 어쩌자고 그들은 그렇게 파고들까? 그것은 어쩌면 가난한 사람들의 질박한 삶에서 우러난 전(前)문명적 향토정서의 일부분일 것이다. 뺏고 뺏길 게 없는 빈한한 마을에서 낯선 어른은 나쁜 어른일지 모른다고 가르칠 필요가 있을까? 엘리베이터에서 구면인 사람까지 힐끔힐끔 곁눈질하도록 훈련된 우리네 아이들은 우간다의 아이들과 친구가 될 수 있을까? 그들은 내 품에 안겨 있는 우간다 아기의 사진을 보면 아기가 위험에 처해 있다고 판단할까?

　이것은 누가 옳고 누가 그른 문제가 아니라 갈수록 심화되는 빈부의 지구적 양극화와 생활 양식의 괴리에 관한 문제다. 우간다의 부모들이 딸자식의 등굣길에 갓난쟁이 동생을 업히거나 딸려서 보내는 건 그 무력한 어린것이 누구의 손안에서 어찌 되든 상관없기 때문일까? 절대로 아니다. 그것은 신뢰가 있어서다. 공동체와 학교에 대한 약자의 소박한 신뢰 말이다. 그러나 그 신뢰가 소박하다는 것, 다시 말해 신뢰하는 것 말고는 달리 어쩔 도리도 없다는 것은 무척이나 서글픈 일이다. 사람에게 사람의 존엄은 '사실'이 아니라 '당위'이고 '과제'다. 아이들을 존엄하게 만드는 일, 그것은 결국엔 아이들의 눈에 어린 경이를 지켜주고 그들의 정서적인 비무장을 무해하게 만드는 일이다. 끝나지 않은 그 일에 수세대의 수많은 일꾼들이 서로를 격려하며 헌신해야 할 것이다. 착잡함 속에서 아이들의 그리운 얼굴이 떠오른다. 아다싸 말고는 이름도 모른다. 한 번씩 물어볼 걸 그랬다. 그리고 더 많은 아이를 '아이들'이 아니라 '그 아이'로 만들 걸 그랬다. 후회는 항상 늦다.

안타까운 여성들의 삶

김성한

우간다의 일부 지역에서는 여아들이 어른을 만났을 때 한 쪽 무릎을 살짝 꿇고 인사한다. 인사를 받는 입장에서는 이러 한 모습이 너무 귀엽고, 참으로 예의가 바르다는 느낌을 받게 된다. 하지만 우간다의 여성들이 살아가는 이야기를 듣고 있 노라면 이와 같이 해맑은 모습의 인사마저도 곱지 않은 시선 으로 보게 된다. 심지어 화가 치밀어 오르기도 한다.

이 세상에서 남성에 의해 여성이 이런저런 불이익을 받 으며 살아온 것은 어제오늘 일이 아니다. 남녀평등이라는 모토가 당연하게 여겨진 것은 비교적 최근의 일이고, 이는 그나마 선진국이라고 불리는 국가에서 현실이 아닌 지향 해야 할 이념 정도로만 받아들여지고 있는 듯하다. 이 말은 선진국에서마저도 진정한 의미에서의 성평등이 실현되고 있지 않으며, 후진국에서는 여성에게 돌아가는 불이익이 심지어 당연시되기도 한다는 뜻이다. 실제로 내가 경험한 우간다는 과거와 다름없이 여성이 온갖 불이익을 당하면서 살아가고 있었고 이것이 큰 문제가 아닌 양 받아들여지고 있는 것처럼 보였다. 우간다에 머무르며 들은 바에 따르면 시골에 사는 우간다 여성들은 가족 내에서 온갖 허드렛일을 도맡아 한다. 남성은 주로 명령만 하지 좀처럼 집안일을 하지 않으며, 그가 하는 일이라고는 밖에 나가 이웃 사람들과 앉아 잡담을 나누는 것뿐이다. 집안에서 그들은 자신의 마음에 들지 않으면 폭력을 행사하기도 하면서 끝끝내 자신의 요구를 관철시키는 무소불위의 독재자다.

　그런데 이렇게라도 남성이 책임감을 가지고 가정을 지키려 한다면 그나마 다행이다. 우간다에서 정말 문제가 되는 것은 남성의 무책임한 성관계다. 이는 우간다의 수많은 여성들을 파탄으로 몰아넣고 있다. 우간다의 남녀가 구체적으로 어떤 과정을 거쳐 성관계를 맺게 되는지는 잘 모른다. 하지만 분명한 것은 우간다의 남성들이 여성과의 성관계를 대수롭지 않게 생각하며, 피임법이 제대로 알려지지 않은 우간다에서는 이러한 관계가 아이의 탄생으로 이어지는 일이 흔하다는 사실이다. 가정을 이루지 않은 상태에서 태어난 아이는 대부분 여성이 책임을 지고, 이 상황에서 남성이 양육비를 부담하지 않고 멀리 떠나 버리는 경우도 비일비재하다. 이 경우 여성은 자식을 혼자 부양해야 하는 미혼모가 되는데, 이들의 수가 적지 않다는 것은 초등학교에 미혼모 자녀들이 많다는 데에서도 확인된다. 실제로 초등학교를 운영하는 한 선교사님의 말씀에 따르면 학생들 중에는 양부모 가정 아동들보다 한 부모 가정 아동이나 부모가 없는 아동들이 다수라고 한다.

미혼모가 정규 교육을 제대로 받지 못할 경우 어려움은 더 가중된다. 가뜩이나 취업이 어려운 우간다에서 이러한 여성들은 취업하기가 매우 힘들고, 기껏해야 허드렛일을 하는 정도에 머문다. 이러한 일을 하면서 아이를 제대로 양육하기란 거의 불가능하다. 만약 사회 보장 제도가 제대로 갖추어져 있어 탁아소가 있거나 나라에서 양육비를 보조한다면 그래도 사정은 조금 나을 것이다. 하지만 이러한 시스템이 갖추어진다는 것은 우간다에서는 아직 요원한 일로, 여성은 스스로 알아서 아이를 양육할 수밖에 없다. 이러한 상황에서 여성은 성매매의 유혹에 빠져들기도 한다. 특별히 돈을 벌 수 있는 다른 방법이 없고, 벌어 봤자 생존이 보장될 정도가 아니다 보니 부득이하게 이와 같은 선택을 하는 것이다. 이처럼 우간다에서는 순간의 잘못된 선택으로 평생을 후회 속에서 힘들게 살아가는 여성들을 어렵지 않게 찾아볼 수 있다.

이와 같은 무책임한 성관계로 인한 피해 외에도 우간다에서는 내전으로 피해를 입은 여성들이 어렵게 삶을 꾸려가고 있다. 1962년 영국으로부터 독립한 이래 우간다는 각종 내전과 독재, 그리고 부패 등에 시달려 왔고, 요웨리 무세베니 현 대통령이 집권한 1986년부터는 한때 내전이 매우 치열하게 벌어졌다. 특히 조셉 코니가 이끄는 '신의 저항군'(The Lord's Resistance Army : LRA)이라는 기독교계 반정부군은 우간다 북부 지역을 장악하면서 수많은 학살과 만행을 저질러 지역민들을 공포에 떨게 했다. LRA 군사들은 젊은 남성들을 잔혹하게 살해하거나 잡아갔고, 여성들을 보이는 대로 성폭행 했다. 이와 같은 폭거를 피해 많은 여성들이 숲속으로 숨어들었는데, 이들은 LRA가 퇴각하고 나서 또다시 성폭행의 희생양이 된다. 숲의 외딴곳에서 지켜주는 사람 없이 혼자 살다 보니 지역 남성들의 표적이 되었던 것이다. 내전 통에 학교도 제대로 다니지 못하면서 험한 세월을 거쳐 온 이 여성들은 현재 40~60대의 나이가 되었는데, 그들은 마땅한 일거리도 없이 아픈 과거를 가슴에 안고 어렵게 삶을 살아가고 있다. 현재 그들에게 남은 것은 극도의 가난밖에 없다.

내가 방문했던 우간다 북부의 아테데(Atede) 지역에 위치한 카리타스 수녀원은 이와 같은 여성의 자활을 도모하기 위한 복지 시설을 운영하고 있다. 수녀원은 간단한 진료 시설과 직업 교육 시설 등을 갖추고 있지만 설립된 지 얼마 되지 않아 이것저것 필요한 것들이 적지 않다. 이곳의 배 아타나시아 수녀님은 수도원 주변 지역을 불철주야 돌아다니며 그곳의 사람들이 온전한 삶을 살아가는 데 도움을 주기 위해 '새마을 운동'을 펼치고 계신다. 수녀원 방문은 정붕진 목사님의 소개로 우연히 이루어졌는데, 이곳은 우간다에서 방문한 곳 중에서 가장 교육콘텐츠를 요긴하게 활용할 수 있는 곳이었다. 교육 전담 기관이 아닌 이곳에서 여러 교사들을 채용하여 숲속에서 살고 있는 교육받지 못한 여성들을 교육하기란 쉽지 않다. 방문 당시 수녀님은 이들을 교육할 수 있는 방법을 마련하기 위해 계속 고심하고 계셨고, 마침 교육콘텐츠가 그 고민을 해결할 방법이 될 수 있었던 것이다.

우간다 전역을 돌아다니면서 나는 아타나시아 수녀님 외에도 존경할 만한 삶을 살아가고 있는 여러 여성들을 만났다. 묵묵히 수도원의 계율에 따라 공동생활을 하며 살아가는 카리타스 수도회의 수녀님들, 여든이 가까운 연세에도 가장 가난한 이들에게 해주고 싶은 것들을 말하며 눈빛을 반짝이는, 꽃동네 황 마태오 수녀님, AIDS에 걸린 고아들, 버려진 장애인과 부랑인들을 섬기며 살아가시는 배 마태오 수녀님과 박 마지아 수녀님, 남수단이라는 척박한 땅에서 포기를 모르고 학교를 운영하고 있는 브루노 수녀님, 학교를 운영하면서 가난한 아이들에게 참교육을 시행하고자 온갖 번거로움을 감내하는 고유덕, 박신화, 이경옥 선교사님, 혈혈단신으로 매주 멀리 난민촌을 방문하여 선교 활동을 펼치는 임선화 선교사님, 바느질 공방에서 수공예품을 제작 판매하며 가난한 지역 여성들의 자활을 돕는 강학

봉 사모님, 처녀 시절 우간다에 와서 30년이 넘는 세월을 교육에 전념해 온 김순옥 선교사님, 지역 공동체의 발전을 위해 교육과 경제 등 여러 영역을 종횡무진하고 있는 이명현 선교사님. 이 밖에도 수많은 여성들이 이 세상의 빛과 소금이 되고자 우간다에서 묵묵히 맡은 일을 하고 있다. 나는 이러한 분들이 살아온 이야기를 조금만 들어도 감히 남녀가 평등하지 않다고 말할 수 없으리라 생각한다. 이분들은 자신들의 삶을 통해 그 어떤 남성보다도 여성이 사회적으로 중요한 역할을 할 수 있음을 웅변적으로 보여주고 있

는데, 개인적으로 나는 여성들보다 우위에 있다고 생각하
는 우간다의 남성들에게 이분들의 삶을 보여주면서 질문
하고 싶다. 당신들이 여성인 이분들보다 진정으로 우월하
다고 생각하느냐고.

'자립(Self-reliance)'이라는 이름의 수탉

정붕진

 남수단에 가기 수년 전부터 아프리카 사람들을 돕기 위해 무엇을 할 수 있을까 많이 고민했고, 농업공동체를 통한 '자립'이 가장 그들에게 도움이 될 것이라는 생각을 하게 되었다. 그래서 보은의 농업공동체인 보나콤에서 3박 4일의 양계 훈련과 풍력발전 교육을 이수했고, 안성농장에서 8개월의 양계 훈련을 받았다.

 그렇게 약 2년여의 준비 기간을 거쳐 남수단에 도착했지만 현지 상황은 만만치 않았다. 오랜 내전과 무정부상태, 그로 인한 교육 부재로 현지인들은 생각보다 훨씬 의존적이었고 스스로 무엇을 하려는 생각보다 외국인에게 무엇을 얻을 수 있을까만 생각하는 것 같았다.

 그러던 중 남수단에서 농장을 시작하기도 전인 2016년 7월에 2차 남수단 내전이 터졌고 대한민국 대사관의 강력한 권고로 내전 지역인 남수단에서 우간다로 철수했다. 그 때부터 우간다로 피신한 120만여 명의 남수단 난민들을 돕는 일을 시작했고 식량과 물, 교육 등 시급한 문제를 해결하기 위한 긴급구호 활동에 전력을 기울였다. 남수단 난민들을 위해 5개의 우물을 파고, 3개의 학교를 세우고, 약 2,500여 유초등학교 어린이들에게 아침과 점심을 무료로 제공하는 급식프로그램을 진행했다. 또한 급수탑과 수도 시스템을 통해 난민 마을에 우물 대신 수돗물을 공급하는 4개의 급수설비를 세웠다. 하지만 그때에도 이들의 궁극적인 자립을 위해서 농업 프로젝트를 시작해야 한다는 꿈은 식지 않은 채 마음속에서 불타고 있었다.

어느 정도 긴급한 구호 활동이 마무리되어 가던 2020년 하반기에 팔로리냐(Palorinya) 난민촌 안에 양계장을 세우고 2021년 4월 병아리 550마리를 들여와 양계를 시작했다. 5개 난민 마을에서 3명씩 훈련생을 추천받아 15명의 훈련생과 함께 시작한 양계장 프로젝트는 처음부터 난관에 부딪혔다. 거의 대부분의 훈련생들이 양계 훈련을 통해 자립하려는 의지는 없고 그저 매달 훈련생들에게 주는 급여에만 관심이 있는 것처럼 보였던 것이다. 매일 아침 '자립(self-reliance)'에 대해 강조하지만, 그야말로 쇠귀에 경 읽기였다. 아무리 목이 쉬어라 외쳐도 이들 난민들은 한쪽 귀로 듣고 한쪽 귀로 흘리는 것 같았다.

그러던 중 2021년 10월 이들에게 자립을 가르칠 좋은 기회가 생겼다. 좋은 기회가 생겼다기보다는 내게 그렇게 느

꺼지는 영감의 순간이 왔다. 한 수탉의 다리가 빠져서 덜렁거렸는데, 그 수탉은 전혀 걷지 못하고 주저앉아서 다른 닭들의 쪼임을 당하고 있었다. 한 훈련생이 그것을 발견하고는 닭장에서 그 수탉을 들고나왔고 곧 잡아먹자는 기세였다. 이들의 눈에 이 수탉은 전혀 살려둘 가치가 없는 살아 있는 닭고기에 지나지 않았다. 그러나 한 마리의 닭이라도 자식처럼 돌보며 키워온 나는 어떻게든 이 수탉을 살려서 다시 기회를 주고 싶었다. 안성농장에서 닭을 키우는 훈련을 받을 때 다리를 심하게 다친 병아리 한 마리가 집중적인 치료와 돌봄을 통해 정상으로 회복된 경험을 했기 때문이기도 했다.

이 수탉을 닭장 밖에 격리시키고 양쪽에 나무를 대고 들것처럼 만든 후에 수탉이 다친 다리를 아래로 늘어뜨린 상태로 걸터앉게 했다. 그리고 모이를 주었을 때 불편한 몸으로 모이를 열심히 먹는 모습을 본 나는 이 수탉에게 살려는 의지가 있다고 느꼈고, 이 수탉을 자립을 보여주는 살아 있는 모델로 활용하자는 생각이 들었다. 나는 그 수탉의 이름을 '자립(self-reliance)'이라고 지었고, 모든 훈련생들에게 그 수탉을 그 이름으로 부르면서 자립에 대해 생각하라는 암시를 주었다. 내 생각을 알아차리고 자신에게 다시 살아갈 수 있는 기회를 준 것에 보답이라도 하려는 듯 이 수탉은 주는 모이를 열심히 쪼아 먹었고, 일주일 후에는 한쪽

'자립'이를 앞에 세우고 난민 훈련생들을 교육시키는 모습

다리를 겨우 디디면서 일어나 몇 발짝을 절뚝절뚝 움직였다.

한 달이 지나자 절뚝거리기는 했지만 돌아다니며 모이를 주워 먹기도 하고 우렁찬 목소리로 홰를 치기도 했다. 나는 난민 훈련생들 앞에 그 닭을 들고 나가서 자립에 대해 이야기했다.

"여러분이 보았다시피 이 수탉은 한쪽 다리를 심하게 다쳐서 걷지도 못했습니다. 내가 보기에 이 수탉은 여러분 난민들과 다르지 않았습니다. 스스로는 아무것도 할 수 없고, 다른 모든 닭에게 멸시받는 상황에 처했습니다. 그러나 이 수탉은 포기하지 않았습니다. 격리시키고 모이를 주자 살기 위해 열심히 모이를 먹었습니다. 만일 이 수탉이 모이를 먹지 않았다면 아무리 좋은 사료와 특별식이 있다고 해도, 이 수탉의 다리는 치료되지 않았을 것입니다. 자기 앞에 영양이 가득한 사료가 있어도 스스로 먹으려는 노력을 하지 않았다면 겨우 며칠을 버티다가 굶어 죽었겠지요. 내가 아무리 이 수탉을 살리고 싶어도 스스로 먹고 마시지 않으면 강제로 물과 먹이를 입에 넣어줘야 했을 테고 그러다 나도 곧 포기하고 말았겠지요. 내가 할 수 있는 것이 아무것도 없기 때문입니다. 그러나 한쪽 다리가 덜렁거리고 걷지 못하는 상황에서도 이 수탉은 사료를 갖다주면 열심히 쪼아 먹었고, 그 살려는 노력을 보고 나는 어떻게든 살려보려고 더 노력하게 되었던 것입니다.

'자립'이라는 것도 이와 같습니다. 스스로 살아가려는 노력이 없으면, 외부에서 아무리 많은 도움을 쏟아붓더라도 그것은 깨어진 항아리에 물을 붓는 것과 같습니다. 물이 차는 것 같지만 깨어진 틈 사이로 곧 다 새어버리고 결국에는 다시 빈 항아리만 남게 되지요. 이 수탉을 보시면 알겠지만 자립의 과정도 결코 쉬운 것은 아닙니다. 덜렁거리는 다리를 끌고 한 발짝 한 발짝 걷는 것이 고통스러울 수 있습니다. 주위의 닭들이 격려해 주기는커녕 자신보다 약해 보이기 때문에 머리를 쪼고 괴롭힙니다. 그렇지만 이 수탉은 결코 포기하지 않고 다시 일어섰습니다. 여러분도 이 수탉처럼 스스로 살려는 의지를 가지고, 포기하지 말고 한발 한발 내디뎌 보시기 바랍니다. 혼자는 쉽지 않겠지만, 도움의 손길이 올 것이고, 그 도움의 손길은 여러분이 노력하는 모습을 보일 때 더 힘을 얻고 바빠질 것입니다."

그 수탉은 포기하지 않았고 불굴의 의지로 일어섰으며 내가 난민 훈련생들 앞에서 얘기하는 동안에도 내 손등을 쪼면서 저항하는 모습을 보였다. 두 달 정도 지난 후에는 거의 완전하게 걸었고, 석 달 후에 다른 닭들과 함께 닭장 안에 넣어주었을 때에는 다른 힘센 수탉들에게 지지 않고 잘 견뎌내었다.

2022년 1월에 내가 안식년을 맞아 한국에 돌아올 때는 양계장 매니저가 된 난민 훈련생에게 그 수탉을 특별히 신경 써서 보살피라고 말했다. 다른 수탉들이 팔려나가고 잡아먹힐 때도 '자립'이는 전체 닭들의 대장이 되어 힘찬 울음을 울고 있었다.

수탉 자립이와 같이, 남수단 난민들과 우간다 사람들이 어려움을 이겨내고 불굴의 의지로 일어서기를 바란다. 결코 쉽지 않겠지만 그들이 노력할 때 "하늘은 스스로 돕는 자를 돕는다"는 속담처럼 도움의 손길이 찾아올 것이고, 그들은 일어설 수 있을 것이다.

2022년에 러시아의 우크라이나 침공으로 세계 여론의 스포트라이트는 우크라이나로 향했다. 남수단 내전이 세계 여론의 주목을 받을 때, 르완다나 콩고 난민들이 찬밥 신세가 되어 잊혀 간 것처럼, 우크라이나 전쟁에 세계의 이목이 집중되자 남수단 난민들도 서서히 찬밥 신세가 되어 갔다. UN을 위시한 크고 작은 NGO들은 무대 위의 스포트

이제는 씩씩한 대장 수탉 '자립이'

라이트에 따라 움직이는 해바라기들이기 때문이다.

이제 터키와 시리아의 지진으로 세계의 이목은 빠르게 남수단과 우간다에서 떠날 것이고, 남수단 난민들과 우간다 사람들의 어려움은 곧 잊혀 갈 것이다. 이런 때일수록 그들이 자립의 의지를 갖지 못하면 그들을 도와주던 사람들은 '아무리 도와줘도 밑 빠진 독에 물 붓기'지 하며 자신들의 무관심과 철수를 정당화할 것이다. 그러나 줄어드는 도움의 손길에 낙담하지 않고, 스스로 일어서려는 자립의 의지를 불태울 때, 그들은 다시 눈을 돌리고 돌아와 자립을 일구는 이들과 함께할 것이다. 자립이라는 이름의 수탉이 그렇게 스스로 노력하여 도움받을 가치가 있음을 증명하고 도움받을 기회를 만든 것처럼….

함께 가자, 우리 이 길을!

이 프로젝트의 미래는 어떤 모습일까?

한승모

"나중에 뭐 하실 거예요?"

잊을 만하면 사람들이 나에게 던지는 질문이다. 2014~2015년 육아휴직원을 냈을 때 사람들은 뭐 할 거냐 물으면서 남는 시간에는 집에서 놀 거라는 그릇된 예상을 했었다. 2018년 학습 연구년을 맞을 때는 연구년 경험으로 장학사를 준비할 거냐고 물었고 2022년 공부를 더 하고 싶어 연수 휴직원을 냈더니 교사 안 하려고 하는 거 아니냐며 부러운 건지 걱정하는 건지 알 수 없는 반응들을 보이기도 했다.

언젠가 새로운 일이나 공부를 시작할 때 나는 꼭 무엇이 되고자 하지는 않는다. 그냥 무엇이 하고 싶은지가 제일 중요하다. 누구와 하는지, 어디서 하는지, 어떻게 하는지, 왜 하는지도 물론 중요하다. 이 모든 질문은 현실의 나에게 던지는 것이다. 이런 질문을 통해 내가 하고자 하는 일의 방향을 좀 더 구체적이고 정확하게 잡을 수 있다. 아빠로서 해야 할 일, 아들로서 해야 할 일, 담임으로서 해야 할 일, 내가 그저 무엇이 되고 싶어서 하는 일로 나의 시간을 쓰고 싶지는 않다. 유한한 하루의 시간은 하고 싶은 일만 하기에도 부족하다. 그 하고 싶은 일이 나와 세상에 의미 있고 가치 있기만을 바랄 뿐이다.

　이번 우간다 프로젝트도 그랬다. 맨 처음의 기획에서 1~2년 차 콘텐츠 제작, 우간다 현지 프로젝트 진행, 귀국 후 후속 프로젝트까지 모든 과정에 목표를 딱 정하고 하지는 않았다. 그저 그때 우리의 상황에 맞게 마음을 모아 조금씩 앞으로 나아갔다. 무슨 재단을 만든다든지, 거창한 단체를 만든다든지, 어디로부터 큰 후원을 받는다든지 하는 생각이 잠깐씩 내 머릿속에서 지나간 적은 있지만 그런 허상이 우리에게 목표가 된 적은 한순간도 없었다.

　이렇게 좋은 사람들과 좋은 일을 하는 것이 너무 좋아 나는 거기에 자꾸 빠지게 되었다. 교사라는 직업, 근무하는 학교, 가족에서 힘을 얻었다. 감사의 힘을 동력 삼아 우리의 재능과 나눔으로 세상을 조금이라도 더 의미 있게 가꾸고 싶었다.

　"온음에서 하고 싶은 일이 너무 많은걸?"
　우간다에 있는 동안 종종 하고 싶은 일을 머릿속에 떠올려 보기도 했다. 이 일을 다 하려면 한국에서 기존에 하던 모든 일을 멈춰야 할 듯했다. 가족이 함께 와서 봉사하는 경험을 하고 싶고, 내가 리더로 있는 '아카펠라 별의별'도 와서 공연하고 봉사하면 참 좋겠다. '마음소리' 청소년들과 적금을 넣고 좋은 일 하며 모은 돈으로 우간다에서 봉사도 하고 교류의 자리를 가져도 좋겠다. 아시아의 아카펠라 친구들이 아시아 각국의 음악을 아카펠라로 준비해서 우간다 학생들에게 선보이고, 노래하는 사람들과 교류하는 것도 재미있겠다.

생각해 보니 끝이 없다. 하지만 이 모든 일의 시작은 '온음'이어야 할 것 같다. 온음의 음악교육 콘텐츠 나눔이 성공적으로 끝나면 다른 좋은 일도 저절로 풀릴 것이라 믿는다. 우리의 프로젝트가 잘된다는 것이 무엇인지도 생각해 봐야 하지만 이런 기대감은 일의 방향성을 만들고 앞을 향해 걸어갈 수 있게 하는 좋은 나침반이 될 것이다. 온음은 음악을 좋아하는 선생님들이 각자의 연주 경험을 교육 및 수업 경험으로 탈바꿈시키도록 유도하며 그러한 창조적 실험을 응원한다. 음악 교육콘텐츠 나눔을 통해 온음 선생님들은 자신의 교육 전문성을 각자의 생존에만 유용한 것이 아니라 더 넓은 세상에 유용한 것으로 만드는 가운데 재미와 보람을 찾아갈 것이다. 이런 과정은 아직 젊고 배울게 많은 온음을 드넓은 세상과 연결하는 확장의 첫 단추가 될 것이다.

어떤 결과나 상황이 조성될 때 이 프로젝트가 잘되었다 말할 수 있을까? 첫째로, 우간다 현지 교육에 우리가 만든 음악 교육콘텐츠가 잘 보급되어야 한다. 우리 프로젝트의 정체성이 콘텐츠를 만들어 보급하는 것이었고, 우간다에 다녀온 이유도 시범 수업을 하는 것이었기 때문이다. 둘째로, 온음에서 지속적으로 콘텐츠를 만들어 내야 한다. 해마다 우간다에서 사용할 수 있는 음악 수업 콘텐츠를 10개에서 20개씩 만들어야 한다. 현지의 상황을 정확히 파악하고 세밀한 피드백과 실무적 논의를 거쳐 효과적인 자료를 만들어야 할 것이다. 마지막으로 우간다 현지 교사 및 한국인 관계자들과 지속적인 관계를 유지해야 한다. 콘텐츠 활용과 관련한 도움을 주고받는 것은 물론이고 콘텐츠의 만족도나 보완이 필요한 사항을 현지에서 직접 들을 수 있어야 한다.

콘텐츠 프로젝트가 잘 진행되면 다른 일을 하고 싶다. 안 쓰는 USB를 모아 콘텐츠를 넣어 전하고, 안 쓰는 악기를 모아 잘 닦은 후 우간다 아이들 손에 쥐여 주고 싶다. 한국과 우간다의 음악 교사 교류나 연수를 진행하고 온음에서 작은 액수나마 우간다 음악교육을 위해 후원금을 조성하는 일도 해보고 싶다. 여력이 되는 선생님들끼리는 미리 기획해 우간다에 가서 콘텐츠 적용, 음악회, 음악 수업, 연수 등 다양한 활동들을 실험적으로, 그리고 신중히 해 보아도 좋을 것이다.

전주교대 김성한 교수님과의 인연으로 시작한 이 첫걸음을 우리는 음악으로 더 깊이 발전시켜 간다. 음악 교과가 없는 우간다이기에 더 해야 할 과업도 많고 걸어갈 길도 멀다. 그래서 더 두근거린다. 일은 보상을 주고 운동은 건강과 지속을 준다. 배움으로 시작한 우리의 일이 조금씩 운동이 되어갈 거라고 느끼는 건 그저 내 바람일 뿐일까?

함께 부른 희망 노래, 다시 부를 그 노래

서혜령

어느 추운 겨울날, 집 근처 카페에서 카푸치노를 마시고 있는데 양병훈 선생님에게 전화가 걸려 왔다. "혜령아, 우리 연구회에 '우간다 팀'이라는 연구팀이 있는데 혹시 같이 해 볼 생각 없어?" 설명을 들어보니 열악한 교육환경에 놓인 아프리카 우간다 학생들을 위해 교육콘텐츠를 개발하는 프로젝트라고 했다. 간단한 설명을 듣고 나는 "고민해 볼게요."라고 답하며 선생님과의 통화를 마쳤다.

당시 교직 생활 6년 차에 접어들며 교사라는 직업에 익숙해진 나는 '내 삶에서 무엇을 나누며 살 수 있을까?' 하는 생각을 종종 했다. 그런 상황에서 우간다 프로젝트 제안은 반가우면서도 동시에 '내가 잘할 수 있을까?' 하는 부담감과 '내가 과연 도움이 될까?' 하는 걱정도 들었다. 여러 생각 끝에 결국 나의 마음은 우간다 프로젝트의 뜻깊은 취지, 그리고 훌륭한 선생님들과 함께할 수 있겠다는 기대감 쪽으로 기울게 되었다. 이렇게 나는 에스프레소의 쓴맛과 부드러운 우유 거품의 고소한 맛이 어우러진 카푸치노처럼 걱정 반 설렘 반인 마음을 안고 우간다 팀에 합류하게 되었다.

이듬해 봄, 우리는 한 달에 한 번씩 온라인에서 모여 프로젝트의 방향과 수업 콘텐츠에 대한 아이디어를 새싹처럼 틔워냈고, 여름에는 전주교대에서 우간다 학생들을 위한 수업 영상을 열정적으로 촬영하며 훌쩍 자랐다. 무르익은 가을에는 서울교대에서 후원 콘서트를 열었다. 여러 사람에게 우간다 프로젝트를 알리고 감사하게도 응원까지 받으면서 우간다 프로젝트도 더욱 무르익어 갔다. 그리고 다시 돌아온 겨울, 우간다 팀은 정말 우간다로 떠났다.

결론부터 말하자면 나는 개인적인 사정으로 우간다에 함께 가지 못했다. 유일하게 우간다 팀에서 우간다에 가지 못한 멤버다. 함께하지 못해 아쉬움이 매우 컸고 그간 애정과 노력으로 피우고 가꿔 온 우간다 프로젝트의 싹과 꽃이 열매를 맺는 걸 보지 못해서 속상했다.

그러던 중 우간다로 떠나는 팀원이 걱정하는 가족에게 내 연락처를 전달해도 되는지 물었다. '그래. 혹시라도 우리 팀원들에게 무슨 일이 생긴다면 내가 재빠르게 대처해야지.'라고 생각하며 다른 팀원들의 비상 연락망까지 저장해 두며 나 홀로 사명감을 불태웠다. (다행히 비상 연락망으로 연락할 일 없이 모두 안전하게 돌아왔다.)

그리고 한국에 남은 나에게 주어진 공식적인 진짜 미션, 우간다 프로젝트 현장 소식 인스타그램에 업로드하기! 현지의 열악한 인터넷 상태와 바쁜 일정을 소화하는 팀원들의 상황을 감안하여 전달받은 소식을 인스타그램에 기록했다. 프로젝트 동안 누구보다 먼저 현장 소식을 받아보고 기록하며 나 또한 우간다에 함께 있는 듯한 기분이 들었다. 또 팀원으로서 소속감도 잃지 않을 수 있었다. 팀원들이 출국하는 날에는 덩달아 긴장하고 분주했으며 잘 도착했다는 연락에 안도하고 기뻐했다. 팀원들이 우간다 사람들과 함께 노래하고 춤추는 영상을 볼 때는 '이것이 바로 아프리카 소울인가!' 하며 함께 흥얼거렸고 수업 현장 사진과 영상을 볼 때는 마음이 뜨거워졌다. 수업 콘텐츠로 내가 준비했던 노래인 '뚜에뚜에'가 우간다 학교에 울려 퍼지는 영상을 보고는 마음이 뭉클해지기도 했다.

우간다 프로젝트 기간 중 내 생일이 있었다. 팀원들은 우간다에서의 바쁜 일정 중에도 내 생일을 축하하는 노래와 메시지가 담긴 영상을 보내주었다. 영상 속에서 교수님, 선생님들의 다소 거뭇해진 피부와 피곤해 보이는 얼굴이 눈에 띄었다. 그러나 거뭇해진 피부와 피곤함을 넘어서는 더없이 밝고 환한 미소로 축하해 주는 그 모습에 정말 진한 감동을 받았다. 우간다발 생일 축하 영상을 받아본 사람이 또 어디 있을까? 두 번 다시 없을 잊지 못할 생일이었다.

우간다에서 온 생일 축하 영상　　　'뚜에뚜에' 노래를 부르는 우간다 학생들

　　일정을 무사히 마치고 돌아온 팀원에게 우간다 커피를 선물 받았다. 깊고 진하면서도 부드러운 맛이 느껴지는 커피였다. 열악한 상황 속에서도 맑고 빛나는 눈망울을 잃지 않은 우간다 학생들과 몸은 힘들어도 마음은 기쁨으로 가득 찬 팀원들을 꼭 닮은 맛이었다.

　　앞으로 우리가 부르게 될 노래는 어떤 커피 맛과 닮아있을까? 그 노래를 만들고 부르는 일에 나는 또 어떤 모습과 역할로 참여하게 될까?

연극이 끝난 후 선생님들이 남긴 발자취

김성한

사실 이번 우간다 팀 선생님들과는 국내에서 단 한 번밖에 만나 본 적이 없었다. 선생님들의 빈틈없는 준비와 넘치는 에너지, 그리고 팀의 단합된 모습은 카카오톡을 통해 이따금 확인할 수 있었지만 이분들의 진면목은 우간다에 가서야 또렷하게 깨달을 수 있었다. 선생님들은 말 그대로 다방면에서 프로였다. 선생님들은 혼신의 힘을 다해 우간다행을 준비했고, 우간다에 있었던 보름쯤의 기간 동안 프로그램은 톱니바퀴 돌아가듯 빈틈없이 굴러갔다. 그 결과는 엄청난 성공이었다. 학교를 운영하는 선교사님들뿐만 아니라 우간다의 교사들과 학생들, 심지어 동네 주민들까지도 모두 하나가 되어 함박웃음을 짓고, 춤을 추고, 노래를 부르며 즐거운 시간을 보냈다. 명목상으로는 교육 나눔 활동이었지만 사실상 활동은 일종의 축제에 가까웠다. 적어도 행사에 참여했던 사람들은 예외 없이 그렇게 생각했을 듯하고, 모두에게 적지 않은 울림이 있었으리라 짐작된다.

나의 우간다 방문 주목적은 우리나라에서 우간다 교과서를 이용해 제작한 동영상과 PPT, 교안 등으로 이루어진 교육콘텐츠를 널리 보급하는 것이었다. 국내에서의 우간다 활동 기획 과정에서 나는 최은아 교수님을 통해 선생님들께 교육콘텐츠를 이용한 수업을 해 줄 것을 부탁했다. 교육콘텐츠를 이용한 수업을 현지에서 어떻게 생각하는지, 그들에게 과연 도움이 될지를 알고 싶었기 때문이다. 2018년에 우간다를 처음 방문한 이래 나는 줄곧 교육콘텐츠 제작과 보급에 매달려 왔고, 제작 과정에는 전주교대 학생들, 전주교대 출신 교사와 전북 지역 교사 등 적지 않은 사람들이 관여해 왔다. 하지만 얼마만큼 우간다 현지에 도움이 될 수 있는지를 제대로 검증해 보지 않은 채 일들을 추진해 오다 보니 일말의 불안감이 느껴지는 것은 어쩔 수 없었다. 나는 일종의 '무한도전'을 하고 있었던 것이다.

우간다 프로젝트 첫날, 나는 조마조마한 마음으로 우리 선생님들이 수업을 진행하는 모습을 지켜봤고, 결과는 대만족이었다. 선생님들의 수업을 이끄는 능력은 한마디로 탁월했다. 영어 실력이 출중한 선생님도 계셨지만 대체로 영어를 아주 잘하는 편이 아니었음에도 선생님들은 한결같이 놀라운 흡인력으로 수업을 이끌어 갔다. 아이들의 집중력과 참여도 또한 내가 국내에서 보지 못했던 놀라운 것이었다. 선생님들은 교사가 적극적으로 개입하는 경우부터 최소로 개입하는 경우에 이르기까지 콘텐츠가 쓰일 곳을 의식하면서 수업을 진행하는 세심한 배려까지 보여줬다. 나는 선생님들의 이런저런 모습을 보면서 오랫동안 성모님과 부처님께 기도드리며 바랐던 간절한 소원이 이루어짐에 감사하며 남몰래 눈물을 흘렸다. 우간다 방문 중 처음으로 흘린 눈물이었다.

15일 가량의 짧다면 짧고 길다면 긴 시간 속에서 우간다팀은 너무나도 임무를 잘 수행하고 나보다 먼저 귀국했다. 그런데 모두를 떠나보낸 후 잠시 혼자 시간을 보내면서 또다른 불안감이 엄습해 오기 시작했다. 교육콘텐츠의 효용은 확인되었지만 막상 우간다 선생님들이 이를 활용한 수업을 하기는 어려울 것 같다는 불안감이었다. 실제로 지방의 경우 컴퓨터를 사용해 본 경험이 없는 교사가 다수이고, 이를 감안하면 이는 전혀 근거 없는 불안감은 아니었다.

우간다 선생님들의 콘텐츠 활용 가능성을 타진하기 위해 가장 먼저 방문한 곳은 아멘학교였다. 이곳은 우간다 팀이 이미 방문해서 나눔 활동을 진행했던 곳이었다. 연구 수업을 진행하기에 앞서 아멘학교의 두 선생님이 연구 수업 시기를 조금 미뤄달라고 요청했는데, 나는 선생님들이 수업을 진행하기가 어려워서 그러는 거라고 지레 짐작했다. 하지만 막상 뚜껑을 열어보니 그게 아니었다. 두 선생님은 콘텐츠를 충분히 소화한 데에서 한 걸음 더 나아가, 자신들

▲오픈학교에서
▼아멘학교에서

이 평소 하던 수업 내용까지 담아 수업을 진행했던 것이다.
첫 단추가 잘 끼워진 느낌이었다. 이후 우간다 팀이 방문했
던 오픈학교와 굿씨드학교 선생님들의 연구 수업, 그리고
카리타스(Caritas) 수도원에서의 연구 수업도 척척 잘 진행
되었다. 이곳에서도 선생님들은 너무나도 수업을 잘 진행
했으며, 심지어 연구 수업을 해보지 못한 선생님들 중에는
자신도 연구 수업을 해보고 싶다고 말한 분도 있었다. 나의
불안감이 기우에 불과했다는 것이 확인되면서 꿈이 실현
될 것 같은 느낌에 이루 말할 수 없는 행복감이 밀려왔다.

▲굿씨드학교에서
▼쿠미대학교에서

우간다에 있는 동안 울컥했던 두 번째 순간이었다.

나는 우간다 선생님들이 이처럼 수업을 잘 해낼 수 있
었던 것이 일차적으로 우리 온음 선생님들의 시범 수업 덕
이라고 생각한다. 우리 선생님들은 자신들이 수업을 하는

모습을 통해 우간다 선생님들에게 어떻게 콘텐츠를 이용한 수업을 진행해야 하는지를 알려주었고, 수업을 잘 진행할 수 있겠다는 자신감을 심어 주었다. 무엇보다도 아이들이 우리 선생님들의 시범 수업 시간에 보여준 집중력은 우간다 선생님들에게 콘텐츠를 이용한 수업을 해봐야겠다는 동기를 이끌어내는 결정적인 계기가 되지 않았나 싶다.

　우간다 팀이 일궈놓은 성과는 이뿐만이 아니었다. 나는 우간다 팀이 깔아놓은 탄탄대로를 그저 달리기만 하면 되었다. 어디를 가나 환대를 받았고, 콘텐츠 활용 의사를 확인할 수 있었으며, 여러 곳에서 만나자는 제안을 받기도 했다. 물론 이는 우간다 팀만의 공은 아닐 것이다. 무엇보다도 정붕진 목사님의 헌신적인 도움이 없었다면 감히 생각지도 못했을 일이다. 그럼에도 우간다 팀의 눈부신 활약상에 대한 소문은 우간다에서 활동하는 많은 선교사님들에게 빠르게 퍼졌으며, 그로 인해 나는 숟가락만 얹는 듯한 느낌으로 이곳저곳을 편안히 방문할 수 있었다. 이런 성과에 따른 자신감 때문일까? 나는 귀국하기 전 코이카와 한국 대사관에까지 연락을 취해 콘텐츠 보급을 도와 달라는 요청을 했다. 평소의 나라면 생각지도 못할 행동인데, 한치의 머뭇거림도 없이 그렇게 했다. 우간다 팀의 활동이 나에게 자신감을 불러일으켰던 것이다. 연극은 끝났고 시간이 꽤 흘렀지만 그 파장은 결코 작지 않았다. 우간다 팀의 활동은 사람들에게 좋은 추억거리를 남기는 데 그치지 않고 여러 가지 교육적인 효과들이 만개할 수 있는 씨앗으로 우간다의 곳곳에 뿌려졌던 것이다.

교육콘텐츠 보급 사업은 이제 첫걸음을 내디딘 데 불과하다. 앞으로 국내에서 해야 할 일도 적지 않고 우간다 현지의 상황이 어떻게 돌아갈지도 낙관하긴 이르다. 하지만 적어도 한 가지는 분명히 말할 수 있을 것 같다. 만약 교육콘텐츠 사업이 성공을 거두어 우간다 교육에 기여하는 바가 있게 된다면 가장 큰 역할을 한 사람들은 우간다 팀원들이었다고.

매혹의 시간은 끝나지 않았다!

소병철

나는 대학에서 학생들을 가르치고 봉급을 받는 철학 연구자다. 나에게 직업적으로 익숙한 일은 나 같은 사람들의 글과 말을 속으로 시비하며 읽고 듣고 생각을 가다듬어 내 논문, 내 강의로 풀어내는 것이다. 물론 의욕과는 다르게 생각이 무르익지 않았음을 나중에야 깨닫는 경우도 허다하다. 어쨌든 나는 그렇게 읽고 듣고 생각하고 발언하는 책상 앞, 교탁 앞의 일 말고는 잘하는 게 거의 없다. 운동도 못하고, 예능도 부족하고, 사교에도 젬병이다. 익숙한 것 너머를 바라보는 개방성도, 새로운 도전을 결행할 용기도 참 많이 부족한 편이다. 그야말로 '책상물림' 아닌가?

그런 내가 우간다에 왜 갔을까? 내가 이십 대 중반부터 전공 삼아 공부한 철학과 세부 전공인 윤리학은 남녀나 노소, 빈부나 흑백의 구별과 무관한 인간의 존엄과 그것의 표현인 인권의 문제를, 그리고 그것의 정의롭고 평화적인 구현의 문제를 어느덧 내 필생의 관심사로 만들어 주었다. 이

지구에 살고 있는 사람들 모두가 부당한 억압이나 차별 없이 저마다 사람의 격에 맞는 존엄을 지키며 자유롭게 살아갈 방법은 없을까? 이런 고민을 하다 보면 절로 책상물림의 한계를 통감하게 된다. 다시 말해 글에서 글로, 말에서 말로 부단히 이어지는 순수한 사유의 바통으로는 가난한 사람의 흉투성이 소반에 올릴 단 한 톨의 밥알조차 만들어 낼 수 없다는 불편한 자각이 그예 찾아오는 것이다. 사람이 존엄함을 흙 한 점, 땀 한 방울 안 묻은 말과 글로 아무리 외쳐도 사람이 존엄해지지는 않으며, 그것을 듣고 읽은 사람은 단순히 이해하고 긍정할 뿐 공감하고 행동하지 않는 일이 흔하다. 머리에서 가슴은 정말이지 꽤 멀다.

그런데 이렇게 내 일의 효능을 의심하던 긴 시기의 한끝에서 나는 어떤 매혹적인 손짓을 발견하곤 거기로 성큼 다가가게 되었다. 한동안 격조했던 대학원 후배와 반가운 인사를 나누다가 내 오랜 동학이고 선배인 김성한 교수가 그동안 쉼 없이 펼쳐 왔던 나눔 활동을 도움이 더 절실한 사람들 틈에서 해보고자 머나먼 아프리카 우간다에 간다더란 얘기를 전해 들은 것이다. 그길로 나는 김 교수에게 전화를 걸어 '형, 도대체 뭔 얘기요, 나 빼놓고 어딜 가오, 이럴 수가 있소' 하는 돼먹잖은 추궁을 해댔고, 성한 형은 허허 웃으며 우간다에서 펼칠 활동의 개략적인 취지와 내용을 설명한 후 활동의 주축인 온음 선생님들과 팀원 추가 문제를 상의해 볼 테니 그 사이에 내가 팀에서 맡을 역할이나 찬찬히 고민해 보라고 일러 주었다. 고맙게도 선생님들은 나의 합류를 허락해 주었고, 나는 우간다 아이들과 함께할 수업과 놀이 활동을 선생님들만큼 해낼 만한 전문성이 없었기에 아쉬운 대로 그들의 학교 활동 전반을 지켜보며 보조하는 적극적 '옵서버' 역할을 힘닿는 한 해보기로 마음먹었다.

이렇게 나는 나의 말과 글에 이 '풍진세상'의 흙내와 땀내가 흠씬 배게 할 십여 일의 여정을 그들과 함께하게 되었다. 캄캄한 새벽에 도착한 미지의 땅 우간다에서 우리는 긴장과 설렘이 반반인 이틀의 휴식 및 준비 기간을 보낸 후 마침내 1월 9일 첫 번째 활동지인 오픈학교에 도착했다. 그리고 이때부터 16일까지 소로티와 쿠미와 캄팔라에서 그곳의 아이들과, 그들의 교사들과, 우리 팀의 일꾼들과 함께 보낸 매혹의 시간들은 내가 그때껏 '신성한 상아탑'에 들어앉아 보내온 것과는 사뭇 다른 질과 결의 시간들이었다. 나부터도 그랬지만 평소에 못 먹고 못 입고 못 배우는 원근의 이웃들을 안 보려고 애쓰는 수많은 교수들은 매일매일 골프와 자동차, 연봉과 수당, 연금과 재테크 얘기로 서로의 시간을 축내면서 4~5년에 한 번씩 찾아오는 선거일에 이른바 '진보 진영' 후보에게 표를 주는 것으로 지식인의 사명을 다했다는 착각에 빠져 살기 일쑤다. 그러는 동안에도 그들이 곁눈조차 준 적 없는 가난한 사람들이 절망하고 상처 입고 죽어 감을 그들도 모르지는 않지만 보통은 개의치 않는다.

학교 활동 첫날에 나는 그런 무감각의 침상에서 졸다가 확 깨어난 것 같은 얼떨떨한 기분에 사로잡혔다. 먼 길을 달려와 마침내 우간다 학교에 다다른 온음 선생님들은 꿈을 좇는 사람들 특유의 패기와 열정으로 멀뚱하니 목석만 같았던 나를 마구 흔들어 깨웠다. 그들은 거친 흑판과 낡은 책걸상이 전부인 소로티와 캄팔라의 그 꾸밈없는 교실에서 오랫동안 준비한 놀이형 수업과 협동적인 놀이 활동을 그곳의 아이들과 어우러져 하나하나 펼쳐 내기 시작했다. 그리고 이 광경은 나로 하여금 오랫동안 잊고 있던, 가르치는 일의 그 묵직하고 도저한 대의를 몇 번이고 곱씹게 해주었다. 아이들의 이름을 묻고 기억하며 때로는 살가운 눈맞춤으로, 때로는 익살스런 표정으로, 때로는 유쾌한 몸짓으로 아이들을 마중하고 위로하고 격려하고 웃겨 주던 그들의 땀투성이 얼굴은 닦달하는 채찍이 아니라 안아주는 품 같은 것이었다. 처음에는 쭈뼛쭈뼛 수줍던 아이들도 얼마 안 가 긴장을 풀고는 흔연히 웃고 손뼉 치고 함성을 질렀다. 가장 큰 함성의 진원이던 '강강술래' 놀이는 우간다에 있는 내내 우리 팀을 고무하는 땀과 보람의 상징이자 전설이 되었다. 학교를 떠나올 때 우리와 아이들은 처음의 서먹

함이 무색하게 제법 곰삭은 사이가 되어있어 작별은 몹시
도 짠했다. 이 모든 일들을 매혹이 아니면 무슨 말로 형용
하랴.

　나는 진실로 감명받았고, 그 덕에 내 머리와 내 가슴은 꽤
많이 가까워졌다. '스펙'이 아니라 '사람'을 자양하는 온음
선생님들의 그 극진한 눈빛과 몸짓과 낯빛이 알싸한 몸소
름을 돋우며 내 살갗을 파고든 것이다. 그들은 아무나 잘할
수 없는 일, 여린 생명을 보살피는 그 일을 정성껏 해내는
참일꾼들이었고, 나는 그들의 그 참한 마음밭에 속절없이
매혹되어 버렸다. 그래서 나는 그들과 아이들의 찰진 사귐
에 아낌없는 마음의 박수를 보내며 놓치기 아까운 광경들
을 두 눈과 카메라에 담고 또 담았다. 그들 손에 필요한 분
필과 지우개 등속을 행정실에 물어서 찾아다 주었고, 여권
과 돈이 든 그들의 가방을 넙죽 받아 맡곤 했다. 각자의 미
션을 끝마친 그들의 상기된 얼굴 앞에 시원한 물병을 내밀
며 당신들의 따순 가슴, 밝은 노래, 경쾌한 율동, 신명진 연
주를 아주 많이 좋아한다고 (대개는 눈으로) 말해 주었다.

　물론 우리는 위기도 겪었다. 매일의 마지막 일정으로 짜
넣은 현지 교사와의 간담회에서 첫째 날 현지 교사 여럿이
차례로 우리가 한 시범 수업의 문제점을 거침없이 지적했
고, 이 비판이 우리를 잠시나마 불안에 빠뜨린 것이다. 그
들은 주로 그 수업이 무엇을 왜 보여 주려 하는지를 미리

알지 못한 점, 제공된 콘텐츠가 교사가 해 왔던 구술의 대체물인지 보완물인지가 불분명하다는 점, 콘텐츠 상용에 필요한 현지의 설비와 교사들의 디지털 역량이 아직 많이 부족한 점 등을 불만의 원인으로 지적했다. 그 말을 듣고서야 우리는 우리의 계획을 현지 교사들에게 찬찬히 설명한 적이 없음을 깨달았고, 향후 수업의 장단점에 대한 그들의 생각을 묻는 설문도 필요함을 알게 됐다. 아울러 우리가 장기적으로 고려할 과제인 기술적 설비 지원은 그들의 절실한 요구이기도 하다는 걸 확인했다. 요컨대 우리는 그날 만난 아이들의 맑고 큰 눈에 빠져있느라, 아이들과 더 가깝고 아이들을 더 아낄 그곳의 선생님들과 충분한 수평적 연대감을 형성할 기회를 얼떨결에 놓쳐 버린 것이다.

그러나 우리 온음 선생님들은 이 일로 기죽지 않았다. 현지 교사들의 비판적인 지적은 오히려 건강한 자성과 배움의 계기였고, 남은 일정 모두를 더 살뜰히 소통하며 챙기게 한 분발의 촉매가 되었다. 그런 점에서 그것은 (당신들의 헌신에 감명받았고 모든 게 다 감사하다는 따위의) 영혼 없는 '주례사 비평'보다 훨씬 더 고마운 것이었다. 또한 그것은 우리 선생님들이 일궈 갈 매혹의 시간이 이 한 번의 활동을 끝으로 멈춰선 안 된다는 응원의 외침이자 연대의 호소인 것도 같았다. 왜냐하면 우리가 본 아이들의 구김 없는 호기심과 웃음빛은 오직 검질긴 공동의 노력으로 영그는 배움과 되먹임의 퇴적을 통해서만 오래도록 지켜질 것이기 때문이다.

안 그래도 우리 온음 선생님들은 이번의 배움과 되먹임을 양분 삼아 새로운 매혹의 시간을 모의할 준비가 돼 있을 게 틀림없다. 우간다에 있는 내내 그들은 학교와 숙소와 버스에서 둘이건 열이건 눈만 맞으면 예정에 없던 즉석 토론을 벌였다. 늦은 밤엔 졸린 눈을 치뜨고도, 기쁘고 안쓰럽고 무안하고 긴장되고 안심되던 모든 때를 떠올리며 더 잘할 궁리를 세우느라 마음들이 달떴다. 이것이 과장이 아님은 그들이 더 잘 알 것이다. 옵서버인 나는 때로 지루했지만, 일꾼인 그들은 지루할 틈이 없는 듯했다. 그들은 좀 지겨운 '토론충'이었다. 그 열정이 그들을 내버려두지 않을 것이다. 그들은 이번보다 더 잘할 새로운 기회를 찾아 나설 것이다. 그러니 매혹의 시간은 끝난 게 아니다.

그들과 함께하는 시간 동안 내가 처음에 의도했던 적극적인 옵서버 역할을 잘 해낸 것 같진 않다. 눈치가 느리고 행동이 굼뜬 탓에 있으면 좋을 곳에 안 있고 손 내라면 발을 내는 덩치 큰 시러베가 그들 눈엔 엔간히 갑갑했을 것이다. 그래도 내 어눌한 진심 하나 타박 않고 감싸 안아 같은 편 먹어 준 그들이 나는 참 고맙다. 그 덕에 나는 그들과 허물없이 맘 섞으며 옹골진 배움을 얻어 왔고, 머리에서 가슴까지 금방은 안 무너질 다리도 놓았다. 하지만 이 다리는

▲짜릿한 화합을 이뤄낸 강강술래 놀이
▼소로티의 '토론충'들

왕래가 끊기면 삭아 버릴 다리라 나는 머리에서 가슴으로,
가슴에서 머리로 가끔씩 실다운 자강(自强)의 걸음을 보내
볼 작정이다. 이제 '전향적인 이별'의 시간이 온 것 같다.
우리 온음 선생님들은 그들의 길 위에서, 나는 나의 길 위
에서 제각기 땀내 나는 매혹의 시간을 계획하고 만들어 갈
것이다. 끝내는 한길에서 하나가 될 때까지 길들은 촘촘히
많아야 할 테니 말이다. 그들의 새로운 여정에도 이번처럼
나 같은 '책상물림' 한두 명이 동행을 허락받으면 좋겠다.
틀림없이 매혹이 일어날 것이고, 그 매혹은 전파될 것이다.

비와 함께 온 그 발걸음 오래오래 기억하겠습니다

이창원/박신화 (아멘학교 선교사)

귀하신 선생님들, 안녕하세요?

처음 선생님들께서 우리 학교를 방문하신다는 소식을 들었을 때 오시기 몇 주 전부터 너무나도 기대가 되고 설레었습니다. 왜냐하면 우리 학교가 있는 소로티 지역은 한국 사람들을 보기 힘든 지역이기 때문입니다. 더욱이 코로나 이후로는 한국에서 팀들도 오지 않아 참 외로운 곳이었는데 이렇게 오랜만에 한국 분들을 원 없이 뵙고 교제도 할 수 있어서 정말 행복했습니다. 식사를 준비하는 손길에도 기쁨이 넘쳤고 맛있게 드시는 모습만 봐도 그저 행복했습니다.

우간다에는 "귀한 손님이 비를 몰고 온다."라는 속담이 있어요. 특별히 소로티 지역은 우간다에서도 더욱 건조한 곳이고 당시는 대건기가 시작된 시기여서 비가 한 방울도 내리지 않아 점점 가물어지기 시작했습니다. 그런데 참 신기하게도 한국에서 선생님들이 오시니 비가 오지 않는 시기에도 비가 왔습니다. 온음팀 음악 공연 때도 비가 왕창 쏟아져서 참 신기했는데 그 와중에도 정전이 되지 않은 건 더욱 신기했습니다. 그래서 우리 선생님들이 아프리카에 비를 몰고 오는 정말 귀하신 분들임을 실감할 수 있었습니다. 덕분에 올해 현지인들 농사는 풍년이 될 것 같네요.

삶이 힘들어 배움의 기회가 적고 마음에 상처가 많은 쿠맘 부족 아이들에게도 기쁨을 전해주셔서 무척 감사했습니다. 교육 환경이 매우 열악한 현지 학교에서 교사들의 수업의 질을 높이기 위해 오랜 기간 동안 교재 개발을 해 주신 것만으로도 무척 감사한데 직접 우간다 교육 현장을 방문하셔서 학생들에게 교육 시연까지 해주셨습니다. 한국에서는 참 당연한 교육법이겠지만 우간다 현지 학교에서는 전혀 경험할 수 없는 매우 수준 높은 지도 방법들이었습니다.

무엇보다 선생님들께서 교육 시연을 하실 때 우리 학생들이 초집중하는 모습과 옥외 활동에서도 함박웃음을 짓는 모습을 보니 저도 덩달아 행복해졌습니다. 학교 사역을 하면서 가장 즐거울 때가 바로 우리 아이들이 마음껏 웃는 모습을 볼 때가 아닌가 싶네요. 교육 시연 때 예상했던 학생 수와 달리 너무 많은 학생들이 한꺼번에 몰려와 당황하셨겠지만, 선생님들 덕분에 오랜만에 이 부족 마을이 아이들 축제장이 되었습니다. 배우기 위해 찾아온 학생들을 차마 돌려보내지 못하고 그대로 수업을 진행했지만 역시나 우리 선생님들은 베테랑의 면모를 보여주셨습니다. 당시는 대건기철 방학이 오랫동안 지속되어 학생들 대부분이 집에만 머무는 상황이었는데 아이들을 위한 문화생활이 전혀 없는 이 쿠맘 부족 마을에 오셔서 행복 전달자가 되어주신 것이 가장 감사했습니다. 이번 기회를 통해 우리 아이들도 배우는 게 얼마나 즐거운 것인지를 깨닫게 된 것 같아요.

특별히 저는 초등학교 음악 수업을 통해 다양한 악기 연주를 학생들에게 가르치고 있는데 처음 이러한 음악교육을 시작했을 때는 다들 매우 의아한 표정이었습니다. 현지 선생님들조차 어릴 적부터 음표나 악기 교육을 전혀 받아본 적이 없고 우간다 초등학교 자체가 음악 교과를 두고 있지 않으니 이러한 환경 속에서 음맹률을 낮추고 음악교육에 대한 편견을 깨는 것이 가장 힘들었던 것 같아요.

더욱이 문맹률이 매우 높은 부족 마을에 세워진 학교에서 음맹률까지 낮추려니 이 모든 걸 다 해내기가 너무 벅찼습니다. 음악 수업 자료도 전혀 없는 곳이라서 스스로 자료를 찾아보고 연구도 하며 실제로 수업 시간에 적용도 수차례 해보았지만 가장 큰 문제는 바로 현지인들이 갖고 있는 음악교육에 대한 편견을 깨는 것이었습니다. 그런데 이번 온음팀 공연 때 리코더와 다양한 악기로 멋진 합주를 잘 해주셔서 선생님들과 학생들에게 너무나도 큰 동기부여가 된 것 같습니다. 그리고 학생들뿐만 아니라 현장을 방문하신 학부모님들께도 음악교육에 대한 편견을 깨는 좋은 시간이 된 것 같아 이번 온음팀 방문이 앞으로 우리 학교 음악 수업에 미치게 될 선한 영향력에 대해 기대가 매우 큽니다.

사실은 선생님들이 이곳에 오시기 전까지만 해도 당장 학교 수업을 어떻게 해야 할지 고민만 하다가 이번 학기엔 음악 수업을 넣지 않을까도 생각했습니다. 그런데 이렇게 체계적으로 교육받은 전문적인 선생님들이 다녀가시고 공연도 해주시는 모습을 보면서 앞으로 음악 수업뿐만 아니라 다양한 교과 수업을 어떻게 운영할지에 대해서도 번뜩이는 아이디어가 떠올랐답니다.

그리고 저도 다시 용기를 얻을 수 있게 되었습니다. 우리가 포기하지 말고 다시 우간다 아이들을 수준 높은 교육으로 잘 지도하라고 선생님들을 우리 학교로 보내주신 것 같아요. 그래서 지금은 저도 수업에 들어가지만 현지 교사도 잘 가르쳐서 학교 음악 수업을 통해 전교생이 다양한 악기들을 경험하게 하고 있습니다. 이 모든 일이 가능해진 것은 바로 이 땅을 방문한 우리나라 초등학교 선생님들 덕분이었습니다.

부디 이번 아프리카에서 이뤄진 선생님들과의 만남이 일회성으로 끝나지 않고 계속 좋은 인연이 되어 우간다 초등학교 교육의 발전으로 이어지길 앞으로도 기대해 보고 싶네요. 분명히 여러분이 이곳을 방문한 뜻이 있을 거라고 믿습니다. 척박한 땅이지만 보람이 있는 곳이랍니다. 우리가 주는 사랑보다 받는 사랑이 더 많은 땅이랍니다. 물론 힘들 때도 많고 교육 현장에서 다양한 사건들을 경험하지만 여기서 얻는 에너지가 더 많습니다. 무엇보다 검은 피부의 아이들이 우리에게 주는 매력이 있습니다.

선생님들, 부디 이런 땅을 잊지 마시기를 바랍니다.

그동안 여러분이 이 땅에 남기고 간 그 수고와 섬김이 하늘에서 해처럼 빛날 것을 믿으며 또 이곳에서, 바로 이 자리에서 다양한 모습으로 온음팀을 다시 만나 뵙기를 기대합니다. 사랑하고 축복합니다.

우간다에 온 선생님들께

정붕진

2021년 말쯤에 김성한 교수님으로부터 초등학교 음악 선생님들이 학습콘텐츠 보급과 초등학교 음악 수업 장려를 위한 프로그램으로 2023년 1월 우간다에 올 계획이라는 말을 들었습니다. 그때만 해도 실현 가능성이 높을 것으로 받아들이지 않았습니다. 아직 코로나가 변수로 남아있는 데다가, 저는 난민촌에서 난민들의 자립을 위한 양계 사업을 하느라 다른 일에 신경을 쓸 여력이 없었고 아프리카에는 언제나 변수가 많기 때문입니다.

2022년 1월에 6년간의 난민 사역으로 지친 몸과 마음에 휴식을 주고자 안식년을 얻어 한국에 갔을 때, 우간다 프로그램을 준비하는 여러분의 모임에 와달라는 초청을 받았습니다. 그제서야 그 계획이 어느 정도 진정성이 있다는 생각을 했지만 우간다에 에볼라가 발생했고, 그것은 커다란 장애물이었습니다. 그해 내내 에볼라는 세력이 강해졌다 약해졌다 하며 우간다 관련 해외 뉴스에서 가장 빈번하게 떠오르는 소재였습니다. 이 때문에 사실 속으로는 "우간다 계획을 취소하는 게 좋을 것 같다"고 말하고 싶어도 입밖으로 꺼내지는 못했습니다. 왜냐하면 방문 기간에 에볼라에 한 사람이라도 감염이 되면 안내하는 제가 모든 책임을 져야 하기 때문입니다. 저로서는 방문 기간 전후를 포함해 거의 20일을 풀타임으로 매달려야 하는 일이고, 1월 1일 우간다로 돌아가자마자 쉴 새도 없이 6일날 도착하는 분들을 모시고 다녀야 한다는 게 심적으로 큰 부담이 되기도 했습니다. 그러나 음악 선생님들의 열정은 식지 않았고, 그들 스스로 포기하면 좋겠다고 생각한 제 마음과는 달리 선생님들은 스스로 계획을 포기하지 않았습니다.

또 하나의 염려는 아프리카가 대부분 열악한 상황이지만, 우간다도 만만찮게 여러 가지 인프라가 열악한데 고상한(?) 음악 선생님들을 모시고 다니면서 혹시나 나올지 모르는 불평들을 어떻게 감당할까 하는 것이었습니다. 초중고를 거치면서 접해본 음악 선생님들은 대부분 예술가적 기질이 있어서인시 좀 까다롭던 기억이 남아있어 그랬는지 모르겠습니다.

그런 제 마음을 아는지 모르는지 시간은 흘렀고 연습이나 준비 모임에도 두어 차례 참석하면서 어느새 2022년은 거의 마지막에 이르렀습니다. 저와 아내도 우간다에 돌아갈 준비로 분주한 가운데 선생님들의 화물 중량 문제가 또 하나의 변수로 떠올랐습니다. 인터넷을 통해 구입한 항공권의 화물 규정상 1인당 적하 허용량이 23kg에 불과했고, 여러 단체로부터 기증받은 책들의 무게가 상당해서 짐을 싸느라 노심초사하고 있는 모습이 안쓰럽고 답답해 보이기도 했습니다. 우간다에서 항공권을 끊은 저와 아내는 1인당 46kg의 화물을 가져갈 수 있었습니다. 맘 같아서는 무거운 책은 빼놓고 2주간 먹을 음식과 선물 위주로 짐을 싸라고 말하고 싶었지만 그들 나름대로 사정이 있을 것이기에 그렇게 할 수도 없었습니다. 그러다 보니 제가 누군가로부터 기증받은 라면 두 박스도 결국 가져가지 못하는 상황이 되었고, 현지에서의 음식물 사정을 잘 아는 저로서는 벙어리 냉가슴 앓듯 혼자서 애만 탈 뿐이었습니다. (사실 학교를 운영하는 운영자들 입장에서는 한국에서 팀이 오면 그 팀이 머무는 동안 먹을 음식물은 당연히 한국에서 가져오는 것으로 생각하고 있고, 그 팀을 통해 자신들에게 필요한 물품도 한국에서 조달받는 것이 일상화되어 있어 그것을 요청한 운영자도 있었지만, 전혀 그 요청을 들어주지 못해 나중에 약간의 신경질적인 반응을 만나기도 했습니다.)

어쨌든 시간은 흘러 1월 1일 우간다에 도착해 바로 굴루(Gulu)로 올라간 저는 짐을 채 다 풀기도 전에 1년간 세워두었던 차량을 정비하랴, 선생님들 숙소와 일정을 확인하랴 정신없는 며칠을 보낸 후 1월 5일 제 차를 몰고 캄팔라로 향했습니다. 선생님들이 새벽에 도착하는 관계로 전날 캄팔라에서 자고 새벽에 소형버스와 함께 공항으로 나가야 했기 때문입니다. 모든 정황상 긴장의 끈을 늦출 수 없는 형편에서도 여전히 가장 긴장하게 하는 요소는 예술가적 기질을 가졌을 선생님들이 아프리카의 열악한 여건에 대해 어떻게 반응할 것인가 하는 것이었습니다. 숙소는 일부 호텔을 제외하고는 편안한 것과 거리가 멀었고, 좁고 불편한 데다 물도 잘 나오지 않았습니다. 거기다 팀이 먹을 먹거리를 가져오지 않은 것이 못마땅한 학교 운영자로부터 가시 돋친 반응이 나오기도 했지만, 다행히 한국에서 온 선생님들을 향하지 않고 제게서 멈추기는 했습니다. 어느 호텔은 시간이 없어서 직접 가서 확인을 해 보지 못한 관계로 (예약 시엔 방 개수가 충분하다고 했는데도) 방이 부족해 트윈 객실에 한 침대당 2명씩 4명이 자기도 했습니다. 너무 늦은 시간에 도착해서 호텔을 바꿀 시간적 여유도 없었습니다. 그러나 불편했을 법도 한 여선생님들조차 한마디 불평도 하지 않았고, 모두들 자신이 맡은 일에만 최선을 다하는 모습이었습니다.

모든 일정을 소화하면서 당연히 나올 수 있는 불평 한마디 없이 기꺼이 인내하는 선생님들은 저를 감동시키기에 충분했습니다. 많은 사람들을 우간다에서 안내해봤지만, 여러분처럼 한마디 불평도 없는 분들을 보지 못했습니다.

어떤 사람은 도착한 순간부터 덥다고 불평하고, 호텔이 아닌 장기 임차 숙소에 에어컨이 없다고 불평하기도 했습니다. 그러나 여러분은 그들보다 더욱 열악한 상황에서도 단 한마디 불평도 없이 밝은 얼굴로 매 순간 최선을 다해 프로그램을 충실히 진행해 나갔고 땀으로 셔츠를 흠뻑 적셔가며 많은 사람들에게 감동을 주었습니다. 지켜보던 모든 사람들이 감동을 받았고 처음에 가졌던 학교 운영자의 불평도 봄눈 녹듯 사라졌습니다. 우간다 어린이들과 선생님들, 학교 운영자들 모두 즐겁게 프로그램을 잘 따라 주었고 모두 여러분이 다시 돌아와 주기를 간절히 바랄 정도로 프로그램은 성공적이었습니다.

　모든 선생님들의 노고와 진정한 교사로서의 사명감, 어려움도 마다하지 않는 헌신에 이 지면을 빌려 다시 한번 마음 깊은 곳에서 고마움을 전합니다. 여러분은 우간다 초등교육의 앞날을 위해, 또한 한국 초등교육의 업그레이드를 위해 꼭 필요한 교육 현장의 기둥들입니다. 늘 건강하시고 그 진정한 나눔과 연대의 정신을 더 많은 분들에게 전해주세요. 피부색에 관계없이 어린이들을 사랑하는 그 참된 교사의 정신이 온 세상에 들불처럼 번져가기를 바랍니다. 고맙습니다.

우간다 프로젝트 관련 영상 QR

우간다 프로젝트
다큐멘터리 영상

우간다 음악교육
콘텐츠 영상
플레이리스트

우간다 프로젝트에 도움 주신 분들

후원 단체

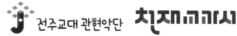 

와디즈 펀딩 후원

강소연 경규란 고은희 구한준 국지혜 권아린 김경화 김석화 김수진 김영전 김영환 김유진 김지연 김한솔 류현이 박성식 박혜련 변인정 서승경 송진아 신홍구 심유섭 양미정 양용식 양진희 양태영 오현주 우시정 유영미 이석용 이수연 이수현 이은희 이인숙 이주연 이지영 이혜선 이효숙 이효진 이희선 임소연 임수현 전구슬 정경훈 정세용 정유진 정지영 조경희 조민지 조성현 차유미 최동은 최성호 최연희 최원영 최은아 최은진 최진경 한승모 허용 홍경진 홍양숙 홍훈희 황소리 황은진

개인 후원

김문정 김미숙 김선영 김자현 김효성 변인정 신명철 유유희 이경숙 이경은 이경섭 이지선 정유화 정디에고수녀님 지용근 최은선 최현율 최호준 혜화초3학년1반

우간다 현지 후원

이상철-고유덕 선교사 (Soroti Open Nursery and Primary School)

이창원-박신화 선교사 (Amen Christian Nursery and Primary School)

최도영-이경옥 선교사 (Goodseed Primary School)

홍세기-강학봉 선교사 (Kumi University)

함께 부른 희망 노래 ♪
'오, 우간다!'

초판 1쇄 발행 2024년 1월 18일

지은이 우간다 교육 나눔 프로젝트팀

발행인 김병주
기획편집위원회 김춘성, 한민호 **디자인** 스튜디오 고요 **마케팅** 진영숙
에듀니티교육연구소 이문주, 백헌탁

펴낸 곳 (주)에듀니티
도서문의 1644-5798
일원화 구입처 031-407-6368 (주)태양서적
등록 2009년 1월 6일 제300-2011-51호
주소 서울특별시 중구 남대문로 117, 동아빌딩 11층
출판 이메일 book@eduniety.net
홈페이지 www.eduniety.net
페이스북 www.facebook.com/eduniety
인스타그램 www.instagram.com/eduniety/
　　　　　www.instagram.com/eduniety_books/
포스트 post.naver.com/eduniety

문의하기　　　　　투고안내

ISBN 979-11-6425-160-5 (03370)
값은 뒤표지에 있습니다.